墨香会计学术文库

制度环境、媒体监督与中国上市公司盈余管理治理

Institutional Environment, Media Monitoring and Earnings Management Government of Listed Companies

陈克兢 著

东北财经大学出版社
Dongbei University of Finance & Economics Press
大 连

图书在版编目（CIP）数据

制度环境、媒体监督与中国上市公司盈余管理治理 / 陈克兢著. —大连：东北财经大学出版社，2019.5
（墨香会计学术文库）
ISBN 978-7-5654-3530-0

Ⅰ. 制… Ⅱ. 陈… Ⅲ. 上市公司-企业利润-研究-中国 Ⅳ. F279.246

中国版本图书馆CIP数据核字（2019）第090520号

东北财经大学出版社出版
（大连市黑石礁尖山街217号 邮政编码 116025）
网 址：http://www.dufep.cn
读者信箱：dufep@dufe.edu.cn

大连永盛印业有限公司印刷 东北财经大学出版社发行

幅面尺寸：170mm×240mm 字数：200千字 印张：10.5 插页：1
2019年5月第1版 2019年5月第1次印刷

责任编辑：王 莹 王 斌 责任校对：赵 楠
封面设计：张智波 版式设计：钟福建

定价：45.00元

教学支持 售后服务 联系电话：（0411）84710309

如有印装质量问题，请联系营销部：（0411）84710711

序

陈克兢博士的专著从制度环境、媒体监督两个视角研究其对盈余管理的治理效应，立题很有新意，视角颇为独特。

该书立足于法与金融的理论基础，探讨了制度对上市公司盈余管理的影响。该书认为：制度环境与上市公司应计盈余管理负相关，即制度环境可以约束公司的应计盈余管理行为。同时，制度环境与上市公司真实盈余管理正相关，即制度环境可能会诱导公司进行真实盈余管理。虽然这个结论不是我们所期望看到的，但是也反映出复杂的博弈过程。如何约束公司的真实盈余管理行为，是一个重要的命题。

媒体监督作为一项非正式制度，能弥补正式制度的不足。该书利用大样本来分析媒体监督对上市公司盈余管理的影响，认为：媒体监督与上市公司盈余管理负相关，说明媒体监督能够约束盈余管理行为。同时发现，媒体监督可以通过监管部门的行政介入、经理人声誉、投资者卖出行为和会计师审计等路径发挥对盈余管理的约束作用。这些研究成果表明，发挥媒体监督对于提高上市公司治理水平具有重要作用。

该书以制度环境和非正式制度的媒体监督为出发点，分析其对公司治理的影响路径，对于丰富和发展我国公司治理领域的研究具有重要意义。全书理论扎实、数据翔实、内容丰富、结论富有创新，反映了陈克兢博士严谨的研究态度、厚重的学术底蕴。该书是盈余管理领域的一部系统性、创新性的著作，期待着它能产生巨大的影响力。

李延喜

2019年3月

前 言

作为公司财务和公司治理领域中的一个重要研究课题，盈余管理一直是学术界和实务界较为关心的话题。随着“法与金融”理论的不断发展，大量的经验证据表明制度环境能对企业经营决策行为产生重要的影响。我国正处于新兴加转轨的特殊阶段，制度环境呈现出显著的地区发展不平衡现象。在部分法治环境薄弱甚至是法治失灵的地区，政府会努力提高法治水平，而市场则积极寻求其他非正式制度的有益补充。随着我国传媒业的不断发展壮大，媒体在社会中也发挥着日益重要的作用。尤其是在上市公司财务舞弊事件的曝光和处理过程中，媒体的公司治理作用发挥得淋漓尽致，媒体监督职能日益被社会大众所认可。本书尝试寻找我国上市公司盈余管理的分布特征，考察制度环境对盈余管理的影响机理，探寻我国上市公司盈余管理策略转变的制度根源，分析媒体监督在上市公司盈余管理治理中的作用，探讨媒体监督和制度环境共同作用下的治理效应。

本书主要由八章内容构成：第1章主要介绍了研究背景和研究意义，界定了主要概念定义，描绘了本书的技术路线图；第2章主要梳理了盈余管理相关的理论基础和影响因素，并进行了文献评述；第3章主要描绘了各地区上市公司盈余管理的区域分布特征图，分析了盈余管理的地区差异和空间集聚现象；第4章主要构建上市公司盈余管理治理的理论模型，为后续的实证研究提供理论依据；第5章主要考察了制度环境对盈余管理的影响，分析了我国上市公司盈余管理策略转变的制度根源；第6章主要分析了媒体监督对上市公司盈余管理的影响；第7章综合考察了制度环境和媒体监督在上市公司盈余管理治理中的交互效用；第8章主要总结本书的主要研究结论和创新点，并对未来研究进行展望。本书的主要创新点如下：

第一，绘制了我国上市公司应计盈余管理和真实盈余管理的区域分布特征图，采用地理空间相关性Moran’s I检验揭示了盈余管理存在较强的空间相关性和显著的集聚效应。基于地理经济学和空间计量学，本书通过绘制盈余管理区域分布特征图，发现我国上市公司盈余管理分别存在着较强的空间相关性和显著的集聚效应。这为学者们研究盈余管理问题提供了一个崭新的视角，也为监管部门因地制宜地进行盈余管理治理提供了可靠的依据。

第二，构建了制度环境对上市公司盈余管理策略的影响机理模型，采用系统广义矩估计的方法揭示了上市公司盈余管理策略转变的制度根源。本书致力于寻找导致上市公司盈余管理策略演变的制度根源，发现制度环境的不断完善导致了上市公司的盈余管理策略转变，盈余管理的手段逐渐由易于发现的传统应计盈余管理转向难以察觉的真实盈余管理。这说明我国出现了类似于美国《萨班斯法案》的盈余管理治理后果，拓展了企业盈余管理策略选择的研究外延，对学术界和实务界深入研究盈余管理治理问题有着积极的理论意义。

第三，开辟了转轨国家上市公司盈余管理研究的新视角，拓展了媒体治理研究领域的外延。本书从法律外制度的这一崭新角度出发，考察了媒体监督对上市公司盈余管理的影响，构建了一个全面且清晰的理论分析框架，发现媒体监督可以通过监管部门的行政介入、经理人的声誉、投资者的“用脚投票”和审计师的审计意见等作用路径来约束上市公司的盈余管理行为，丰富了转型国家盈余管理治理的方法和手段，为监管部门制定相关政策提供了有益的启示。

第四，揭示了媒体监督是约束上市公司盈余管理有效的法律外替代机制。部分地区法律层面的强制纠偏机制无法抑制上市公司盈余管理行为，市场会派生出媒体监督这样的替代纠偏机制来弥补法律保护不足的缺陷。这一发现有助于理解学术界关于中国经济高速增长的“中国之谜”，即在新兴国家媒体监督发挥着不可忽视的替代作用，媒体监督可以规范企业的违规行为，维护投资者的合法权益，最终推动经济高速增长。

作　者

2019年3月

目 录

第1章　导　论

1.1　研究背景

2015年4月，作为A股资格最老的股票之一，*ST博元因重大财务造假，被启动强制退市程序，成为退市新规颁布后的第一个被退市的上市公司。而在2018年6月和7月，金亚科技和雅百特也由于财务造假相继被深交所启动了强制退市机制。这一系列事件将盈余管理推到了公众的视线之内，引起了社会各界的广泛关注。自20世纪80年代至今，盈余管理一直是公司财务和公司治理领域中的一个重要研究课题，受到了国内外学者们的广泛关注。现阶段，国外学者围绕着应计盈余管理问题，取得了丰富的研究成果。而近年来，随着盈余管理研究的不断深入，真实盈余管理也逐渐引起学者们的注意。Bruns和Merhant（1990）在进行调查分析时发现，企业较喜欢采用期末促销或宽松的信用政策等实际经营活动在短期内实现盈余增加，而不是采用应计盈余管理方式。Baber等（1991）、Perry和Grinaker（1994）则研究发现，企业管理者会通过调节研发费用的手段来调节利润。安然事件之后，学者们针对会计准则应该是原则导向还是规则导向而争论不休，Sipper（2003）认为，会计准则的强化将导致企业进行更多的真实盈余管理而减少使用应计盈余管理，这严重违背会计制度设计的初衷。

制度环境在世界经济发展过程中是一个永恒的话题，其会对企业行为有着深刻的影响。制度经济学从制度视角出发研究经济问题，认为制度、法律、历史、社会和伦理等非市场因素会对社会经济发展产生重要的影响，必须要将制度因素纳入到理解企业经济行为的研究框架中。自20世纪90年代开始，国际会计学术界从制度环境视角进行大量的跨国研究，取得了丰富的研究成果。La Porta等人开创的“法与金融”文献最早发现法律制度、产权保护和证券监管机制等外部治理因素的地区差异对企业经营决策有着重要的影响。Bergman和Nicolaievsky（2007）、Djankov和Perotti（2007）等延续这一研究思路，还发现社会文化、法律传统等地区的差异性也是影响企业经营决策的重要因素。国外大量的文献证实，一个国家的制度环境会从根本上影响公司报告的盈余。Fan等（2011）研究发现，由于新兴市场国家和发达国家在企业组织结构和经济行为等方面存在着重大的不同，如果不重视制度因素的差异可能会导致研究结论出现较大的偏差。由于我国特殊的国家性质和法律传统，国外的经验证据能否适用于我国新兴的资本市场，仍有待考察。国内的相关文献也未能系统地研究制度环境对盈余管理的影响，更鲜有文献能综合考虑制度环境和公司治理对盈余管理的影响。由于制度环境与盈余管理的关系研究在我国正处于初探阶段，存在这些不足也在所难免。

目前，我国地区经济发展呈现不平衡状态，经济发达地区和欠发达地区的经济发展水平出现了较大差距，这种地区经济发展不平衡导致不同地区的上市公司治理效率参差不齐。不同地区的经济发展程度、投资者保护、政府干预等因素影响上市公司的会计政策选择，从而影响信息披露质量，并使盈余管理呈现地区特征。处于经济转轨期的我国各地区之间制度环境存在着显著的差异，而不完善的制度环境可以为盈余管理的滋生提供“土壤”。因此，将LLSV等人的跨国比较框架应用到中国的地区差异比较中，研究不同的制度环境对盈余管理的影响，并通过完善我国各地区制度环境来约束企业的盈余管理行为，具有重要的现实意义。Cohen等（2008）发现，在《萨班斯法案》颁布之后，美国企业更倾向于采用真实盈余管理。但是并未有文献探讨在我国的法治进程中上市公司盈余管理策略转变的问题。我国制度环境对应计盈余管理、真实盈余管理会产生怎样的影响？制度环境是约束上市公司盈余管理，还是诱导上市公司盈余管理？随着制度环境的不断完善，我国上市公司是否也进行了盈余管理策略的转变？这些疑问在现阶段仍没有得到确定的答复。

正如法律与金融理论所述，完善的法律制度是投资者保护的重要前提，然而在现实经济生活中大部分国家都会面临着法律对投资者保护不足的问题。此时，政府会努力提高投资者保护水平，而市场则积极寻求其他非正式制度的有益补充。特别是像中国这样处于转轨时期的新兴市场国家，法律基础的薄弱造成法制建设任重道远，短期内并不能一蹴而就，这时法律外的制度安排和市场替代机制就显得尤其重要。从美国的安然和世界通信，到中国的银广夏和亿安科技，媒体正在积极揭露企业舞弊的黑幕，促使违规企业改正其侵害中小投资者利益的行为。自从Zingales（2000）发布著名评述性文章《In Research of New Foundations》之后，媒体在财务和金融领域得到了学术界的高度重视和热切关注。Miller（2006）以因会计舞弊而被处罚的美国企业为研究对象，发现媒体可以对财务舞弊行为进行有效的约束。Dyck（2008）等认为西方媒体对俄罗斯公司违规行为的揭露，有助于迫使公司改正自身的违规行为。李培功和沈艺峰（2010）指出，在中国资本市场中媒体负面报道可以提高上市公司纠正违规行为的可能性。这些经验证据提醒我们在盈余管理治理中必须重视媒体这种替代机制的作用，但是现有文献鲜有探索媒体监督对上市公司盈余管理的治理作用。另外，媒体的治理作用往往会受到新闻报道自由度、媒体俘获和媒体租金等问题的困扰，这些问题都与法治水平有着紧密的联系。而作为一种外部治理机制，法治水平对上市公司盈余管理也会发挥一定的治理作用。在盈余管理治理问题中媒体监督和法治水平之间的交互影响既可能表现为替代效应，也可能表现为互补效应。在中国特殊的制度背景下，两种外部治理机制之间到底存在着怎样的交互效应，也有待进一步检验。

鉴于此，本书采用沪深两市A股上市公司作为研究对象，在分别计量应计盈余管理和真实盈余管理的基础上，绘制我国盈余管理的区域分布特征图，首先，运用地理空间相关性检验探讨不同区域盈余管理之间的集聚现象；其次，采用系统广义矩估计的研究方法，考察制度环境对应计盈余管理和真实盈余管理的影响，分析我国上市公司盈余管理策略转变的制度根源；最后，通过实证研究媒体监督对上市公司盈余管理的治理作用，检验媒体监督在薄弱的制度环境中发挥的替代效应。本书基本围绕制度环境、制度环境对两种盈余管理的影响开展了大量研究，希望能对寻找盈余管理的制度根源提供帮助，为政府相关部门制定监管措施提供启示。

1.2 研究意义

第一，通过绘制盈余管理区域分布特征图，发现了我国盈余管理的分布规律，东部地区的应计盈余管理程度均最低而真实盈余管理程度最高，而西部地区的应计盈余管理程度最高而真实盈余管理程度最低。采用地理空间相关性检验揭示了不同区域之间的盈余管理存在一定的集聚现象。本书从经济地理学的角度描绘了我国盈余管理的区域分布，在盈余管理研究领域开辟了一个崭新的视角，并将空间自相关检验引入盈余管理研究，克服了以往研究因为忽视空间效应而造成的偏差。

第二，本书尝试寻找导致上市公司盈余管理策略演变的制度根源，研究发现针对制度环境的不断完善，中国上市公司盈余管理的手段更加高明，逐渐由易于发现的传统应计盈余管理转向难以察觉的真实盈余管理。完善的制度环境约束了上市公司的应计盈余管理行为，但是诱导上市公司进行真实盈余管理，这对学术界深入研究盈余管理治理问题有着积极的意义，拓展了企业盈余管理策略选择的理论外延，为后续的深入研究奠定了一定的基础。同时，本书将系统广义矩估计引入盈余管理相关研究中，以此来弱化现有文献中存在的内生性问题，为后续的深入研究提供了有效的检验工具。

第三，开辟了转轨国家上市公司盈余管理研究的新视角，拓展了媒体治理研究领域的外延。现有关于盈余管理的研究还停留在公司治理层面，本书则从法律外制度的这一崭新角度出发，考察了媒体监督对上市公司盈余管理的影响。本书发现了媒体监督可以有效地约束上市公司盈余管理行为，丰富了转型国家盈余管理治理的方法和手段，为监管部门制定相关政策提供了有益的启示。

第四，厘清了在中国资本市场中媒体监督影响上市公司盈余管理策略的作用路径，构建了一个全面且清晰的理论分析框架，发现媒体监督可以通过监管部门的行政介入、经理人的声誉、投资者的“用脚投票”和审计师的审计意见等作用路径来约束上市公司的盈余管理行为，这是对李培功和沈艺峰（2012）等关于媒体公司治理作用路径的有益补充，为后续深入探讨媒体监督对公司经营决策的影响路径打下了基础。

第五，揭示了媒体监督是约束上市公司盈余管理有效的法律外替代机制。部分地区法律层面的强制纠偏机制无法抑制上市公司盈余管理行为，市场会派生出媒体监督这样的替代纠偏机制来弥补法律保护不足的缺陷。这一发现有助于理解学术界关于中国经济高速增长的“中国之谜”，即在新兴国家媒体监督发挥着不可忽视的替代作用，媒体监督可以规范企业的违规行为，维护投资者的合法权益，最终推动经济高速增长。基于产权性质差异进行了探索性研究，揭示了不同产权性质情况下媒体监督和法治水平对盈余管理的替代效应存在差异，这是本书的一个创新性的尝试，有助于后续研究从不同产权性质出发寻找约束上市公司盈余管理的方法和途径。

1.3 研究思路与内容

制度环境对企业的决策活动有着重要的影响，特别是在经济转轨的国家中制度环境对企业的经营活动有着难以估量的影响力。随着我国传媒业的不断发展壮大，媒体在社会中也发挥着日益重要的作用。尤其是在上市公司财务舞弊事件的曝光和处理过程中，媒体对公司治理方面的揭示作用发挥得淋漓尽致，媒体监督职能日益被社会大众所认可。本书以沪深两市A股上市公司为研究对象，探索了我国上市公司盈余管理的区域分布特征，分析了制度环境对上市公司盈余管理策略转变的影响，探讨了媒体监督对盈余管理的影响机理，揭示了制度环境与媒体监督在盈余管理治理过程中的互补效应，为我国政策监管部门制定上市公司盈余管理治理政策提供了可靠的现实依据和经验证据，为国外学者理解我国盈余管理问题的制度根源提供有益的启示。图1-1为本书的研究思路，具体如下所示：

以2001—2013年我国沪深两市A股上市公司为研究对象，本书首先借鉴地理经济学的思想，绘制了我国上市公司盈余管理区域分布特征图，分别采用了非参数检验和空间相关性检验等方法分析了我国上市公司盈余管理区域分布的地区差异性和集聚现象；其次，本书探讨制度环境与上市公司两种盈余管理的关系，寻找制度环境导致我国上市公司盈余管理策略转变的证据；再次，分别从非正式治理因素视角出发，探讨了媒体监督对盈余管理的作用机理；最后，综合考察了

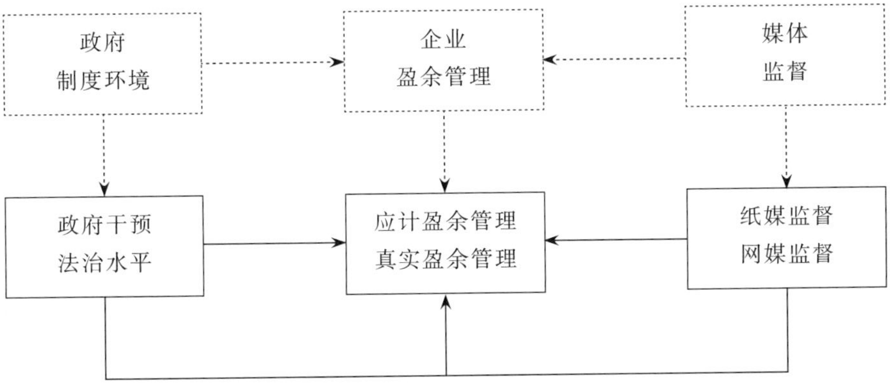

图1-1　研究思路

制度环境与媒体监督影响盈余管理的作用机理。本书主要由8章构成，各章内容安排如下：

第1章，导论。本章主要介绍了研究背景和研究意义，介绍了本书主要的研究内容，并描绘了本书的技术路线图。

第2章，理论基础与文献回顾。本章对主要概念进行了界定，阐述了契约理论、委托代理理论和信息不对称理论等盈余管理的理论基础，从公司治理因素、公司特征因素、行为特征因素和制度环境因素等方面综述了盈余管理的影响因素，分析了盈余管理对企业产生的影响，最后进行了文献评述。

第3章，上市公司盈余管理的区域分布特征研究。本章以沪深两市700家上市公司2001—2013年的动态面板数据作为研究样本，在分别计量应计盈余管理和真实盈余管理的基础上，绘制了我国各地区上市公司应计盈余管理和真实盈余管理的区域分布特征图，运用非参数检验方法分析了盈余管理的地区差异性，运用地理空间相关性检验探讨了各地区盈余管理之间存在的集聚现象。

第4章，上市公司盈余管理治理的理论模型研究。本章分别在盈余管理经济学模型中加入公司治理、制度环境和媒体监督因素，构建了具有中国特色的盈余管理治理的理论模型，并采用博弈分析方法对模型进行求解。

第5章，制度环境对上市公司盈余管理治理效应研究。本章采用系统广义矩估计的方法，考察了制度环境对应计盈余管理和真实盈余管理的影响，分析了我国上市公司盈余管理策略转变的制度根源，寻找上市公司盈余管理策略转变的经验证据。进一步研究，分别从终极控制人性质和行政级别两方面考察了终极控制人特征对应计盈余管理和真实盈余管理的影响。

第6章，媒体监督对上市公司盈余管理治理效应研究。本章从非正式制度视角出发，实证检验了媒体监督在上市公司盈余管理治理中的作用。

第7章，制度环境、媒体监督对盈余管理的交叉治理研究。本章揭示了媒体监督和法治环境在盈余管理治理中存在着显著的替代效应。

第8章，结论与展望。本章总结了本书的主要研究结论，深入探讨了未来本研究领域可能存在的突破点。

本书主要采用了规范研究和实证研究的方法，从制度环境、媒体监督视角出发探讨了上市公司盈余管理治理机制。在规范研究方面，本书主要在概念界定和理论回顾的基础上，通过理论分析和逻辑推导分析了制度环境对上市公司盈余管理策略转变的影响机制，挖掘了媒体监督对盈余管理的作用机理，揭示了制度环境与媒体监督影响盈余管理的内在机理。在实证研究方面，本书以沪深两市700家上市公司2001—2013年的动态面板数据作为研究样本，采用应计盈余管理计量模型和真实盈余管理计量模型合理的计量了盈余管理的程度，借助STATA、GeoDa等统计分析软件，运用描述性统计分析、空间相关性分析、多重共线性分析、单因素分析、系统广义矩估计和普通最小二乘法回归等进行了实证分析，通过实证分析为本书的研究结论提供了可靠的现实证据和数据支撑。

第2章　理论基础与文献回顾

2.1　概念界定

2.1.1　制度环境

诺贝尔经济学奖获得者North（1990）认为广义的制度是一系列用来建立生产、交换与分配基础的基本的政治、社会和法律规则，它构成了人类政治交易行为或经济交易行为的激励机制，不同的制度安排将导致不同的市场交易成本，从而对企业的活动产生影响。制度经济学（Institutional Economics）主要探讨制度对经济行为和经济发展的影响，该学科认为制度是指人际交往中的规则及社会组织的结构和机制。夏立军和方秩强（2005）认为制度环境至少要包括产权保护、政府治理、法治水平、市场竞争、信用体系、契约文化等。夏立军和方秩强（2005）的研究指出必须要从根本上改善公司的外部制度环境，这样才能解决我国公司治理中出现的问题。该研究为我国学者研究公司治理问题提供了新的研究思路，得到了众多学者的认同。张玲和张启亮（2009）、杨兴全等（2010）、俞红海等（2010）沿袭狭义的制度环境的定义，分别对控制权定价、债务契约、现金流和过度投资进行了研究，取得了丰硕的研究成果。已经有大量的文献证实，相对于其他制度环境因素而言，政府干预和法治水平对企业盈余管理行为有着更为重要的影响（Leuz等，2003；Bushman等，2004；李延喜等，2013；李延喜等，2014）。本书参考国内多数学者所采用的研究思路，综合考虑数据的可获得性与代理变量的科学合理性，主要研究了各地区的政府干预程度和法治水平这两个制度环境因素对盈余管理的影响。这主要是因为这些制度环境因素是相对于企业微观的所有权安排、董事会制度、信息披露制度、独立审计制度等更为基础性和外生性的层面，这些因素会影响到契约签署和履行的交易成本，进而影响企业内部治理机制的效率（夏立军和方秩强，2005）。

2.1.2　媒体监督

媒体是指一切可用来传递和获取信息的技术手段、中介物、载体和渠道，是指一切能将信息传递给信息需求者的信息传递手段。媒体监督是公众通过媒体来行使宪法和法律赋予的监督权利。1987年，党的十三大正确分析了社会主义民主政治的历史趋势和内在要求，在中国历史上第一次提出“舆论监督”的新概念，并明确表示：“重大情况让人民知道，重大问题经人民讨论。”1989年11月25日，李瑞环同志在新闻工作研讨班上关于《坚持正面宣传为主的方针》的长篇讲话中指出：“新闻舆论的监督，实质上是人民的监督，是人民群众通过新闻工具对党和政府的工作及其工作人员进行的监督；是党和人民通过新闻工具对社会进行的监督，不应仅仅看成是新闻工作者个人或是新闻单位的监督。”在社会主义市场经济的今天，不仅依然将舆论监督作为社会主义监督机制的一个重要内容加以强调，而且中央领导也曾多次对新闻舆论监督给予充分的肯定和高度的评价。

日常我们经常能见到的媒体有广播、电视、杂志、报纸、网络等。以前，对于媒体监督的研究集中于以报纸为媒体的代表作为研究对象，但是网络时代已经来临，报纸、杂志等媒体方式的宣传功能已经部分被网络所替代，不得不承认，网络是如今的主流媒体，基于各大类新闻网站，投资者获取上市公司的信息也越来越方便。当然，网络媒体之所以能被广大民众接受，是与它的速度快、成本低、覆盖范围广的特点分不开的。也正因为网络的普及，部分学者已经开始将新闻网站报道的新闻条数作为媒体监督的替代变量。

2.1.3 盈余管理

盈余管理是在会计准则公共领域里的机会主义行为，它可以降低会计信息的真实性。但是对盈余管理的确切定义以及其涵盖的深度，学术界还存在不同的看法。Johnson（1999）从编制报表与遵守会计准则的一致程度这一角度对盈余管理进行研究，认为盈余管理是企业对于会计准则滥用的行为活动。Brown（1999）认为，在会计准则允许的范围内，将账面调整到预期水平的活动就是盈余管理。章永奎和刘峰（2002）将盈余管理定义为企业操纵盈利的行为，这样的行为并不一定被会计准则允许，而是为达到某些目的。还有学者提出：盈余管理并没有超出会计准则的范围，如陆建桥（1999）提出为了最大化个人价值和企业价值，管理者会在会计准则允许的范围之内选择进行盈余管理。任春艳（2004）认为盈余管理是管理层为达到期望报告盈余而在会计准则允许范围内主动采取多种手段所进行的行为。从管理层在财务报表的编制过程中对个人观点的侧重倾向角度，Watts和Zimmerma（1990）认为管理层采用个人观点对会计数据进行策略性调整的行为就是盈余管理。Scott（2000）对盈余管理的理解是，管理者为了在薪酬契约、债务契约和政治成本中最大化自身价值而进行的机会主义行为；同时，管理者从盈余管理中获得了一定程度上能够维护公司和自身等契约各方利益的空间。比如，很多学者持这样一种观点：为减少资本成本、政治成本，管理者通过盈余管理的方式使投资者获得内部信息（Healy和Palepu，1993；1995）。同时，潜在投资者对于公司的预期可以被管理层和股东通过盈余管理来影响，后者可以从中获得巨大的收益（Kellogg等，1991）。由此可知，目前就盈余管理的定义而言，学术界较为一致的观点是：企业管理层（如董事会、总经理、高级管理人员）是盈余管理的主体，其可以通过变更会计、选定会计政策和方法、安排交易的具体细节等方式来影响企业信息的加工与传播；企业管理层会刻意地选择有益于自身的会计政策和交易安排；采取盈余管理的目的在于企业管理层追求更高的自身利益。因此，本书认为盈余管理是公司管理层为达到自身的某种利益，采用各种途径调整企业盈利信息的行为。不论管理者出于什么动机，只要违背了企业经营活动规律而调整会计科目、关联业务或者其他业务，对盈利数据产生影响，并能误导投资者和市场，就可以称为盈余管理。

Schipper（1989）根据是否影响企业现金流，将盈余管理分为利用应计项目进行的盈余管理和通过真实经济活动进行的盈余管理。应计盈余管理主要是通过会计方法选择和会计估计或改变交易发生的时间和方式等对应计项目进行操控，主要可以表现在递延税款、坏账损失、资产减值、折旧方法和研发费用资本化等方面。真实盈余管理是通过改变企业经济活动的实质，按照会计准则对改变后的经济事项进行确认、计量和报告的机会主义行为。真实盈余管理并未违反公认会计准则，具有较强的隐蔽性。

2.2　盈余管理的理论基础

2.2.1　契约理论

契约理论是在特定交易环境下分析合同人之间发生的经济行为与结果的理论，一般需要假定条件来简化交易，从而建立模型进行分析以得出理论观点。科斯在《企业的本质》一文中将企业定义为一种不同于标准市场交易的契约，从而奠定了契约理论研究的基础。此后，人们对契约理论不断深入探索，形成了“完全契约理论”、“不完全契约理论”和“交易成本理论”三个研究方向。

首先，完全契约理论。完全契约是指，合同双方在签约时所做出的承诺完全包括了双方在未来预期的事件发生时所有的权利和义务。完全契约理论的核心是设计一套激励代理人说真话的机制。它作为一个不需要再谈判的完全合同，可以涵盖所有能预见到的偶然事件，因此被称为“完全契约理论”，其代表人物有阿尔钦、格罗斯曼、莫里斯和张五常等。该理论的缺陷是，将契约期概念剔出其理论框架以及在契约设计上一般化过程明显不足（苏启林和申明浩，2005）。

其次，不完全契约理论。由于契约中部分内容是第三方或权威仲裁机构可观察但不可证实的，因此契约只能是不完全的。不完全契约面临的核心问题是，由于签约方的机会主义行为造成的资源配置的帕累托无效。不完全契约理论主要由交易成本理论、激励理论和产权理论组成，其重点研究如何最佳安排资本所有权和剩余控制权，代表人物有Grossman、Hart和Moore。到目前为止，不完全契约理论尚未形成被大众普遍接受的理论框架，这被认为是该理论的主要缺陷。

最后，交易成本理论。交易成本是一种人与人的关系成本，即人们之间彼此合作达成交易所支付的成本。交易成本理论由科斯（1937）提出，其根本论点在于对企业的本质加以解释，代表人物有科斯、威廉姆森等。该理论认为争论问题与套牢行为在单个企业内将会减少，但是缺乏对此种情况赖以发生的确切机制的解释。

契约理论的三个分支并不相互排斥，而是分别解释了契约的不同领域，因此具有相辅相成的关系。比如Tirole（1999）在比较完全契约理论和不完全契约理论时，也强调虽然完全契约理论不能解释产权和权威，但其在共同决策过程以及控制权的分配等方面具有很强的解释力，因此不能被替代。

2.2.2 委托代理理论

委托代理理论以非对称信息博弈论为基础，提倡企业的所有权与经营权分离，其所有者让渡经营权而保留剩余索取权。该理论的主要研究对象是委托代理关系，是指委托人雇用代理人为其服务，同时授予后者一定权利，并根据后者提供的服务支付报酬。委托代理理论作为企业契约理论中非常重要的组成部分，始于20世纪60年代末70年代初，其创始人有威尔森、罗斯、斯宾塞和泽克海森、莫里斯、霍姆斯特姆、格罗斯曼和哈特等。随后，经济学家开始了在该领域的深入研究。生产力飞速发展和规模化大生产催生了代理关系，一方面是因为分工进一步细化使得权利所有者因能力精力有限而无法行使权利，另一方面是因为专业化分工产生了一批有能力、有精力、应用专业知识能够很好地行使被委托权利的代理人。然而，由于委托人与代理人的效用函数不一样，必然导致二者产生利益冲突，所以该理论的核心就是研究在信息不对称和利益相冲突的情形下，委托人怎样设计最优契约来激励代理人。

委托代理理论的基本假设具有局限性，因此限制了该理论的进一步发展：第一，委托代理理论假设契约具有完全性，提倡在签订契约前以讨价还价的方式来解决问题。然而，契约理论的发展证实了事前讨价还价的无效。第二，张维迎（1995）指出，委托代理理论假设委托人和代理人二者的地位对称是忽略了产权这个重要的企业变量，因此无法解释委托权的置换会给企业带来包括报酬的制定等变化。第三，委托代理理论假定第三方监督契约的实施是有效的，但是由于契约不可能完全以及第三方监管成本的存在妨碍了第三方对契约的监督实施。传统的委托代理理论主要是为股权分散的上市公司构建一种公司治理框架，其本质是单委托代理理论。但是对于中国、日本等股权相对集中的国家而言，不仅要解决所有者与经营者之间的矛盾，还要解决大股东与小股东之间的利益冲突，双重委托代理理论应运而生。为了达到包括小股东在内的全体股东利益最大化的目标，股权相对集中的上市公司应按照双重委托代理理论要求降低代理成本。

2.2.3　信息不对称理论

信息不对称理论是指在经济活动中，交易双方之间信息分布不均衡，掌握信息充分的一方往往处于有利地位，其可以通过向信息贫乏方出售信息而获利。具体而言，信息不对称有以下几种表现形式：其一，信息源不对称，指交易者获取信息的来源存在差异；其二，信息时间不对称，即交易者获取信息的时间不同；其三，信息数量不对称；其四，信息质量不对称。信息不对称往往会导致“逆向选择”和“道德风险”等问题。

信息不对称理论产生于20世纪70年代。1970年，阿克尔洛夫在《次品问题》一文中首次提出了“信息市场”的概念；斯蒂格利茨在分析了信贷市场和保险市场存在的道德风险问题后，提出了信息贫乏的交易方应如何获取更多信息；斯彭斯在其博士论文《劳动市场的信号》中，深入挖掘了人才市场中导致招聘者与应聘者之间信息不对称的根源。这三位美国经济学家因在“使用不对称信息进行市场分析”领域做出了重大贡献而获得2001年度诺贝尔经济学奖。在此之后，信息不对称理论有了长足的发展。信息不对称理论的内容可以概括为两点：第一点，交易信息在交易双方之间分布不对称，即存在信息充分者和信息贫乏者。第二点，交易双方清楚各自在信息占有方面的相对地位，这种信息占有的不对称状况会在交易完成前后分别带来“逆向选择”和“道德风险”问题。

根据信息不对称发生的时间进行划分，发生在交易双方签约之前的称为事前信息不对称，其产生原因是信息优势方隐藏了信息；发生在签约之后的称为事后信息不对称，是因为信息优势方隐藏了行动。研究前者的理论称为逆向选择理论，研究后者的理论称为道德风险理论。为实现双方均衡，提高社会资源配置效率，必须解决逆向选择和道德风险问题。具体而言，逆向选择问题的应对措施包括市场信号（信号显示和信号筛选）、最佳所得税制、第二价格拍卖等；解决道德风险问题的措施有效率工资、股票期权、经营者持股、风险分担机制等。

2.3 盈余管理的影响因素综述

2.3.1 公司治理因素

公司治理的核心问题是选择一个恰当的内部治理结构和权力配置结构，从而有助于提高公司规章制度的运行效率和效果。财务报告质量比较低的公司往往缺乏健全的内部审计和公司治理机制。“高层梯队理论”认为，组织在很大程度上是高层管理者个人特征的反映，公司内部环境，特别是高层管理者的权力结构会对公司的会计行为产生很大影响。由于我国上市公司的内控建设主要表现为政府主管部门的推动效应，因此，在高管集权的情况下，为了应付政府相关部门的检查，高层管理者会制定相对完善的内控制度但缺乏有效的实施机制。而且，倘若公司CEO兼任董事长，即公司权力高度集中，那么公司CEO就很可能会通过其董事长权力限制董事会行为，从而对董事会的制衡机制产生负面影响，进一步影响公司盈余管理。因此大多数学者认为，建立健全内部控制系统和公司治理机制能够有效地降低管理层操纵公司盈余的程度。贺小刚等（2012）以2005—2009年沪深上市公司为研究对象，研究了公司治理机制能否对高管离任前的盈余管理产生积极影响，结果发现：CEO离任前的盈余管理行为比正常期间的盈余管理行为更严重；公司引入独立董事、建立内审委员会、完善外部监督与审核机制等约束和激励机制会对CEO盈余管理行为起到显著的遏制作用。

第一，内部控制。刘启亮等（2013）研究发现，公司的内部控制质量越高，公司会计信息质量就越好，并且内部控制与会计信息质量之间的关系还会受到公司内部权力结构的影响，即公司管理层的权力配置结构会对公司各项政策和制度的执行效率产生影响。Chan等（2008）研究发现，依据SOX法案披露的具有内部控制缺陷的公司的操纵性应计项目显著高于其他公司。Doyle等（2007）发现有内部控制缺陷的公司会存在故意或非故意地通过盈余管理操纵应计项目的行为，从而降低公司的会计信息质量。方红星和金玉娜（2011）考察了内部控制对盈余管理的影响，实证结果发现高质量的内部控制可以有效地降低企业的盈余管理行为。而范经华等（2013）则发现高质量的内部控制仅可以约束上市公司的应计盈余管理程度，而对企业的真实盈余管理并不能发挥有效的约束作用。程小可等（2013）从内部控制自愿披露视角出发，发现了内部控制可以有效地约束上市公司的真实盈余管理。王霞等（2014）探讨了企业社会责任信息披露对财务报告质量的影响，研究结果表明自愿披露社会责任报告的上市公司的真实盈余管理程度显著低于未披露的公司。

第二，股权结构。高雷和张杰（2008）认为股权结构是影响公司治理效率的一个重要因素，研究发现股权的相对集中能够有效地改善公司治理效率，从而降低公司盈余管理程度。Zhang等（2008）以前景理论为基础，以高管厌恶风险为前提，发现持有股权的CEO更不愿意进行盈余操纵，以免发生股价崩盘等其他负面影响，并且CEO财富会随着股票所有权的增加而增加。此外，类似结论得到Dechow和Solan（1995）、Murphy（1999）的证据支持。Kuo等（2014）通过对中国上市公司的研究，发现股权分置改革并未能提高中国上市公司的财务信息质量，这主要是由于上市公司的股权集中度较高造成的。

第三，董事会。Hazarika等（2012）研究发现，董事会往往采用积极的行动来惩戒那些进行盈余管理的管理者，由此给盈余操纵行为带来了昂贵的成本。Klein（2002）研究指出，具有较强独立性的董事会可以有效地监督企业的会计处理，使公司的盈余管理程度较低。王立彦和刘军霞（2003）研究发现独立董事比例与盈余管理负相关。支晓强和董盼（2005）认为独立董事能够识别公司盈余管理行为。胡奕明和唐松莲（2008）发现具有财务背景的独立董事比例越大，公司盈余质量越高。Chen等（2006）认为董事与CEO的相对独立性能够促使独立董事更有效地监督管理者的财务报告行为，从而对盈余管理起到约束作用。Ye（2014）研究了外部独立董事对上市公司盈余管理的影响，实证结果表明独立董事的现金补偿与盈余管理呈现正相关关系。Ronen等（2006）、Cullinan等（2008）认为拥有股票和期权补偿的董事可能会受益于利润操纵，所以其约束盈余管理的动机较弱。

第四，监事会。李爽和吴溪（2003）探讨了监事会制度在我国公司治理中的作用，研究结果表明上市公司监事会未能有效发挥约束管理层盈余管理的作用。而Firth等（2007）通过实证检验发现，监事会机制可以有效地约束企业的盈余管理行为。孙亮和刘春（2010）探讨了公司治理对盈余管理的约束作用，发现民营企业监事会勤勉性和盈余管理存在显著的正相关关系，而国有企业的监事会则无法有效地约束盈余管理行为。

第五，审计委员会。部分学者就审计委员会在盈余管理中的作用进行了研究，苏冬蔚和林大庞（2010）研究发现内部审计委员会的成立能在一定程度上约束高管盈余管理行为。Klein（2002）研究发现审计委员会的独立性越强，企业的应计盈余管理程度越低，这种约束作用在审计委员会中有外部董事时更加显著。Cheng（2004）发现薪酬委员会可以有效识别企业的真实盈余管理行为，并阻止管理者的机会主义盈余操纵行为。

第六，管理层激励。张娟和黄志忠（2014）分析发现，高管的薪酬激励可以有效地约束企业的机会主义盈余管理活动，但是在高管持股较低的民营上市公司中这种薪酬激励则会诱使机会主义盈余管理程度的增加。林永坚等（2013）指出，上市公司高管变更会对其盈余管理活动产生重要的影响，在总经理变更的当年企业会存在负向的应计盈余管理。刘启亮等（2013）从高管集权视角出发，实证发现了在高管集权的时候内部控制并不能显著地降低企业的盈余管理程度。杨志强和王华（2014）指出企业内部薪酬差距越大越会增加企业的盈余管理程度，管理层权力越大则盈余管理程度越大。肖淑芳等（2013）研究发现，高管股权激励比例与盈余管理程度显著正相关，管理权力可以加剧因为股权激励诱导的盈余管理程度。

2.3.2 公司特征因素

第一，企业规模。一方面，大多数学者认为规模大的公司盈余管理程度会更低，盈余质量会更高，即大公司的盈余管理程度更低。另外，由于在公司日常经营运作过程中大公司会更注重自身声誉的积累，因此在操纵盈余时也会格外谨慎。另一方面，也有部分学者认为公司规模与盈余管理程度之间正相关。其中以Watts和Zimmerman（1986）提出的规模假说为代表。首先，大企业可能会面临更大的盈余压力，从而可能导致更大程度的盈余管理，如Dechow和Skinner（2000）发现规模较大的企业并未对准确的信息进行披露；其次，一般而言，随着公司规模的增大，公司与审计师的讨价还价能力上升，如Nelson认为在大客户的驱使下，审计师更可能操纵盈余；最后，规模较大的公司通常具有较多的资产，这为公司进行盈余操控提供了机会和可能性。李增福和周婷（2013）研究了公司规模对企业盈余管理行为的影响，结果发现相对于规模较小的企业而言，规模较大企业的应计盈余管理程度更低，而真实盈余管理程度更高。

第二，财务杠杆。随着公司财务杠杆的提高，债权人更倾向于采取提高自身价值的保护措施，诸如提高合同约定利率。Botosan（1997）、Botosan和Plumlee（2002）发现，公司为了赢得债权人的信任，降低信息不对称所导致的代理成本，当公司具有较高财务杠杆时，往往更倾向于向债权人传递公司健康发展的信息状况。债务契约假说认为，越接近于违反债务契约条款的公司，就越可能把将来的盈余转移到现在，以避免违约成本。李琦等（2011）以2006—2010年公司债务主体评级的非金融上市公司为研究对象，对企业信用评级与盈余管理之间的关系进行了研究。结果表明，公司信用评级的提升会在评级调整前一年降低盈余管理程度。Watts和Zimmerman（1986）研究发现，公司与债权人之间的债务契约是以会计数据为基础建立的，这就意味着公司受债权人的监督，因此公司会更注重于避免披露非正常的会计信息，并使相关财务指标在规定范围内浮动。因而，迫于偿债能力的压力，公司管理层更倾向于进行盈余管理。Rodríguez-Pérez和Hemmen（2010）以西班牙的企业为例，探讨了财务杠杆与盈余管理的关系，研究结果表明债务融资可以减少企业的正向应计盈余管理行为。Chung等（2005）、Lee等（2007）、Zhong等（2007）的研究也提供了债务水平与正向盈余管理存在显著负相关的证据。此外，高大为和魏巍（2004）把盈余管理作为资本结构的解释变量，研究了资产结构、公司规模、成长能力、公司业绩等因素与资本结构之间的关系，结果发现盈余管理与资本结构显著负相关。Chan等（2008）以中国的上市公司为研究对象，发现具有较高债务水平的上市公司更有可能操纵财务信息。Franz等（2014）研究指出，相对于没有债务契约违约的企业而言，接近债务违约企业有更强的动机去进行盈余管理。Ahn和Choi（2009）研究发现了银行在约束贷款企业的盈余管理中有着重要的作用，随着银行监督的增强企业的盈余管理水平有所下降。卢太平和张东旭（2014）指出融资约束提高了企业盈余管理的难度，进而可以有效地约束企业的盈余管理行为。杨继伟等（2012）研究发现资产负债率与上市公司盈余管理程度存在显著的负相关关系，而短期债务融资是引发盈余质量变差的重要因素。

第三，企业性质。公司性质对盈余管理的影响可大致概括为控股股东性质对盈余管理的影响和公司所有权性质对盈余管理的影响。首先，控股股东性质对盈余管理的影响。控股股东与中小股东之间的委托代理理论认为，控股股东总是通过利用公司资源寻求自身利益最大化，Jensen和Meckling（1976）认为，当控股股东私人利益与公司价值发生冲突时，控股股东通常会选择有利于自身利益的决策，而放弃增加公司价值的机会。Ding等（2007）以我国资本市场为背景，研究了公司股权结构对盈余管理活动的影响，结果表明，私有产权控股的上市公司更容易增加公司的会计盈余。当大股东享有对公司股权的绝对控制权时，公司代理问题主要表现为控股股东与中小股东之间的代理问题。因而，控股股东操纵盈余的动机是通过掌握上市公司的控制权而谋取私利的。其次，所有权性质对盈余管理的影响。Ball和Shivakuma（2005）发现，私营企业在编制盈余报告上具有一定的自由性，在面临同样的会计和审计制度和规则时，这类私营企业盈余管理水平会显著高于公共企业的盈余管理水平。高燕（2008）认为，非国有控股公司盈余管理更高。这是因为与非国有控股公司相比，国有控股公司担负较大的社会责任和政治成本，并且获得盈利项目也比较容易。而对于非国有控股公司而言，公司的投融资活动以及经营活动所面临的市场竞争压力较大，公司管理者对盈余激励机制更加敏感。张玲和刘启亮（2009）研究发现，在债务契约约束下，国有控股公司的盈余管理行为并不显著。李增福和周婷（2013）通过实证分析发现，相对于民营上市公司而言，大规模的国有上市公司的真实盈余管理程度更高。李增福等（2013）的研究结果表明，国有控股的上市公司真实盈余管理程度显著的高于非国有控股的上市公司。陆正飞和王鹏（2013）研究发现，上市公司盈余管理多数来源于控股股东通过同业竞争管理进行的利益输送。

第四，成长能力。Jones（1991）研究发现，未来成长机会高的企业倾向于具有更多的可操纵性应计项目。Barton（2001）发现，企业成长机会越多，管理层就越倾向于利用可操纵应计利润进行盈余管理。彭韶兵等（2008）研究了信息可靠性、企业成长性和盈余持续性间的关系，结果表明成长性越好的企业的信息失真情况就越严重，进而导致应计盈余的持续性越差。

第五，盈利能力。陆正飞和魏涛（2006）研究发现，上市公司首次配股后会计业绩下降现象主要原因是配股前所进行的盈余管理。罗爽和陈柞（2010）指出，盈余管理能够对上市公司业绩产生较大影响，因此应善于利用盈余管理的有利方面，但不可过度实施盈余管理行为，否则会对公司业绩产生负面影响。夏兰和谢志英（2012）发现，新会计准则的实施能够限制管理层利用债务重组进行盈余管理的行为，即盈利预测与盈余管理负相关。陈宋生和赖娇（2013）的实证结果表明，上市公司的盈利能力与盈余管理程度显著负相关，盈利能力越强的企业，其盈余管理程度越低。Call等（2014）实证研究了短期盈利预期对盈余管理的影响，研究结论并不支持短期盈利预期会导致更多盈余管理的论断。

第六，审计机构。DeAngelo（1981）研究发现，出于对声誉的考虑，拥有较大规模的事务所可以提供较高的审计质量。Becker等（1998）的实证结果表明，相对于非八大会计师事务所而言，八大会计师事务所审计的公司盈余操控程度较低。Krishnan（2003）进一步指出，国际四大会计师事务所审计的上市公司的盈余管理程度较低。姜付秀等（2013）研究发现会计师事务所能够显著影响企业的盈余管理行为，选择国际四大会计师事务所的上市公司盈余管理程度显著低于非四大会计师事务所审计的上市公司。然而，林永坚和王志强（2013）以中国上市公司为研究对象研究发现，相对本土会计师事务所而言，国际四大会计师事务所的正向盈余管理程度越低，而在负向盈余管理的方面则越没有显著的差异。刘行健和王开田（2014）研究了会计师事务所转制对审计质量的影响，研究结果表明会计师事务所转制可以系统性地降低企业的盈余管理程度。Bslsam等（2003）认为全国性的专业审计师审计的上市公司具有较高的盈余质量，其盈余管理程度较低。DeBoskey和Jiang（2012）以美国2002—2006年的数据为例，研究发现审计师专业化可以有效地降低盈余管理。但是，刘桂良和牟谦（2008）却认为，具有行业专长的审计师并不能为企业提供较高的审计质量。

2.3.3 行为特征因素

管理者的有限理性影响着企业的决策，并诱发盈余管理行为。行为经济学认为，当存在不确定的情况时，人们往往依据心理、信念、情绪和偏好对事物进行判断，从而可能导致系统性的认知偏差，进而表现出有限理性行为。同样地，管理者的行为特征也会对公司的决策、价值和盈余管理产生影响。管理者的有限理性行为特征主要包括风险偏好、过度自信、过度乐观、风险厌恶、心理账户等。姚宏等（2006）研究了风险偏好与外部监管环境对盈余操纵行为的影响，结果表明在外部监管与风险偏好共同作用下，信息结构对盈余操纵行为的影响没有差异，高风险偏好的管理者仍会选择高收益项目。Abdel等（2006）研究发现，管理者的风险偏好与企业盈余波动显著正相关。Hribar和Yang（2010）研究发现，为了发布乐观的盈余预测，过度自信的CEO更倾向于为达到预测而进行盈余管理。

此外，管理者行为特征除了管理者的有限理性外，还包括管理者的声誉。声誉的作用主要体现在涉及长期利益的参与人所提供的一种隐性激励机制，为其短期行为做担保，因此，声誉也可称为显性合约的替代品。作为一种信号机制，在经理人市场上，声誉能够集中地反映经理人过去单位任职信息，并与其下阶段任职情况相联系，从而能够形成对经理人当期行为的约束机制。近年来，越来越多的学者研究了声誉机制与盈余管理的关系。Steven和Susan（2004）研究发现，经理人的声誉评价机制受到盈余管理行为的显著影响，而受激励机制影响的效果较小。Malmendier和Tate（2007）发现，经理人为了传递公司良好的形象会实施盈余管理。Jennifer等（2008）认为，管理者声誉与公司盈余质量负相关，即公司管理者声誉越高，盈余管理程度也越高。陈国进等（2005）认为，声誉机制不能有效地抑制管理者的违规行为。姚宏等（2007）却发现，声誉机制能够有效地约束市场舞弊行为。Brown（2014）研究指出，人的心理因素会对管理者盈余管理行为产生重要的影响，通过实验研究发现实验参与者会尽力合理化自己的盈余管理行为。Chen等（2007）通过模型推导发现，保守主义在抑制内部人盈余管理中发挥着重要的作用。Gao（2013）研究了管理者的会计保守主义与盈余管理的关系，研究结论表明会计保守主义有利于降低企业盈余管理程度。

2.3.4　制度环境因素

制度环境会导致不同的交易成本，进而对公司生产经营活动产生影响。在对以往的研究文献总结归纳后发现，制度环境对公司盈余管理的影响主要表现在外部监管、政府干预、法治环境、市场化和会计制度五个方面，具体的分析如下：

第一，外部监管。外部监管的建立能够对高管的行为起到一定的约束和监督作用，上市公司接受独立的第三方机构的审计为外部监管最直接的体现。国外众多学者研究发现，操纵性应计利润与会计师事务所出具非标准审计意见的概率正相关，与事务所的谨慎性负相关。注册会计师对我国上市公司所发表的审计意见在某种程度上是公司盈余管理程度的体现。审计机构对外公布的审计报告可以有效地约束公司高管下一年度利润操纵等的非正当行为。王跃堂（2000）认为，证券市场的监管政策、公司治理结构以及注册会计师的审计意见是影响上市公司会计选择行为的主要因素。章永奎和刘峰（2002）研究发现，注册会计师能在一定程度上审计出盈余操纵，并且出具非标意见审计报告的可能性随着上市公司盈余管理程度的增大而增加。另外，李东平等（2001）却认为导致盈余管理与注册会计师出具审计意见的类型之间不存在必然联系。

第二，政府干预。政府干预能够在一定程度上扮演“掠夺之手”和“帮助之手”的双重角色，从而影响一个国家的发展。尤其是在经济转型的中国，市场机制尚未健全，导致政府干预现象尤为普遍。陈晓和李静（2001）发现，地方政府会通过税收优惠、财政补贴等手段参与上市公司盈余管理，以争夺资本市场中的经济资源。Makar和Alam（1998）对处在不同经济发展阶段的公司进行研究，结果表明：公司进行盈余管理的原因是避免政治成本所造成的风险，这种现象在经济扩展时期尤其显著。Bushman等（2004）对跨国公司的研究发现，公司财务透明度与政府干预程度和干预方式显著负相关，即政府干预程度越大、干预方式越直接，公司的财务透明度就越差。

第三，法治环境。法治环境也能遏止公司管理层对利润的操纵行为。政策法规和会计制度的完善必然会对高管行为产生影响。境外投资者持股更有助于改善公司盈余质量，这是因为发行H股或B股的企业均需要经国际会计准则认定，即需要接受更加严格的信息披露条件。因而法律环境作为重要的制度环境之一，其对公司高管行为的作用不容小觑。Nenova等（2003）研究发现，法治水平能够保护投资者的合法权益，建立健全企业完善的内部治理机制，并在真实会计信息披露方面发挥着巨大的作用。

第四，市场化。部分研究学者认为，市场化程度对盈余管理也能够起到一定的约束作用。在制度环境越好、市场化程度越高时，政府发现盈余管理的概率就越高，因此政府对公司的监管行为会对公司实施盈余管理起到一定的制约作用。李延喜等（2012）研究发现，政府监管部门和企业管理层之间存在重复博弈，因此当政府监管部门采取监督策略时，企业管理层就会选择不进行盈余管理，即博弈均衡为：“（监督，不进行盈余管理）”。此外还发现，只有当地区的制度环境达到一定程度之后，政府监管部门才愿意对企业管理层进行监督。超产权理论认为只有在市场竞争的前提下，绩效激励才能发挥高管的作用，即市场竞争程度越高，公司盈利难度越大，会更进一步刺激高管对公司进行盈余管理。徐玉德（2011）以2000—2009年沪深A股上市公司为研究对象，以公司外部治理机制为视角，实证研究了产品市场竞争对公司盈余管理的治理效应，结果发现，产品市场竞争程度与公司盈余管理程度之间显著正相关。同样，Markarian和Santalo（2014）也发现了产品市场竞争与公司盈余管理程度正相关的证据。而另一方面，部分学者认为两者之间存在负相关关系。Marciukaityte和Park（2009）发现，产品市场竞争程度越高的公司，其盈余管理程度反倒越低。

第五，会计制度。Leuz（2003）研究发现，采用国际财务报告准则IFRS将有利于降低企业的盈余管理。然而，Ball等（2003）、Tendeloo和Vanstraelen（2005）、Jeanjean和Stolowy（2008）、Paananen和Lin（2009）和He等（2012）的研究结论则指出国际财务报告准则的降低盈余管理作用较为有限，甚至可能会刺激企业的盈余管理行为。Cang等（2014）发现，在中国采用国际财务报告准则后可以减少管理者进行盈余管理的动机。步丹璐和叶建明（2009）检验了2006年财政部颁布的《企业会计准则第8号——资产减值》实施的效果，研究发现新会计制度降低了企业运用资产减值进行盈余管理的空间，实证结果显示随着新会计制度的实施，资产减值信息与盈余管理的关系变弱。黄晓薇和郭敏（2014）考察了配股制度变迁对盈余管理行为的影响，研究结果表明配股制度财务门槛的放松显著降低了企业的盈余管理程度。Chen和Yuan（2004）、Haw等（2005）通过实证研究发现，证监会可以发现部分企业在配股过程中进行的线下项目盈余管理。

2.4 盈余管理对企业产生的影响

2.4.1 应计盈余管理对企业产生的影响

现阶段，国内外学者们主要从应计盈余管理对公司业绩、公司价值和投资效率等方面的影响进行了研究。

第一，公司业绩方面。罗炜等（2008）研究指出，我国2001年的债务重组会计准则有利于约束企业利用重组收益进行盈余管理的行为，进而使得重组企业在未来取得较好的公司业绩。但是，Ducharme等（2001）认为IPO企业存在机会主义盈余管理行为，他们研究发现应计盈余管理与公司IPO后的业绩存在着显著的负相关关系。王福胜等（2014）探讨了盈余管理影响企业未来经营业绩的作用机理，研究发现应计盈余管理会对企业的未来经营业绩产生负面的影响。具体而言，应计盈余管理对企业的短期经营业绩的负面影响较大，而对长期经营影响则较小。

第二，公司价值方面。首先，部分学者认为应计盈余管理可以降低公司价值。Dechow等（1996）发现当企业公布因盈余管理而被监管部门调查的信息之后，公司股票价格会大幅下跌。Teoh等（1998）研究发现，采用应计盈余管理来调增盈余的企业其估值往往会大幅下跌。孙铮和王跃堂（1999）研究发现，上市公司的盈余管理行为会对资本市场的资源配置功能造成巨大的损害。冯霞等（2008）认为上市公司的盈余管理活动会误导资本市场投资者的行为，会降低公司的价值。其次，部分学者认为应计盈余管理可以提高公司价值。Subramanyam

（1996）采用美国企业作为研究对象，实证发现资本市场可以对企业的操纵性应计利润做出积极反应。Scott（1997）通过会计政策的弹性来进行盈余管理，可以灵活应对未来不确定的经营环境，将公司的内部信息传递给资本市场。张祥建和徐晋（2006）指出投资者并不能识别上市公司的应计盈余管理，反而会高估企业的价值。Bergstresser和Philippon（2006）发现企业高管通过盈余管理来实现个人私利，证券市场在一定程度上并不能有效识别。Jiraporn等（2008）指出盈余管理并非是机会主义，盈余管理与公司价值存在着显著的正相关关系。Sun和Rath（2008）也指出盈余管理可能是提高公司内部效率的有效手段。王跃堂等（2009）认为采用盈余管理方式而成功避税的企业得到了资本市场的正面反应，公司的价值得到了较大的提升。最后，部分学者认为应计盈余管理不影响公司价值。李彬和张俊瑞（2013）指出，过度投资企业的应计盈余管理行为对公司价值的影响不显著。

第三，投资效率方面。Bushman和Smith（2001）、Biddle等（2009）均认为，企业较高的财务信息质量可以缓解信息不对称问题，减少逆向选择和道德风险现象的发生，进而可以提高企业的投资效率。然而，任春艳（2011）从投资效率的视角出发探讨了盈余管理的经济后果，研究发现上市公司的应计盈余管理会降低未来的投资效率，主要是由于应计盈余管理可能会误导决策层的投资决策。

经过上述文献回顾可以发现，学者们在应计盈余管理对公司业绩、公司价值和投资效率等方面影响的结论并不一致，部分学者认为应计盈余管理能带来正面的经济后果，但也有学者认为应计盈余管理会带来负面的经济后果。与真实盈余管理不同的是，应计盈余管理主要通过调节应计项目来实现利润操纵的目标，这种手段只是调整了应计项目的时间和分布，并不会实质性的改变企业的经营活动和现金流。所以，应计盈余管理对企业经济活动的影响低于真实盈余管理。在某种意义上，应计盈余管理可以增加盈余信息披露中关于管理层对未来盈余预测的私有信息含量（Sankar和Subramanyam，2001），进而提升了盈余信息价值相关性和企业价值（Tucker和Zarowin，2006）。同时，由于我国资本市场投资者的专业素养仍偏低，投资者们无法有效地识别应计项目盈余管理，从而可能导致公司股价上涨和公司价值增加（刘衡等，2013）。

2.4.2 真实盈余管理对企业产生的影响

现阶段，国内外学者们主要从真实盈余管理对公司业绩、公司价值和资本成本等方面的影响进行了研究。

第一，公司业绩方面。一方面，部分学者认为真实盈余管理会损害公司业绩。Ettredge等（2005）指出真实盈余管理对企业未来的现金流产生负面影响，进而会对企业长期的经营绩效造成损害。Gunny（2010）、Roychowdhury（2006）认为企业对研发活动、资本投资和日常生产等商业活动的操纵偏离了正常的经营计划，这会导致后期的企业业绩下降。李彬和张俊瑞（2009）分析了销售操控与未来经营业绩的关系，实证结果表明采用销售操控的公司后期的经营业绩水平均低于对照样本公司。李彬和张俊瑞（2010）实证检验了企业通过实际活动进行盈余管理的经济后果，研究发现上市公司的销售操控行为会降低其获利能力。王福胜等（2014）研究发现，真实盈余管理会对企业长期的经营业绩产生重要的负面影响。另一方面，部分学者则认为真实盈余管理会有利于公司业绩增长。Xu和Taylor（2007）指出，少量适当的真实盈余管理活动并不会对企业未来的业绩产生重大的损害。Gunny（2010）认为由于真实盈余管理可以向资本市场传递企业业绩向好的信息，这会增强投资者、供应商和客户的信心，使得真实盈余管理会有利于企业未来业绩增长。张子余和张天西（2011）研究发现，非微利公司采用真实销售操控有利于提高下期经营业绩，而微利公司采用真实销售操控的负面效应可以抵消其增加企业竞争力所带来的正面效应。

第二，公司价值方面。Ewert和Wagenhofer（2005）从理论上分析了真实盈余管理会对企业价值造成损害。Wang（2006）探讨了真实盈余管理对股票回报的影响，研究发现外部投资者很难辨别出真实盈余管理的信息含量，难以推断公司股票的真实价值。Mizik和Jacobson（2007）研究发现，在配股时企业采用真实盈余管理对应计盈余管理的溢价水平更高。陈宏亚（2012）通过实证研究指出，资本市场并不能有效地识别通过资产减值而实现的盈余管理行为。刘衡等（2013）研究发现，真实盈余管理会负向影响公司价值。李彬和张俊瑞（2013）认为，上市公司真实盈余管理活动会加剧过度投资对公司价值的损害。

第三，资本成本方面。Kim和Sohn（2011）认为，真实盈余管理会导致企业的资本成本提高。王亮亮（2013）从权益资本成本角度出发，研究了真实活动盈余管理的经济后果，实证结果发现真实盈余管理与企业的权益资本成本呈显著的正相关关系。

整体而言，现有文献关于真实盈余管理对公司业绩的影响并未取得一致的论断，部分学者认为真实盈余管理会损害公司业绩，但也有学者认为真实盈余管理有利于公司业绩增长。正如蔡春等（2011）所述，现有真实盈余管理的经济后果相关研究结论并不一致，主要是由于学者们使用的实证模型存在差异，大多数使用的是行业截面数据，忽视了公司间差异对研究结论的影响。而在其他方面，学者们均认为真实盈余管理会损害公司价值和增加公司的资本成本。真实盈余管理主要是采用虚假捏造经济业务或故意调整经济业务发生时间等方法来粉饰企业的利润，其本质上有悖于企业正常的生产经营决策。现有研究已经发现真实盈余管理主要是通过销售操控、生产操控、费用控制等手段来实现盈余平滑，这些操控手段都背离了正常的经营管理现状。例如在销售操控中，企业为了提高当期营业收入和利润，会采用放松信用条件、增加销售折扣等手段，虽然在短期内能刺激公司产品的销售，但是由于放松信用条件和增加销售折扣可能会给企业带来坏账和利润上的损失，并不利于企业价值增长和业绩提高；在生产操控中，企业为了减少现金流量，可能故意减少原材料的采购，这在一定程度上会导致公司产能下降，不利于公司价值增长；在费用操控中，为了减低当期的费用支出，企业会刻意降低当期的研发投入和员工培训费等可操控费用，这会对企业的研发能力和员工效率产生不利影响。由此可知，企业的真实盈余管理会给企业带来显著的负面经济后果。

2.5 文献评述

作为公司治理的重要内容，盈余管理问题一直受到学术界的热议。近年来，国内外学者们在盈余管理领域中的研究取得了丰硕的成果，从公司治理、公司特征、行为特征和制度环境等方面寻找了上市公司盈余管理的诱因，这些研究为后续深入探讨盈余管理治理提供了扎实的理论基础和丰富的实证经验。经过总结归纳，本章认为现有文献在以下几个方面有待改善：

第一，随着真实盈余管理的兴起，国内外的视线都聚焦到真实盈余管理问题上，而现有大部分的研究都是基于应计盈余管理开展的，这就使得人们对原有研究结论的可靠性产生了一定的质疑。所以，有必要针对应计盈余管理和真实盈余管理进行系统的研究，探讨这两种盈余管理方式的差异。

第二，作为一种新的盈余管理方式，真实盈余管理具有更强的隐蔽性，难以被监管部门所察觉，这给盈余管理治理工作带来严峻的挑战。虽然有部分文献研究法治水平、投资者保护程度对企业应计盈余管理的影响，而直接研究制度环境对真实盈余管理影响的文献仍较少，其内在作用机理也不得而知。

第三，已经有证据表明，在《萨班斯法案》颁布之后美国企业更倾向于采用真实盈余管理，而较少使用传统的应计盈余管理。随着我国法制建设的不断推进和投资者法律保护不断完善，新会计准则的颁布也加快了我国会计制度与国际接轨的步伐，进一步挤压了企业进行应计盈余管理的空间。在这样的背景下，我国上市公司是否会针对制度环境的变化而改变其盈余管理策略？是否会倾向于采用真实盈余管理而减少应计盈余管理，以此来避免监管进而实现盈余操纵的目标？我国盈余管理治理工作是否会出现“道高一尺，魔高一丈”的现象？制度环境是约束上市公司盈余管理，还是诱导上市公司盈余管理？制度环境对不同方式盈余管理的经济后果会产生怎样的影响？现阶段尚未有文献能对上述问题进行回答，有待于进一步考察。

第四，媒体的治理作用往往会受到新闻报道自由度、媒体俘获和媒体租金等问题的困扰，这些问题都与制度环境有着紧密的联系。而作为一种外部治理机制，制度环境对上市公司盈余管理也会发挥重要的治理作用。现有文献并未能讨论媒体监督和制度环境共同作用会对上市公司盈余管理产生何种影响，媒体监督和制度环境对盈余管理的交互影响既可能表现为替代效应，也可能表现为互补效应。在中国特殊的制度背景下，两种外部治理机制之间到底存在着怎样的交互效应，也有待进一步检验。

第3章 上市公司盈余管理的区域分布特征研究

3.1 盈余管理的计量

3.1.1 样本选择与数据来源

本章选取了2001—2013年沪深两市的上市公司为研究样本，通过以下筛选程序来保证研究结果的准确合理：（1）剔除被ST和*ST的公司；（2）剔除财务信息和公司治理数据不齐全的公司；（3）剔除金融类上市公司。经过对样本的筛选和面板数据的平衡处理后，取得700家上市公司2001—2013年连续13年的平衡面板数据，样本量为9 100。表3-1是具体的研究样本的行业情况①，从表3-1中可以发现制造业的样本有391个，占总样本的55.855%。整体而言，本章研究样本的分布符合统计代表性的要求。

表3-1　研究样本的行业分布

代码	数量	比例（%）	代码	数量	比例（%）	代码	数量	比例（%）
A	16	2.286	C5	18	2.571	F	28	4.000
B	7	1.000	C6	61	8.714	G	35	5.000
C0	33	4.714	C7	102	14.571	H	61	8.714
C1	27	3.857	C8	47	6.714	J	38	5.429
C2	1	0.143	C9	10	1.429	K	27	3.857
C3	11	1.571	D	36	5.143	L	6	0.857
C4	81	11.571	E	11	1.571	M	44	6.286

① 行业分布以中国证监会2001年颁布的《上市公司行业分类指引》中的分类方法为标准。

表3-2列示了研究样本的地区分布情况，本章按照传统的地区划分方法，将我国分为东部、中部和西部三个地区[①]。从表3-2中可知，北京、广东、江苏和浙江等地区的样本较多，而甘肃、贵州、宁夏、青海和西藏等地区的样本则较少。从区域分布的角度来看，东部地区的研究样本为422个，占总样本的60.286%；中部地区的研究样本为147个，占总样本的21.000%；西部地区的研究样本为131个，占总样本的18.714%。由此可知，本章的研究样本主要来自于东部地区。

表3-2　**研究样本的地区分布**

地区	数量	比例（%）	地区	数量	比例（%）	地区	数量	比例（%）
安徽	19	2.714	湖南	19	2.714	四川	27	3.857
北京	49	7.000	吉林	16	2.286	天津	7	1.000
福建	20	2.857	江苏	45	6.429	西藏	3	0.429
甘肃	6	0.857	江西	12	1.714	新疆	12	1.714
广东	82	11.714	辽宁	28	4.000	云南	16	2.286
广西	15	2.143	内蒙古	10	1.429	浙江	44	6.286
贵州	5	0.714	宁夏	5	0.714	重庆	15	2.143
海南	8	1.143	青海	5	0.714	东部	422	60.286
河北	14	2.000	山东	37	5.286	中部	147	21.000
河南	16	2.286	山西	14	2.000	西部	131	18.714
黑龙江	14	2.000	陕西	12	1.714	合计	700	100.00
湖北	37	5.286	上海	88	12.571			

在人类社会经济发展的过程中，由于历史、文化及自然环境条件等因素的影响，不同地区的经济发展肯定会存在差异，而在我国，地域的广阔性所导致的各方面的差异更是明显，各地区经济发展水平有较大的差距，也有各自的发展特点。2005年，党的十六届五中全会提出了四大区域的战略布局。把我国分为了

① 传统的地区划分方法主要是根据地理位置距离海洋的远近对我国地区进行分区。基于此，本书将我国（除港澳台地区外）划分为东部、中部和西部三个地区。东部地区包括北京、天津、河北、辽宁、上海、江苏、浙江、福建、山东、广东和海南等11个省、直辖市；中部地区包括山西、吉林、黑龙江、安徽、江西、河南、湖北和湖南8个省；西部地区包括内蒙古、广西、重庆、四川、贵州、云南、西藏、陕西、甘肃、青海、宁夏和新疆12个省、自治区、直辖市。

四个经济区域，即东部地区（增强国际竞争力和可持续发展能力）、中部地区（在发挥承东启西和产业发展优势中崛起）、东北地区（在改革发展中实现振兴）和西部地区（增强自我发展能力）。这四大经济区的划分能够相对比较客观地反映出当前我国经济发展的不平衡的现状。该战略的提出也标志着我国区域经济的宏观布局步入一个新阶段。

3.1.2 应计盈余管理的计量

如何计量上市公司的盈余管理程度，多年来国内外学者在这方面进行了大量有益的尝试。现阶段主流的计量方法有应计利润法、分布检验法、具体项目法。在目前国内外的研究中，由于分布检验法和具体项目法可操作性较差，所以应计利润法应用较多。应计利润法的思路是：首先，通过模型回归来计量估计的应计利润总额，将总应计利润分成可操作和非可操作两部分，再计量出企业的非可操作利润，最后以企业的可操作性利润来衡量盈余管理。目前，学者们运用应计利润法计量盈余管理的模型主要有Healy模型、DeAngelo模型、Jones模型、修正的截面Jones模型等。

（1）Healy模型

Healy（1985）指出，Healy模型主要是假设企业各期的利润操作是稳定的，盈余管理程度是遵循随机游走规律的，从长期来看，其代数和应该为零。具体模型如下所示：

$$NDA_{jt} = \frac{1}{T}\sum_{t=1}^{T} TA_{jt} \tag{3.1}$$

其中，NDA为非可操作的应计利润；TA为总应计利润，为净利润与经营活动产生的现金流净值的差额；T为时间。

（2）DeAngelo模型

DeAngelo（1986）指出，DeAnglo模型主要假设t-1期的企业总应计利润即为t期的非可操作应计利润。具体模型如下所示：

$$NDA_{it} = TA_{i,t-1} \tag{3.2}$$

其中，NDA为非可操作的应计利润；TA为总应计利润。

（3）Jones模型

Jones（1991）指出，Jones模型控制了企业经营环境变化对盈余管理的影响，认为营业收入、固定资产的增加会相应地导致企业应收账款、应付账款、折旧等科目的变动。具体模型如下所示：

$$\frac{NDA_{it}}{A_{i,t-1}} = \alpha_0\frac{1}{A_{i,t-1}} + \alpha_1\frac{\Delta REV_{it}}{A_{i,t-1}} + \alpha_2\frac{PPE_{it}}{A_{i,t-1}} \tag{3.3}$$

其中，NDA为非可操作的应计利润；ΔREV为营业业务收入的变动值；PPE

为固定资产的原值；A为总资产。

（4）修正的截面Jones模型

修正的Jones模型认为主营业务收入增加额中的应收账款增加额往往是盈余管理的结果，即在原有的Jones模型中需要排除应收账款的影响。具体模型如下所示：

$$\frac{NDA_{it}}{A_{i,t-1}} = \alpha_0 \frac{1}{A_{i,t-1}} + \alpha_1 \frac{\Delta REV_{it} - \Delta REC_{it}}{A_{i,t-1}} + \alpha_2 \frac{PPE_{it}}{A_{i,t-1}} \tag{3.4}$$

其中，NDA为非可操作的应计利润；ΔREV为营业业务收入的变动值；ΔREC为应收账款的变动值；PPE为固定资产的原值；A为总资产。

修正的截面Jones模型适用于对横截面数据的估计，可对特定年份、特定行业的企业的盈余管理程度进行计量，具体模型如下：

$$\frac{TA_{it}}{A_{i,t-1}} = \alpha_0 + \alpha_1 \frac{1}{A_{i,t-1}} + \alpha_2 \frac{(\Delta REV_{it} - \Delta REC_{it})}{A_{i,t-1}} + \alpha_3 \frac{PPE_{it}}{A_{i,t-1}} + \varepsilon_{it} \tag{3.5}$$

其中，TA为总应计利润；ΔREV为营业收入的变动值；PPE为固定资产的原值；A为总资产；ε为模型的回归残差。

表3-3列示了在计量应计盈余管理时所涉及变量的定义情况，详情如下所示：

表3-3　**应计盈余管理的变量定义**

变量符号	变量名称	计量方法
TA	总应计利润	净利润-经营活动现金流净值
NDA	非可操作的应计利润	总应计利润-可操作的应计利润
T	时间	样本的年数
A	总资产	总资产
ΔREV	营业收入变动值	当期营业收入-前期营业收入
PPE	固定资产	固定资产的原值
ΔREC	应收账款变动值	当期应收账款-前期应收账款

在这四种计量模型中，修正的截面Jones模型应用得较为广泛，不但得到了国外学者的广泛应用，而且也深受我国学者的青睐。McNichols（2002）经过统计发现，1999年之前国际一流的公司财务期刊中关于盈余管理的计量有45%左右的论文选用了应计利润法；Stubben（2010）发现，在2005—2008年期间The Accounting Review、Journal of Accounting and Economics、Journal of Accounting Research共刊登了至少40篇采用应计利润法计量盈余管理的论文。夏立军（2003）

对修正的截面Jones模型的使用效果进行了检验，发现该模型在我国资本市场具有适用性，可以有效地揭示上市公司盈余管理的程度。陈信元和夏立军（2006）在对多种计量盈余管理的模型的对比中，也发现了修正的截面Jones模型对中国资产市场中的盈余管理可以进行有效的计量，具有较强的解释力度。黄梅和夏新平（2009）对我国上市公司进行了模拟分析，比较不同盈余管理计量模型的解释力度，研究发现修正的截面Jones模型的检测是有效的，这种分年度、分行业的检验方法适用于我国资本市场。在后续的实证分析中，本章分别采用了上述四种计量方法计量了应计盈余管理，但主要是以修正的截面Jones模型分析为主，其他三种计量方法为辅。

3.1.3 真实盈余管理的计量

Schipper（1989）根据是否影响企业现金流，将盈余管理分为利用应计项目进行的盈余管理和通过真实经济活动进行的盈余管理。真实盈余管理改变了企业经济活动的实质，并按照会计准则对改变后的经济事项进行确认、计量和报告，这种行为未违反公认会计准则（GAAP），具有较强的隐蔽性。真实盈余管理的手段主要有销售操控（Roychowdhury，2006）、生产操控（Cohen 和 Zarowin，2010）、酌量性费用操控（Roychowdhury，2006）、销售资产（Edelstein 等，2008；Zang，2012）和回购股票（Hribar 等，2006）。Roychowdhury（2006）从销售操控、生产操控和酌量性费用操控出发，构建了真实盈余管理计量模型，开创了计量企业真实盈余管理程度的先河，该模型备受Taylor和Xu（2010）、Zhao等（2012）学者的推崇，是目前最权威的真实盈余管理计量模型。本章借鉴Roychowdhury（2006）的思路，分别估计每年度企业异常的经营现金流量、生产成本和酌量性费用水平，在此基础上构建了真实盈余管理总量模型来计量企业的真实盈余管理程度。虽然销售资产和回购股票也是真实盈余管理的手段，但本章出于以下两点考虑未将其纳入真实盈余管理总量模型中：第一，Zang（2012）的研究并未提供通过销售资产进行真实盈余管理的有效证据，这使得学者们对销售资产能否作为真实盈余管理的实现手段产生了疑问；第二，Hribar等（2006）认为回购股票主要是通过提高EPS来进行真实盈余管理，但由于回购股票的动机错综复杂，上市公司的股票回购行为具有市场动机和政治动机的两面性（Gong等，2008；沈艺峰等，2011），这使得我们无法将股票回购中为了进行盈余管理的部分剥离出来。

（1）经营现金流量计量模型：

$$\frac{CFO_{it}}{A_{i,t-1}} = \alpha_1 \frac{1}{A_{i,t-1}} + \alpha_2 \frac{Sales_{it}}{A_{i,t-1}} + \alpha_3 \frac{\Delta Sales_{it}}{A_{i,t-1}} + \varepsilon_{it} \tag{3.6}$$

模型（3.6）为期望经营现金流量计量模型。其中，CFO为经营活动现金流量；Sales为销售额；ΔSales为销售额的变动值；A为总资产。通过模型（3.6）回归估计出各样本公司的期望经营现金流量，以实际发生的经营现金流量减去期望经营现金流量可以得到异常的经营现金流量（REM_CFO）。

（2）生产成本计量模型：

$$\frac{PROD_{it}}{A_{i,t-1}}=\alpha_1\frac{1}{A_{i,t-1}}+\alpha_2\frac{Sales_{it}}{A_{i,t-1}}+\alpha_3\frac{\Delta Sales_{it}}{A_{i,t-1}}+\alpha_3\frac{\Delta Sales_{i,t-1}}{A_{i,t-1}}+\varepsilon_{it} \tag{3.7}$$

模型（3.7）为期望生产成本计量模型。其中，PROD为生产成本，即销售成本与存货变动额之和。通过模型（3.7）回归估计出各样本公司的期望生产成本，以实际发生的生产成本减去期望生产成本可以得到异常的生产成本（REM_PROD）。考虑到销售控制和生产控制会对企业的销售成本和存货产生重要影响，Roychowdhury（2006）以期望销售成本模型和期望存货模型构造期望生产成本计量模型。其中，销售成本模型为当期销售的线性函数，而存货模型则为当期销售和滞后一期销售额变动值的线性函数。

（3）酌量性费用计量模型：

$$\frac{DISEXP_{it}}{A_{i,t-1}}=\alpha_1\frac{1}{A_{i,t-1}}+\alpha_2\frac{Sales_{i,t-1}}{A_{i,t-1}}+\varepsilon_{it} \tag{3.8}$$

模型（3.8）为期望酌量性费用计量模型。其中，DISEXP为酌量性费用，即销售费用和管理费用之和。由于以当期销售额构建线性函数来表示操控性费用会造成模型回归的残差较小，为了避免统计上的偏误，特将操控性费用表示为滞后一期销售额的线性函数（Roychowdhury，2006）。通过模型（3.8）回归估计出各样本公司的期望酌量性费用，以实际发生的酌量性费用减去期望酌量性费用可以得到异常的酌量性费用（REM_DISEXP）。

值得注意的是，研发费用和广告费用也是酌量性费用的重要组成部分，但本书在计算酌量性费用时并未加入研发费用和广告费用，主要有以下两方面原因：一方面，由于我国证监会并未强制上市公司披露转入当期损益的研发费用和广告费用的详细信息，使得本研究无法获取相关的数据资料；另一方面，按照我国会计准则的规定企业需在管理费用科目下设二级科目进行研发费用的账务核算，在销售费用科目下设二级科目进行广告费用的账务核算，即研发费用、广告费用大部分已经包含于管理费用、销售费用。

表3-4列示了在计量真实盈余管理时所涉及变量的定义情况。

（4）真实盈余管理总量模型

由于Roychowdhury（2006）选用的三种真实盈余管理的操作手段对正常现金流的影响方向并不一致，为了避免方向问题造成的不利影响和全面获取真实盈余管理的总体效应，本章构建真实盈余管理总量模型来计量真实盈余管理程度。真实盈余管理总量（REM_PROXY）可以表示为异常生产成本（REM_PROD）减去

表 3-4　**真实盈余管理的变量定义**

变量符号	变量名称	计量方法
CFO	经营活动现金流量	经营活动现金流净值
Sales	销售额	营业收入
ΔSales	销售额变动值	当期营业收入-前期营业收入
A	总资产	总资产
PROD	生产成本	当期销售成本-前期销售成本+当期存货-前期存货
DISEXP	酌量性费用	销售费用+管理费用
REM_PROXY	真实盈余管理	异常生产成本-异常经营活动现金流量-异常酌量性费用

异常经营现金流量（REM_CFO）和异常酌量性费用（REM_DISEXP）的值，具体见模型（3.9）：

$$REM\_PROXY_{it} = REM\_PROD_{it} - REM\_CFO_{it} - REM\_DISEXP_{it} \tag{3.9}$$

3.1.4　盈余管理的经济后果分析

本书主要从滞后一期的公司业绩、公司价值和股票累积报酬率三个方面来考察盈余管理的经济后果。其中，公司业绩 ROA 主要反映的是产品市场的经济后果，本章采用的是资产收益率作为公司业绩的指标，该指标为利润总额与平均总资产的比值，代表文献如王福胜等（2014）、郑国坚等（2014）、罗进辉（2014）等的相关研究；公司价值 TBQ 体现了资本市场对公司价值的认可程度，本章采用托宾 Q 值作为反映公司价值的代理变量，托宾 Q 值是公司资产的市场价值与重置成本的比值，具体可以表现为（每股价格×流通股股数+每股净资产×非流通股股数+负债账面值）/总资产账面值，代表文献如田野和陈全（2011）、肖华和张国清（2013）、郑国坚等（2014）均采用托宾 Q 值进行的经济后果的相关研究；资本市场经济后果反映了公司在资本市场的收益情况，本章采用的是股票累积报酬率 RET 作为代理变量，具体为公司股票当年 5 月初至下一年 4 月底的累积报酬率 Π（1+Returnj）-1，其中 $Return_j$ 为公司股票第 j 月的报酬率，具体代表文献有王跃堂等（2009）、朱红军和王辉（2009）、章卫东（2010）均采用累积报酬率作为经济后果的代理变量进行的相关研究。在此需要说明的是，廖理和许艳（2004）指出大部分文献从股票正常收益率的视角来检验盈余管理经济后果，这种方法仍存在着较多的缺陷，如非正常收益无法判别是由盈余管理导致的，还是由未知风险导致的。综合而言，本书采用股票累积报酬率还是较为合理的。

为了检验不同程度应计盈余管理的经济后果的差异，本章分别采用了均值 T

检验、中位数Wilcoxon秩和检验详细分析了不同样本组的经济后果。本书总计采用了四种应计盈余管理计量方法，出于简洁考虑在此仅以采用截面的修正Jones模型计量的应计盈余管理为例。本章按照截面的修正Jones模型计量的应计盈余管理程度的平均值将样本分为高应计盈余管理样本组和低应计盈余管理样本组。表3-5为不同应计盈余管理样本组经济后果的单因素分析结果，从表3-5中的检验结果可以发现，高应计盈余管理样本组和低应计盈余管理样本组的公司业绩$ROA_{i,t+1}$的差额为0.005，T检验未能通过显著性检验，两组之间的中位数差额为0.004，Wilcoxon秩和检验并未通过显著性检验；以股票累积报酬率$RET_{i,t+1}$为经济后果的分析显示，高应计盈余管理样本组的股票累积报酬率显著小于低应计盈余管理样本组；而以公司价值$TBQ_{i,t+1}$为经济后果的分析结果显示，不同样本组之间的公司价值差异并不显著。整体而言，不同应计盈余管理样本组之间的经济后果差异分析的结果并不一致。

表3-5　**应计盈余管理经济后果的单因素分析**

变量	高应计盈余管理组		低应计盈余管理组		T检验		Wilcoxon秩和检验	
	均值	中位数	均值	中位数	均值之差	T值	中位数之差	Z值
$ROA_{i,t+1}$	0.060	0.050	0.055	0.051	0.005	1.329	0.004	1.163
$TBQ_{i,t+1}$	2.085	1.627	2.082	1.639	0.003	0.076	-0.012	-0.733
$RET_{i,t+1}$	0.237	-0.048	0.324	-0.038	-0.087	-3.768***	-0.010	-1.843*

注：***、**、*分别表示在1%、5%、10%的水平上显著；仅采用截面的修正Jones模型的计量结果为例。

同理，本章还按照真实盈余管理总体程度（REM_PROXY）将样本分为高真实盈余管理样本组和低真实盈余管理样本组，表3-6为不同真实盈余管理样本组经济后果的单因素分析结果。经过均值T检验、中位数Wilcoxon秩和检验后发现，不同真实盈余管理程度样本组之间的公司业绩$ROA_{i,t+1}$的均值差额为-0.038，T检验在1%的水平上显著，两组之间的中位数差额为-0.016，Wilcoxon秩和检验在1%的水平上显著；不同样本组之间的公司价值$TBQ_{i,t+1}$的均值差额为-0.462，T检验在1%的水平上显著，两组之间的中位数差额为-0.082，Wilcoxon秩和检验在1%的水平上显著；不同样本组之间的公司股票累积报酬率$RET_{i,t+1}$的均值差额为-0.028，但是未能通过T检验，两组之间的中位数差额为-0.139，Wilcoxon秩和检验在1%的水平上显著。整体而言，高真实盈余管理样本组的经济后果要显著差于低真实盈余管理样本组的经济后果。

表3-6　真实盈余管理经济后果的单因素分析

变量	高真实盈余管理组		低真实盈余管理组		T检验		Wilcoxon秩和检验	
	均值	中位数	均值	中位数	均值之差	T值	中位数之差	Z值
$ROA_{i,t+1}$	0.043	0.035	0.071	0.041	-0.038	-20.697***	-0.016	-23.643***
$TBQ_{i,t+1}$	1.850	0.094	2.312	1.176	-0.462	-13.206***	-0.082	-18.489***
$RET_{i,t+1}$	0.281	-0.064	0.309	0.075	-0.028	-1.262	-0.139	-2.856***

注：***、**、*分别表示在1%、5%、10%的水平上显著；仅采用总的真实盈余管理计量结果为例。

3.2 上市公司盈余管理的地区差异分析

3.2.1 盈余管理区域特征

为了直观汇报我国上市公司所处的制度环境和盈余管理程度的区域特征，本章分别将31个省、自治区、直辖市（中国台湾地区、中国香港特别行政区和中国澳门特别行政区除外）的上市公司所在地区的应计盈余管理和真实盈余管理从高到低分成组1、组2和组3三组，即组1为盈余管理程度较高的地区，组2为盈余管理程度中等的地区，而组3则为盈余管理程度较低的地区。表3-7为具体的盈余管理区域分布情况。

以修正的截面Jones模型计算的AEM_CMJones的区域分布特征为例，从表3-7中可以发现应计盈余管理程度较高的地区主要集中在西部地区的西藏、甘肃、新疆、宁夏、云南等地区，而应计盈余管理程度较低的地区则主要集中在东部地区的北京、上海、浙江、广东、天津、江苏等地区。整体而言，我们发现盈余管理的区域特征为：东部地区企业的应计盈余管理程度最低，中部地区企业的应计盈余管理程度次之，西部地区企业的应计盈余管理程度最高。进一步，以Jones模型计量的AEM_Jones、DeAngelo模型计算的AEM_DeAngelo和以Healy模型计量的AEM_Healy的应计盈余管理区域分布特征同样符合上述规律。而从表3-7中的真实盈余管理REM_PROXY区域分布则表现出与应计盈余管理区域分布不同的情况，真实盈余管理较高的地区主要是北京、浙江、广东、天津、江苏等地区，包含了6个东部地区，真实盈余管理较低的地区主要是西藏、内蒙古、青海、海南、山西、吉林、四川、江西、河北、山东等地区，这与前文应计盈余管理的分布特征并不相同。

表3-7　盈余管理区域分布情况

组别	组1	组2	组3
AEM_CMJones	西藏、甘肃、新疆、宁夏、云南、贵州、黑龙江、山西、内蒙古、青海	海南、陕西、安徽、吉林、四川、江西、重庆、广西、湖南、辽宁、福建	北京、上海、浙江、广东、天津、江苏、河南、河北、湖北、山东
AEM_Jones	西藏、海南、甘肃、新疆、宁夏、云南、贵州、黑龙江、陕西	山西、安徽、吉林、四川、内蒙古、江西、重庆、广西、湖南、辽宁、福建	青海、河南、河北、湖北、山东、北京、上海、浙江、广东、天津、江苏
AEM_DeAngelo	西藏、青海、海南、甘肃、新疆、宁夏、河南、云南、贵州、黑龙江	山西、陕西、安徽、吉林、四川、内蒙古、江西、河北、重庆、广西、湖南	湖北、山东、北京、辽宁、上海、浙江、广东、天津、江苏、福建
AEM_Healy	西藏、青海、海南、山西、陕西、甘肃、新疆、宁夏、安徽、河南	河南、吉林、四川、内蒙古、江西、河北、重庆、湖北、云南、贵州、黑龙江、广西	山东、湖南、北京、辽宁、上海、浙江、广东、天津江苏、福建
REM_PROXY	北京、浙江、广东、天津、江苏、贵州、黑龙江、广西、福建、河南、	甘肃、新疆、宁夏、云南、陕西、安徽、重庆、湖南、辽宁、湖北、上海	西藏、内蒙古、青海、海南、山西、吉林、四川、江西、河北、山东

3.2.2　盈余管理区域差异的非参数检验分析

上述的盈余管理区域分布为描述性分析的结果，该区域分布特征是否具有统计学意义，不同地区之间的盈余管理程度是否存在显著的差异，这还需进行非参数检验。本章采用Kruskal-Wallis检验和中值检验进行了非参数检验，表3-8为盈余管理非参数检验的结果。从表3-8中的Kruskal-Wallis检验结果可以发现，应计盈余管理和真实盈余管理的三大区域之间的差异在99%的置信水平上显著，这说明我国上市公司盈余管理程度具有显著的地区差异。从中值检验的结果也可以发现，应计盈余管理和真实盈余管理的地区差异均具有显著性。结合前文的盈余管理区域分布特征可知，我国盈余管理分布特征存在显著的区域差异，东部地区的应计盈余管理程度显著低于中西部地区，而东部地区的真实盈余管理程度则显著高于中西部地区。

表3-8　我国上市公司盈余管理区域差异的非参数检验

变量	Kruskal-Wallis 检验		中值检验	
	卡方检验值	显著性水平	卡方检验值	显著性水平
AEM_CMJones	120.781***	0.000	75.398***	0.000
AEM_Jones	102.415***	0.000	93.675***	0.000

续表

变量	Kruskal-Wallis 检验		中值检验	
	卡方检验值	显著性水平	卡方检验值	显著性水平
AEM_DeAngelo	72.317***	0.000	65.002***	0.000
AEM_Healy	57.850***	0.002	48.784**	0.017
REM_PROXY	177.352***	0.000	133.231***	0.000
REM_CFO	121.326***	0.000	88.040***	0.000
REM_PROD	141.496***	0.000	110.945***	0.000
REM_DISEXP	178.598***	0.000	169.299***	0.000

注：***、**、*分别表示在1%、5%、10%的水平上显著，双尾检验。

3.3 上市公司盈余管理的地理空间相关性检验

3.3.1 地理空间相关性模型简介

传统的统计理论主要是基于样本独立假设基础上的，但是在现实经济生活中很难找到独立观测样本。空间效应普遍存在于不同地区之间的经济地理行为中，在研究时如果忽视这种空间效应将造成较为严重的偏差。空间计量经济学有效地解决了传统统计方法在处理空间数据时的误差，为后续的深入研究提供了可靠的研究方法。空间计量经济学在基本的线性回归模型（3.10）中加入空间权重矩阵W来进行修正：

$$y = X\beta + \varepsilon \tag{3.10}$$

考虑到不同模型对“空间”的体现方法的差异，空间计量模型可以分为空间滞后模型和空间误差模型两种。

空间滞后模型主要是研究地区行为对整个系统或其他地区的影响，具体的模型（3.11）如下：

$$y = \rho W_y + X\beta + \varepsilon \tag{3.11}$$

其中，β是空间自回归系数，反映了自变量对因变量的影响；W是n×n阶的空间权重矩阵；W_y为空间滞后因变量，是内生变量。

空间误差模型主要是在地区之间的相互关系通过误差项来表现时所使用的一种模型，具体的模型可以分为空间误差自相关模型和空间误差移动平均模型。

模型（3.12）为空间误差自相关模型：

$$y = X\beta + \varepsilon$$
$$\varepsilon = \lambda W\varepsilon + \mu \tag{3.12}$$
$$y = X\beta + (1-\lambda W)^{-1}\mu$$

其中，λ为n×1阶的截面因变量向量的空间误差系数；Wε为空间滞后误差项；ε为随机误差项向量；μ为正态分布的随机误差向量。

模型（3.13）为空间误差移动平均模型：

$$y = X\beta + \varepsilon$$
$$\varepsilon = \mu - \theta W\mu \tag{3.13}$$
$$y = X\beta + (1-\theta W)\mu$$

其中，θ为空间误差移动平均系数；Wμ为空间滞后误差项。

3.3.2 盈余管理地理空间相关性检验分析

（1）检验方法选择

现阶段主要采用Moran's I检验、最大似然LM-Error检验和最大似然LM-Lag检验来进行空间相关性检验。最大似然LM-Error检验和最大似然LM-Lag检验都是服从自由度为1的卡方分布$\chi^2(1)$，虽然这两个检验是分别针对不同空间计量模型设计的，但是在实际操作过程中一般都需要进行检验。

Moran（1950）提出了Moran's I检验，其表达式为：

$$I = e'We/e'e \tag{3.14}$$

其中，e为回归方程的残差估计值。

Moran（1950）指出Moran's I近似服从期望值为E（I）和方差为V（I）的正态分布，具体的方程如下所示：

$$E(I) = trace(MW)/(N-K) \tag{3.15}$$

$$V(I) = \frac{trace(MWMW') + trace\left[(MW)^2\right] + \left[trace(MW)\right]^2}{(N-K)(N-K+2) - E(I)^2} \tag{3.16}$$

其中，$M = I - X(X'X)^{-1}X'$。因此，服从标准正态分布的Moran's I形式为：

$$Z = (1-E(I))/V(I)^{1/2} \sim N(0,1)$$

最大似然LM-Error检验的方程如下所示：

$$LM\text{-}Error = \left[e'We/(e'e/N)\right]^2/trace(W^2 + W'W) \tag{3.17}$$

最大似然LM-Lag检验的方程如下所示：

$$LM\text{-}Lag = \frac{\left[e'WY/(e'e/N)\right]^2}{\left[(WXb)'M(WXb)/(e'e/N)\right] + trace(W^2 + W'W)} \tag{3.18}$$

其中，b是回归方程的系数估计值。

（2）地理空间相关性检验

在绘制盈余管理的区域分布特征图时，本章发现我国上市公司盈余管理程度呈现出一定的集聚现象，为了考察这种集聚现象是否具有统计学意义，在此进行了地理空间相关性检验。Moran's I检验值的范围是［-1，1］，当Moran's I检验值大于0且接近于1的表明存在空间正相关，具体而言表示上市公司盈余管理的区域分布在空间上存在显著的集聚现象；当Moran's I检验值小于0且接近于-1的表明存在空间负相关，具体而言，表示上市公司盈余管理的区域分布存在显著的空间差异；当Moran's I检验值为0时，则表明空间不相关，即上市公司盈余管理在空间上存在随机分布。首先，为了使数据服从正态分布，满足空间自相关分析的先决条件，本章先对省级应计盈余管理数据进行了指数变换。其次，本章的空间权重W采用最简单的地理权重，具体是将地理相邻的省市的空间权重为1，如果地理不相邻则空间权重为0。最后，采用适用于空间数据分析的GeoDa软件进行了空间自相关统计分析。

表3-9为我国省级层面应计盈余管理的地理空间相关性检验分析结果，本章分别对四种应计盈余管理进行了地理空间的相关性分析。从表3-9中以修正的截面Jones模型计量的AEM_CMJones的检验结果可知，2001年至2008年、2011年和2013年的地理空间相关检验的Moran's I检验值均大于0，且通过了10%的显著性水平检验。而2009年、2010年和2012年的地理空间相关检验均未能通过显著性检验。整体而言，虽然有部分年份的地理空间相关性检验并不显著，但是总体来说我国上市公司应计盈余管理在毗邻省份之间存在较强的空间相关性，存在显著的集聚现象。从表3-9中以Jones模型计量的AEM_Jones的检验结果可知，2002年至2005年、2007年、2010年和2011年的地理空间相关检验的Moran's I检验值均大于0，且通过了10%的显著性水平检验。而2001年、2006年、2008年、2009年、2012年和2013年的地理空间相关检验均未能通过显著性检验。从表3-9中以DeAngelo模型计算的AEM_DeAngelo的检验结果可知，2002年至2006年、2008年和2010年的地理空间相关检验的Moran's I检验值均大于0，且通过了10%的显著性水平检验。而2001年、2007年、2009年和2011年至2013年的地理空间相关检验均未能通过显著性检验。

表3-9　**上市公司应计盈余管理的空间相关性检验**

AEM_CMJones	2001年	2002年	2003年	2004年	2005年	2006年	2007年
Moran's I	0.324	0.385	0.069	0.251	0.124	0.124	0.081
Standardized	0.111	0.103	0.099	0.102	0.097	0.092	0.085
P值	0.010	0.010	0.100	0.010	0.050	0.050	0.080

续表

AEM_CMJones	2008年	2009年	2010年	2011年	2012年	2013年	
Moran's I	0.125	−0.041	−0.062	0.245	−0.100	0.261	
Standardized	0.106	0.116	0.074	0.102	0.102	0.095	
P值	0.050	0.500	0.300	0.010	0.250	0.010	
AEM_Jones	2001年	2002年	2003年	2004年	2005年	2006年	2007年
Moran's I	−0.106	0.148	0.251	0.101	0.176	−0.059	0.087
Standardized	0.103	0.131	0.082	0.126	0.109	0.108	0.101
P值	0.200	0.050	0.010	0.100	0.040	0.300	0.100
AEM_Jones	2008年	2009年	2010年	2011年	2012年	2013年	
Moran's I	−0.006	−0.101	0.233	0.225	−0.125	−0.073	
Standardized	0.106	0.108	0.115	0.109	0.124	0.099	
P值	0.300	0.300	0.020	0.030	0.260	0.350	
AEM_DeAngelo	2001年	2002年	2003年	2004年	2005年	2006年	2007年
Moran's I	−0.091	0.171	0.084	0.146	0.162	0.158	−0.093
Standardized	0.109	0.098	0.114	0.108	0.111	0.110	0.102
P值	0.340	0.040	0.090	0.050	0.040	0.050	0.300
AEM_DeAngelo	2008年	2009年	2010年	2011年	2012年	2013年	
Moran's I	0.112	−0.052	0.255	−0.106	−0.118	0.008	
Standardized	0.118	0.116	0.102	0.126	0.098	0.097	
P值	0.080	0.500	0.010	0.290	0.150	0.280	
AEM_Healy	2001年	2002年	2003年	2004年	2005年	2006年	2007年
Moran's I	0.235	0.140	−0.018	0.102	0.255	0.125	−0.082
Standardized	0.109	0.100	0.105	0.110	0.101	0.094	0.090
P值	0.010	0.050	0.390	0.090	0.010	0.050	0.280
AEM_Healy	2008年	2009年	2010年	2011年	2012年	2013年	
Moran's I	0.231	−0.043	0.266	−0.040	−0.113	−0.113	
Standardized	0.107	0.103	0.100	0.118	0.098	0.095	
P值	0.010	0.500	0.010	0.500	0.200	0.160	

另外，以Healy模型计算的AEM_Healy为例，从表3-9的结果中可以发现在2001年至2013年的Moran's I检验值大多数大于0，且通过了10%的显著性水平检验。如2001年地理空间Moran's I检验值为0.235，在1%的水平上显著，同理可知2002年、2004年至2008年、2010年均通过了显著性检验，这表明我国上市公司应计盈余管理存在显著的集聚现象。同时，也有部分年份的地理空间自相关检验未能通过显著性检验，如2003年、2007年、2009年、2011年至2013年。

表3-10为我国省级层面真实盈余管理的地理空间相关性检验分析结果，从表3-10中可以发现2001年、2005年至2010年和2013年的真实盈余管理地理空间相关性均通过了10%的显著性水平检验，且Moran's I检验值均大于0。这表明我国上市公司真实盈余管理在毗邻省份之间存在较强的空间相关性，存在显著的集聚现象。

表3-10　**上市公司真实盈余管理的地理空间相关性检验**

REM_PROXY	2001年	2002年	2003年	2004年	2005年	2006年	2007年
Moran's I	−0.178	−0.146	−0.034	−0.164	0.500	0.121	0.141
Standardized	0.114	0.122	0.108	0.123	0.100	0.108	0.109
P值	0.080	0.180	0.500	0.150	0.010	0.100	0.050
REM_PROXY	2008年	2009年	2010年	2011年	2012年	2013年	
Moran's I	0.226	0.224	−0.159	−0.076	0.071	−0.195	
Standardized	0.116	0.103	0.090	0.114	0.112	0.104	
P值	0.040	0.010	0.050	0.320	0.220	0.050	

3.4 本章小结

本章以沪深两市700家上市公司的动态面板数据作为样本，分别采用截面的修正Jones模型、Jones模型、DeAngelo模型、Healy模型计量应计盈余管理，借鉴Roychowdhury（2006）的模型计量真实盈余管理，绘制了我国各地区上市公司应计盈余管理和真实盈余管理的区域分布特征图，运用Kruskal-Wallis检验和中值检验等非参数检验分析了我国东中西三大区域之间的盈余管理差异，运用地理空间相关性检验探讨了不同地区盈余管理之间存在的集聚现象。研究结果表明：第一，我国东部地区的应计盈余管理程度最低，而西部地区的应计盈余管理程度则最高。而真实盈余管理的分布特征却刚好相反，即真实盈余管理程度最高的地区主要为东部地区，部分中西部地区的真实盈余管理程度最低。通过Kruskal-Wallis检验和中值检验发现，上述区域分布特征是具有统计学意义的。第二，从采用空间自相关Moran's I检验的结果中可知，在大部分年度中我国上市公司应计盈余管理和真实盈余管理存在较强的空间相关性，具有显著的集聚现象。第三，我国各省份之间的制度环境存在着显著的地区差异，东部地区的制度环境最好，中部地区的制度环境次之，西部地区的制度环境最差。采用空间自相关Moran's I检验发现，我国各地区制度环境也存在着较强的空间自相关和显著的集聚现象。

第4章 上市公司盈余管理治理的理论模型研究

4.1 盈余管理治理的经济学理论模型

本章主要是在Guttman等（2006）提出的盈余管理理论模型的基础上，借鉴王生年（2009）的类似研究，在基础模型中加入了公司内部治理机制、制度环境和媒体监督，通过构建拓展的理论模型来发现制度环境、媒体监督与盈余管理的内在逻辑关系。

4.1.1 设定基础理论模型

设定企业的真实盈余水平为x，此时x服从均值为x_0，方差为δ^2的正态分布，真实盈余水平x的分布函数为G，概率密度函数为g_0。由于信息不对称的存在，企业管理者可以观察到真实盈余水平，而资本市场上的投资者无法获知企业的真实盈余水平，可以用一个随机变量$\bar{x}$来表示投资者观测到的盈余水平。企业管理者在财务报表中发布的盈余水平为x^R，此时投资者可以根据x^R来对公司的股票进行定价。此时，可以建立管理者的效用函数：

$$f(x,x^R)=\alpha P(x^R)-\beta(x-x^R)^2 \tag{4.1}$$

此时，$P(x^R)$为投资者根据报告盈余对股票做出的价格反映，$\alpha\neq 0$，$\beta>0$。由于公司是连续经营的，管理者的效用函数描述了盈余管理的成本。β越大则表明管理者会因为盈余管理程度的增加而面临的法律和声誉的处罚越高。

设定投资者的风险中性，可以根据市场中捕捉到的信息对股票价格进行调整。在公布盈余报告之前，公司股票价格为$P_0=cx_0$，其中c为公司的市盈率。在盈余公布之后，公司股票价格为：

$$P_1=P(x^R)=cE(\bar{x}|x^R) \tag{4.2}$$

此时，管理者的效用函数可以表述为：

$$f(x,x^R)=\alpha cE(\bar{x}|x^R)-\beta(x-x^R)^2 \tag{4.3}$$

由此可知，管理者面临着较为困难的抉择：一方面，通过盈余管理来提高公司盈余，以此来骗取投资者对公司股票高定价；另一方面，由于盈余管理的边际成本不断增加，管理者也不希望盈余管理的程度太大。此时，管理者就需要通过对α的判断做出决定。

4.1.2　单独考虑公司治理机制的理论模型

公司治理机制对企业的盈余管理行为有着重要的影响，大量的文献研究证实了良好的公司治理机制可以有效地约束企业的盈余管理行为（Hazarika 等，2012；Ye，2014）。现阶段，学者们普遍将公司治理机制对盈余管理的作用表现在管理者的薪酬激励上。与现有研究一样，我们假设管理者的薪酬与公司报告盈余水平呈线性关系，通过在前文理论模型的基础上加入公司治理机制，分析公司治理机制对盈余管理的影响。此时，管理者的效用函数为：

$$f(x,x^R) = \alpha P(x^R) - \beta(x - x^R)^2 + \delta x^R \tag{4.4}$$

其中，δ为公司治理机制对管理者的影响，$\delta > 0$。加入公司治理机制之后，管理者在公布x^R时会考虑到激励机制的影响，同时还得考虑盈余管理的操作成本。

4.1.3　综合考虑公司治理机制、制度环境和媒体监督的理论模型

已有文献发现法治水平、法律传统、政府干预等制度环境因素会对企业的盈余管理行为产生重要的影响，这种影响主要是约束管理者的盈余管理行为，管理者的盈余管理行为被发现后会受到更多的惩罚，此时的管理者效用函数为：

$$f(x,x^R) = \alpha P(x^R) - (\beta + \theta)(x - x^R)^2 \tag{4.5}$$

其中，θ为制度环境对管理者的约束，$\theta > 0$。在模型中加入制度环境之后，管理者在公布x^R时会考虑到制度环境所带来的监督和约束。

在现实经济生活中，公司的盈余管理程度往往会同时受到公司治理机制和制度环境的共同影响。而且，由于制度环境和媒体监督会同时发挥作用，所以必须要将公司治理机制、制度环境和媒体监督同时纳入到盈余管理的理论模型中，这样才能更好地解释现实经济生活的盈余管理现象。管理者效用函数为：

$$f(x,x^R) = \alpha P(x^R) - (\beta + \lambda\theta)(x - x^R)^2 + \lambda\delta x^R \tag{4.6}$$

其中，λ为媒体监督对公司治理机制和制度环境发挥作用的干扰，$\lambda \neq 0$。

此时，通过推导可以得到分离均衡：

$$x^R = x + (\alpha c + \lambda\delta)/(2\beta + 2\lambda\theta) \tag{4.7}$$

可见，管理者进行盈余管理的程度完全取决于δ、θ和λ的大小。因为公司治理机制的激励措施可能会诱导管理者提高盈余管理程度，但是由于制度环境的处罚又提高了盈余管理的成本。仅当收益大于成本时，管理者会提高盈余管理程

度，否则会降低盈余管理程度。假设存在一个区间［a，b］使得管理者存在最优混同策略，d（a，b）是在［a，b］上真实盈余水平的平均值。

$$d(a,b)=E\left(\bar{x}\middle|\ \bar{x}\in[a,b]\right) \tag{4.8}$$

进一步，推导理论模型存在部分混同均衡的可能性，具体如下：

$$\alpha ca+\lambda\delta a+\frac{\lambda\delta(\alpha c+\lambda\delta)}{2\beta+2\lambda\theta}-\beta\left(\frac{\alpha c+\lambda\delta}{2\beta+2\lambda\theta}\right)^2=\alpha cd(a,b)+\lambda\delta b-(\beta+\lambda\theta)(b-a)^2 \tag{4.9}$$

$$\alpha cb+\lambda\delta b+\frac{\lambda\delta(\alpha c+\lambda\delta)}{2\beta+2\lambda\theta}-\beta\left(\frac{\alpha c+\lambda\delta}{2\beta+2\lambda\theta}\right)^2=\alpha cd(a,b)+\lambda\delta b \tag{4.10}$$

迭代后可以发现：

$$b=a+\frac{\lambda\delta(\alpha c+\lambda\delta)}{\beta+\lambda\theta} \tag{4.11}$$

由此可见，管理者进行盈余管理的程度完全取决于公司治理机制影响因子δ、制度环境的处罚因子θ和媒体监督对治理机制的影响λ。

$$d(a,b)=E\left(\bar{x}\middle|\ \bar{x}\in[a,b]\right)=a+\frac{\alpha c(3\beta+4\lambda\theta)+\lambda\delta(4\beta+6\lambda\theta)}{4(\beta+\lambda\theta)^2}+\frac{\lambda^2\delta^2(\beta+2\lambda\theta)}{4(\beta+\lambda\theta)^2\alpha c} \tag{4.12}$$

此时，该模型存在部分混同均衡的充分必要条件为d（a，b）在［a，b］区间内：

$$a<a+\frac{\alpha c(3\beta+4\lambda\theta)+\lambda\delta(4\beta+6\lambda\theta)}{4(\beta+\lambda\theta)^2}+\frac{\lambda^2\delta^2(\beta+2\lambda\theta)}{4(\beta+\lambda\theta)^2\alpha c}<b \tag{4.13}$$

计算后为：

$$-4\alpha c(\beta+\lambda\theta)<2\lambda^2\theta\delta+\beta\lambda\delta-\beta\alpha c<0 \tag{4.14}$$

这说明，只要存在合适的δ、λ和θ，盈余管理理论模型存在部分混同均衡。换言之，公司治理机制、制度环境和媒体监督会对企业的盈余管理行为产生约束，当盈余管理带来的收益大于公司治理机制、制度环境和媒体监督的约束成本时，管理者会采取盈余管理；反之，则不进行盈余管理。此时，只要建立起完善的公司治理机制和良好的制度环境，就可以提高盈余管理的成本，进而使得管理者降低盈余管理程度。

4.2 基于博弈论的模型推导

4.2.1 两方博弈分析

本书构建了政府监管部门和企业管理层的博弈模型，通过分析博弈模型的均衡解来发现制度环境对盈余管理的影响。假设模型中的两个参与者分别为政府监管部门、企业管理层，参与者均为理性经济人。政府监管部门的行为有监管或者不监管，企业管理层的行为有进行盈余管理或不进行盈余管理，其中盈余管理可以分为应计盈余管理和真实盈余管理。政府监管部门进行监管的概率为 p_1（$0< p_1<1$），监管成本为C；监管部门发现企业应计盈余管理行为的概率为 $\phi(\mu)$，$0\leqslant\phi(\mu)\leqslant 1$。$\phi(\mu)$是一个制度环境$\mu$的函数，制度环境越完善，监管部门发现盈余管理的可能性越高，应计盈余管理被查获的概率为$\phi(\mu_A)$，而采用真实盈余管理被查获的概率为$\phi(\mu_R)$。由于真实盈余管理较为隐蔽，所以$0\leqslant\phi(\mu_R)<\phi(\mu_A)\leqslant 1$。同时，真实盈余管理会改变正常的经营管理活动，会给企业带来价值上的损害，所以，采用真实盈余管理的操作成本为B，而应计盈余管理是利用会计准则的空隙进行账务的变动，我们认为应计盈余管理的操作成本为0。政府监管部门进行监管会带来良好的社会影响R_p（如良好的社会口碑、上级部门的嘉奖等），而不进行监管会有负面的影响R_n（如社会风气的败坏、上级部门的处罚等）；企业管理层固定的收益为M；企业管理层进行盈余管理的概率为p_2（$0< p_2 <1$），进行应计盈余管理可以获得的收益为G_A，进行真实盈余管理的收益为G_R，但是如被查处将分别支付罚款F_A和F_R；若企业管理层不进行盈余管理或进行盈余管理未被发现均可获得奖励I（如良好的声誉、晋升机会等）。其中，$F_A > G_A > I$，$F_R > G_R > I$，这主要是因为企业管理层进行盈余管理的收益必须是大于其不进行盈余管理的奖励，否则企业管理层不会进行盈余管理。$G_R > B$，真实盈余管理收益必须要大于其所付出的成本。同时，企业受到的罚款也必须是大于企业进行盈余管理的收益，这样政府监管才会有威慑力。$R_p > C$，这是因为从理性经济人的角度来看，只有政府监管部门监管获得良好的社会影响，这种收益大于其进行监管的成本的时候，政府监管部门才会进行盈余管理。综上所述，得出政府监管部门和企业管理层的支付矩阵见表4-1。

表4-1　**支付矩阵**

企业＼政府	监管（p_1）	不监管（$1-p_1$）
进行盈余管理（p_2）	（R_1，R_2）	（R_3，R_4）
不进行盈余管理（$1-p_2$）	（R_5，R_6）	（R_7，R_8）

其中：

$$R_1=\phi(\mu_A)(M-F_A)+(1-\phi(\mu_A))(M+G_A+I)+\phi(\mu_R)(M-F_R-B)+(1-\phi(\mu_R))(M+G_R+I-B)$$

$$R_2=\phi(\mu_A)F_A+\phi(\mu_R)F_R+R_p-C \qquad R_3=M+G_A+G_R+I-B$$

$$R_4=-R_n \qquad R_5=M+I \qquad R_6=R_p-C \qquad R_7=M+I \qquad R_8=-R_n$$

当$R_1>R_2$时，存在唯一的纳什均衡，双方的策略为“监管，进行盈余管理”。

当$R_1 < R_2$时，存在混合策略均衡。

此时，企业管理层的效用函数为：

$$U_{企业} = p_2[p_1R_1 + (1-p_1)R_3] + (1-p_2)[p_1R_5 + (1-p_1)R_7]$$

对企业管理层的效用函数求导，得到企业管理层效用最大化的一阶条件：

$$\frac{\partial U_{企业}}{\partial p_2} = p_1R_1 + (1-p_1)R_3 - [p_1R_5 + (1-p_1)R_7] = 0$$

可知：

$$p_1^* = \frac{G_A + G_B - B}{\phi(\mu_A)(F_A + G_A + I) + \phi(\mu_R)(F + G_R + I) - M - I}$$

此时，政府监管部门的效用函数为：

$$U_{政府} = p_1[p_2R_2 + (1-p_2)R_6] + (1-p_1)[p_2R_4 + (1-p_2)R_8]$$

对监管部门的效用函数求导，可得到监管部门效用最大化的一阶条件：

$$\frac{\partial U_{政府}}{\partial p} = p_2R_2 + (1-p_2)R_6 - [p_2R_4 + (1-p_2)R_8] = 0$$

可知：

$$p_2^* = \frac{C - R_p - R_n}{\phi(\mu_A)F_A + \phi(\mu_R)F_R}$$

从上述结果可以发现，企业管理层进行盈余管理的概率p_1^*和政府监管部门进行监管的概率p_2^*均受到$\phi(\mu_A)$和$\phi(\mu_R)$的影响，$\phi(\mu_A)$和$\phi(\mu_R)$会直接影响到企业的盈余管理策略选择。

而在现实中，政府监管部门和企业管理层之间是一种重复博弈。在重复博弈时，政府监管部门首先确定是否要进行监管，然后企业管理层再相对应地做出是否进行盈余管理的决策。在博弈的第一阶段，由于信息的不对称性使得企业管理层不知道政府监管部门采用何种策略，管理层会以Q的概率进行盈余管理。当企业管理层发现政府监管部门第一阶段的策略为不监管时，在以后各阶段企业管理层都将进行盈余管理；相反，当政府监管部门第一阶段的策略为监管时，企业管理层迫于监管压力将在后期各阶段的博弈中选择不进行盈余管理的策略。

政府监管部门第一阶段选择监管时各期收益为：

$$E(1) = Q(\phi(\mu_A)F_A + \phi(\mu_R)F_R + R_p - C) + (1-Q)(R_p - C)$$

$$E(2) + \cdots + E(n) = \sum_{i=2}^{n} \frac{R_p - C}{(1+r)^{i-1}}$$

其中，r为折现率。

当$n \to +\infty$时：

$$E(2) + \cdots + E(n) = \frac{R_p - C}{r}$$

在这种情况下，政府监管部门的总收益为：

$$E_{政府} = Q(\phi(\mu_A)F_A + \phi(\mu_R)F_R + R_p - C) + (1-Q)(R_p - C) + \frac{R_p - C}{r}$$

同理，可以得出当政府监管部门第一阶段选择不监管时总收益为：

$$E^*_{政府} = Q(-R_n) + (1-Q)(-R_n) + \frac{-R_n}{r} = \frac{-rR_n - R_n}{r}$$

政府监管部门因为进行监管而增加的收益为：

$$\Delta E = E_{政府} - E^*_{政府}$$

$$\Delta E = Q(\phi(\mu_A)F_A + \phi(\mu_R)F_R + R_p - C) + (1-Q)(R_p - C) + \frac{R_p - C}{r} - \frac{-rR_n - R_n}{r}$$

$$\Delta E = Q(\phi(\mu_A)F_A + \phi(\mu_R)F_R) + \frac{(r+1)(R_p + R_n - C)}{r}$$

可知，当$Q > \frac{(r+1)(C - R_n - R_p)}{r\phi(\mu_A)F_A + \phi(\mu_R)F_R}$时，政府监管部门选择监管策略增加的收益为正。

经过上述分析可以发现，企业进行盈余管理决策时会受到制度环境的影响。但是制度环境是否会导致盈余管理策略转变仍不得而知，需要在后续理论分析中进行阐述。

4.2.2　三方博弈分析

（1）建立三方博弈模型

在前文的基础上，本章引入了终极控制人进行了三方博弈分析。媒体监督发现企业应计盈余管理行为的概率为$\phi(\lambda)$，$0 \leq \phi(\lambda) \leq 1$。$\phi(\lambda)$为一个媒体监督程度$\lambda$的函数，在不同媒体监督程度下发现盈余管理的概率不同，应计盈余管理被查获的概率为$\phi(\lambda_A)$，而采用真实盈余管理被查获的概率为$\phi(\lambda_R)$。由于真实盈余管理较为隐蔽，所以$0 \leq \phi(\lambda_R) < \phi(\lambda_A) \leq 1$。媒体与企业管理层合谋进行盈余管理的概率为$P_3$，此时采用应计盈余管理和真实盈余管理可以分别获得$S_A$和$S_R$的收益，而当合谋被政府监管部门发现会面临的处罚为T，无形损失为O，包括罚金、声誉的损失等。媒体在监督上市公司时的成本为H，发现企业进行盈余管理获得有形收益为L（媒体的订阅量、点击量、流量费、广告费），无形收益为K（良好的声誉和社会形象）等。值得说明的是，由于企业不进行盈余管理时，媒体此时进行任何策略都会是非正的收益，所以在此不考虑该种情况。

其中，第一种策略组合（监管，盈余管理，不监督）的收益函数为：

$$\begin{cases} X_1 = \phi(\mu_A)\left(F_A + T\right) + \phi(\mu_R)\left(F_R + T\right) + R_p - C \\ Y_1 = \phi(\mu_A)(M - F_A) + (1 - \phi(\mu_A))(M + G_A + I) + \phi(\mu_R)(M - F_R - B) + (1 - \phi(\mu_R)) \\ \quad (M + G_R + I - B) \\ Z_1 = -\phi(\mu_A)T + \left(1 - \phi(\mu_A)\right)S_A - \phi(\mu_R)T + \left(1 - \phi(\mu_R)\right)S_R - \left(\phi(\mu_A) + \phi(\mu_R)\right)O \end{cases}$$

第二种策略组合（监管，盈余管理，监督）的收益函数为：

$$\begin{cases} X_2 = \phi(\mu_A)F_A + \phi(\mu_R)F_R + R_p - C \\ Y_2 = \phi(\mu_A)(M - F_A) + (1 - \phi(\mu_A))(M + G_A + I) + \phi(\mu_R)(M - F_R - B) + \\ \qquad (1 - \phi(\mu_R))(M + G_R + I - B) - \big(\phi(\lambda_A) + \phi(\lambda_R)\big)L \\ Z_2 = \big(\phi(\lambda_A) + \phi(\lambda_R)\big)(L + K) - H \end{cases}$$

第三种策略组合（监管，不盈余管理）的收益函数为：

$$\begin{cases} X_3 = R_p - C \\ Y_3 = M + I \end{cases}$$

第四种策略组合（不监管，盈余管理，不监督）的收益函数为：

$$\begin{cases} X_4 = -R_n \\ Y_4 = M + G_A + G_R + I - B \\ Z_4 = S_A + S_R \end{cases}$$

第五种策略组合（不监管，盈余管理，监督）的收益函数为：

$$\begin{cases} X_5 = -R_n \\ Y_5 = \phi(\lambda_A)(M - L) + (1 - \phi(\lambda_A))(M + G_A + I) + \phi(\lambda_R)(M - L - B) + \\ \qquad (1 - \phi(\lambda_R))(M + G_R + I - B) \\ Z_5 = \big(\phi(\lambda_A) + \phi(\lambda_R)\big)(L + K) - H \end{cases}$$

第六种策略组合（不监管，不盈余管理）的收益函数为：

$$\begin{cases} X_6 = 0 \\ Y_6 = M + I \end{cases}$$

图 4-1 为三方博弈模型。

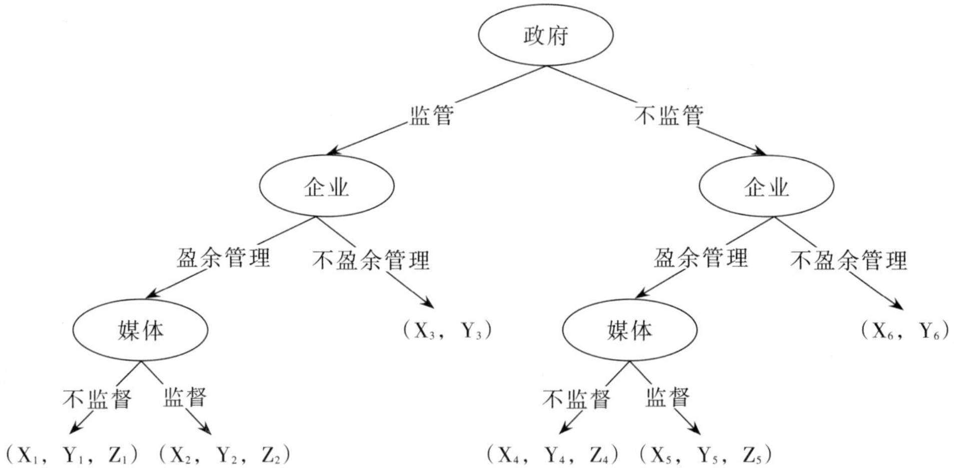

图 4-1　三方博弈模型

（2）纯策略纳什均衡分析

通过对图 4-1 进行均衡分析，可以发现当满足一定条件时，三方博弈会存在两种纯策略纳什均衡，具体结果见表 4-2。在现实经济生活中，策略组合（监管，盈余管理，不监督）和（监管，盈余管理，监督）均有可能发生，这主要取决于盈余管理被发现的概率和媒体与企业合谋的概率。

表4-2　　纯策略纳什均衡分析

纯策略组合	满足条件
（监管，盈余管理，不监督）	$\phi(\mu_A) > [C - \phi(\mu_R)(F_R + T) - R_p]/(F_A + T)$ $[(2M + G_A + G_R + 2I - B) - \phi(\mu_R)(F_R + G_R + I)]/((F_A + G_A + Z)) > \phi(\mu_A)$ $[S_A + S_R - \phi(\mu_R)(S_R + T + O)]/(S_A + T + O) > \phi(\mu_A)$
（监管，盈余管理，监督）	$\phi(\mu_A) > (C - \phi(\mu_R) F_R - R_p)/F_R$ $[(2M + G_A + G_R + 2I - B) - \phi(\mu_R)(F_R + G_R + I) - (\phi(\lambda_A) + \phi(\lambda_R))L]/$ $((F_A + G_A + Z)) > \phi(\mu_A)\phi(\lambda_A) > H/(L + K) - \phi(\lambda_R)$

（3）混合策略纳什均衡分析

当不存在纯策略纳什均衡的条件时，政府、企业和媒体将会采用混合策略。前文已知，政府进行监管的概率为P_1，企业进行盈余管理的概率为P_2，在此假设媒体与企业合谋进行盈余管理的概率为P_3。

当企业进行盈余管理时，企业的期望收益为：

$$E_{CO1} = P_1[P_3Y_1 + (1 - P_3)Y_2] + (1 - P_1)[P_3Y_4 + (1 - P_3)Y_5]$$

当企业不进行盈余管理时，企业的期望收益为：

$$E_{CO2} = P_1Y_3 + (1 - P_1)Y_6$$

企业不同策略的期望收益相等时，博弈将达到一种稳定的均衡状态。

令$E_{CO1} = E_{CO2}$时，博弈达到均衡。

$$P_1 = \frac{P_3(Y_5 - Y_4) + (Y_6 - Y_5)}{P_3(Y_1 - Y_2 - Y_4 + Y_5) + (Y_2 - Y_3 - Y_5 + Y_6)}$$

$$P_1 = \frac{P_3 + (Y_6 - Y_5)/(Y_5 - Y_4)}{P_3(Y_1 - Y_2 - Y_4 + Y_5)/(Y_5 - Y_4) + (Y_2 - Y_5)/(Y_5 - Y_4)}$$

为了计算简便，本书令$N = (Y_1 - Y_2 - Y_4 + Y_5)/(Y_5 - Y_4)$，$V = (Y_2 - Y_5)/(Y_5 - Y_4)$，$W = (Y_6 - Y_5)/(Y_5 - Y_4)$。

对P_1求导数可知：

$$\frac{\partial P_1}{\partial P_3} = \frac{V - NW}{(NP_3 - V)^2}$$

当$V - NW > 0$时，即$Y_2Y_6 + Y_4Y_6 + Y_1Y_5 > Y_2Y_4 + Y_5Y_6$，迭代后为：

$$[\phi(\mu_A)(-F_A - G_A - I) + \phi(\mu_R)(-F_R - G_R - I)]\{2M + 2I + \phi(\lambda_A)(-L - G_A - I) + \phi(\gamma_R)(-L - G_R - I)\} + (\phi(\lambda_A) + \phi(\lambda_R))(G_A + G_R - B)L + (M + G_A + G_R + I - B)[\phi(\lambda_A)(-L - G_A - I) + \phi(\lambda_R)(-L - G_R - I)] > (M + I)[-3M - 2G_A - 2G_R - 3I + 2B]$$

此时，政府监管的概率P_1与媒体合谋概率P_3之间存在正相关关系。

当 $V-NW<0$ 时，即 $Y_2Y_6+Y_4Y_6+Y_1Y_5<Y_2Y_4+Y_5Y_6$，迭代后为：

$$[\phi(\mu_A)(-F_A-G_A-I)+\phi(\mu_R)(-F_R-G_R-I)]\{2M+2I+\phi(\lambda_A)(-L-G_A-I)+\phi(\gamma_R)(-L-G_R-I)\}+(\phi(\lambda_A)+\phi(\lambda_R))(G_A+G_R-B)L+(M+G_A+G_R+I-B)[\phi(\lambda_A)(-L-G_A-I)+\phi(\lambda_R)(-L-G_R-I)]<(M+I)[-3M-2G_A-2G_R-3I+2B]$$

此时，政府监管的概率 P_1 与媒体合谋概率 P_3 之间存在负相关关系。

当政府进行监管时，政府的期望收益为：

$$E_{G01}=P_2[P_3X_1+(1-P_3)X_2]+(1-P_2)X_3$$

当政府不进行监管时，政府的期望收益为：

$$E_{G02}=P_2[P_3X_4+(1-P_3)X_5]+(1-P_2)X_6$$

政府不同策略的期望收益相等时，博弈将达到一种稳定的均衡状态。

令 $E_{G01}=E_{G02}$ 时，博弈达到均衡。

$$P_2=\frac{X_6-X_3}{P_3(X_1-X_2-X_4+X_5)+(X_2-X_3-X_5+X_6)}$$

$$P_2=\frac{C-R_p}{P_3(\phi(\mu_A)+\phi(\mu_R))T+\phi(\mu_A)F_A+\phi(\mu_R)F_R+R_n}$$

根据模型假设可以发现，$C<R_p$，所以企业进行盈余管理的概率 P_2 会随着媒体合谋概率 P_3 的增加而增加，即当媒体与企业管理层合谋的概率越高时，企业越倾向于进行盈余管理。

4.3 本章小结

本章构建了上市公司盈余管理治理的理论模型，在基础理论模型的基础上，分别引入了公司治理机制、制度环境和媒体监督机制，构建了一个考虑内外部治理因素的盈余管理治理理论模型，这为后续盈余管理研究提供了理论基础。本章还基于博弈论，分别构建了两方博弈模型和三方博弈模型，分别考察了政府监管部门、企业管理层和媒体在盈余管理中的博弈过程，通过推导寻找到了纳什均衡解，这为文章后续的理论分析和实证研究奠定了扎实的基础。

第5章　制度环境对上市公司盈余管理治理效应研究

5.1　研究问题的提出

制度环境对企业行为有着深刻的影响，自“法与金融”的研究兴起之后众多学者围绕着制度环境对企业价值（La porta等，2002；Hughes，2009）、业绩（Fan等，2007；Agrawal，2013）、融资（Sapienza，2004；Dinc，2005）、投资（Johnson等，2002；Mclean等，2012）、股价（Beny，2007；Ding等，2007）、内部控制（Goh，2009；Gong等，2013）等领域展开研究，而直接研究制度环境对盈余管理影响的文献仍较少。虽然部分文献研究法治水平、投资者保护程度对企业应计盈余管理的影响（Leuz等，2003；Ball等，2008；Francis和Wang，2008），但是制度环境因素对真实盈余管理会产生何种影响仍不得而知。Cohen等（2008）发现，在《萨班斯法案》颁布之后，美国企业更倾向于采用真实盈余管理。但是，并未有文献以中国资本市场为研究对象，探讨我国法治进程中上市公司盈余管理策略转变的问题。本章主要围绕以下问题进行开展：第一，制度环境对应计盈余管理、真实盈余管理会产生怎样的影响？制度环境是约束上市公司盈余管理，还是诱导上市公司盈余管理？第二，随着我国制度环境的不断完善，我国上市公司是否也进行了盈余管理策略的转变？我国盈余管理治理工作是否会出现“道高一尺，魔高一丈”的现象？

我国各地区制度环境存在着巨大的差异，这样特殊的制度背景为我们进行实证检验提供了绝佳的条件。本章以沪深两市700家上市公司2001—2013年的动态面板数据作为样本，运用修正的截面Jones模型、Jones模型、DeAngelo模型、Healy模型计量应计盈余管理，借鉴Roychowdhury（2006）的模型计量真实盈余管理，采用系统广义矩（GMM）估计的方法检验了制度环境对应计盈余管理、真实盈余管理的影响，寻找到我国上市公司盈余管理策略转变的经验证据。

本章的贡献主要有以下三点：（1）为弱化制度环境相关研究中的内生性问题提供了有效的工具。在制度环境相关研究遇到内生性问题时，少量文献以制度环境因素的滞后项作为工具变量来克服内生性问题，多数文献并未采取任何措施进行控制。以制度环境因素滞后项作为工具变量的方法并不科学。一方面，由于制度环境因素在不同时期内相对稳定（樊纲等，2011）①，此时采用滞后变量弱化内生性的影响不大。另一方面，从内生性问题的来源来看，制度环境领域的内生性问题是由遗漏变量造成的，而非因变量和自变量相互影响造成的，此类内生性问题并不能够通过加入滞后变量来解决。本章将系统广义矩估计引入制度环境相关研究领域，可以有效地弱化现有研究中存在的内生性问题，为后续的深入研究提供了有效的检验工具。(2）李彬等（2011）分析了应计盈余管理和真实盈余管理的关系，发现两者之间存在互相替代的关系，但是现有文献未能深入剖析造成我国上市公司盈余管理策略演变的原因。本章致力于寻找导致上市公司盈余管理策略演变的制度根源，发现制度环境的不断完善导致上市公司的盈余管理策略逐渐由应计盈余管理向真实盈余管理转变，这对学术界和实务界深入研究盈余管理治理问题有着积极的意义。(3）发现我国上市公司盈余管理治理工作中存在“道高一尺，魔高一丈”的现象。针对制度环境的不断完善，中国上市公司盈余管理的手段更加高明，逐渐由易于发现的传统应计盈余管理转向难以察觉的真实盈余管理，完善的制度环境约束了上市公司的应计盈余管理行为，但是诱导上市公司进行真实盈余管理，这说明我国出现了类似于美国《萨班斯法案》的盈余管理治理后果。该结论验证了Cohen等（2008）的论断同样适用于中国资本市场，拓展了企业盈余管理策略选择的研究外延，为后续研究的深入研究奠定了一定的基础。本章制度环境与上市公司盈余管理的内在关系：制度环境会对上市公司的盈余管理行为产生重要的影响，良好的制度环境可以有效地约束上市公司应计盈余管理，会诱使上市公司进行更多的真实盈余管理；随着制度环境的不断完善，上市公司的盈余管理策略会有所改变，逐渐由应计盈余管理向真实盈余管理转变。

图5-1为制度环境与盈余管理的内在关系图。

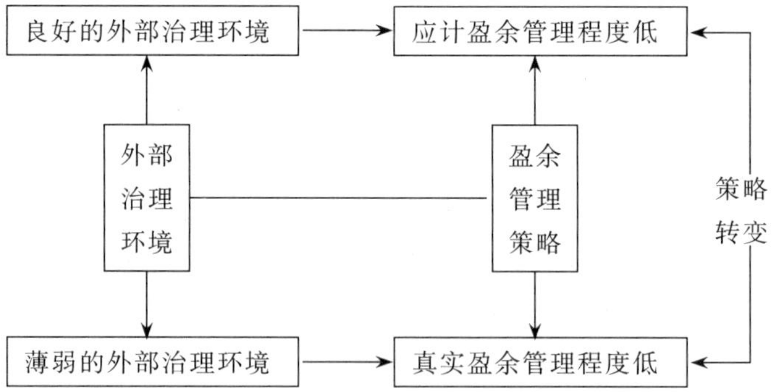

图5-1 制度环境与盈余管理的内在关系

① 樊纲等（2011）在《中国市场化指数——各地区市场化相对进程2011年报告》中对我国2001—2009年各省区的制度环境进行了评价，作者通过统计分析发现在此期间我国各省区制度环境排序的相对位置较为稳定。以市场化程度为例，在2001—2009年期间各省区排序最好位次与最差位次的差值在三位及以内的有21个地区，变动四位的有2个地区（江西、新疆），变动五位的有4个地区（河北、安徽、云南、陕西），变动六位的有1个地区（广西），变动七位的有2个地区（湖南、海南），变动九位的仅有1个地区（河南）。

5.2 制度背景与理论分析

5.2.1 制度背景

North（1990）认为制度环境是一系列用来建立生产、交换与分配基础的基本的政治、社会和法律规则，它构成了人类政治交易行为或经济交易行为的激励机制，不同的制度安排将导致不同的市场交易成本，从而对企业的经营决策产生影响。自1978年党的十一届三中全会至今，我国从计划经济体制转向市场经济体制的改革已经走过了不平凡的41年，市场化进展取得了举世瞩目的成绩。现阶段我国的制度环境具有两方面鲜明特征：一方面，在我国经济转轨的发展历程中，由于国家采用了“先沿海再内地，先东部再中西部”的地域不平衡发展战略，导致我国各地区制度环境存在显著差异；另一方面，经济的高速发展倒逼整体制度环境不断改善，使得我国各地区的制度环境不断好转和完善。在这样的背景下，各地区制度环境差异以及制度环境的改善会对上市公司的盈余管理策略产生重要影响，这种影响是否有规律可循？现有研究并未给出明确的解释，有待进一步深入探讨。

5.2.2 文献回顾

Schipper（1989）根据是否影响企业现金流，将盈余管理分为利用应计项目进行的盈余管理和通过真实经济活动进行的盈余管理。大量的文献也已证实应计盈余管理和真实盈余管理是上市公司盈余管理的两种方法（Graham等，2005；Zang，2012），这为后续研究盈余管理问题提供了新的思路。真实盈余管理改变了企业经济活动的实质，并按照会计准则对改变后的经济事项进行确认、计量和报告，这种行为未违反公认会计准则（GAAP），具有较强的隐蔽性。Graham等（2005）发现企业有通过真实活动进行盈余管理的意愿，为了满足盈利预期目标，80%接受采访的CFO会减少R&D、广告、维护支出等，55%的CFO会推迟新项目。Franz等（2014）指出，在《萨班斯法案》颁布之前，那些可能会出现债务违约的企业采用应计盈余管理多于真实盈余管理。现阶段，应计盈余管理和真实盈余管理的研究主要围绕三个方面展开：第一，盈余管理的经济后果。Bhojraj等（2009）认为相对于未采用盈余管理的企业而言，为了满足分析师预测而进行应计盈余管理和真实盈余管理的企业有着较差的经营业绩和股票市场表现。进一步，Kim等（2010）发现真实盈余管理给外部投资者带来的信息不确定性要比应计盈余管理更为严重，会对企业未来现金流产生负面影响甚至会损害企业长期的业绩（Cohen等，2008；Cohen和Zarowin，2010；Beyer等，2010）。但

Gunny（2010）却提出了相反的论断，他认为通过真实盈余管理来满足盈余预期的企业在未来三年的业绩会好过没有采用真实盈余管理的企业。第二，盈余管理的时序性。大量文献假设企业管理者会同时进行盈余管理策略选择，而忽视了盈余管理策略选择中存在的时序性。Graham等（2005）指出真实盈余管理的发生贯穿整个会计年度，而应计盈余管理则发生在会计年度末至会计年报披露之前，Matsuura（2008）也发现了两种盈余管理存在着时序性。Badertscher（2011）则发现管理者在早期采用应计盈余管理，接下来使用真实盈余管理，而将非公认会计准则盈余管理（Non-GAAP earnings management）作为最后的补救方法。第三，盈余管理方式的选择。有文献发现企业的盈余管理手段由应计盈余管理向真实盈余管理转变，企业更愿意采用真实盈余管理来进行盈余操纵（Graham等，2005；Roychowdhury，2006），也有证据表明企业会基于相对成本在应计盈余管理和真实盈余管理这两种策略之间进行权衡（Coehn和Zarowin，2012；Zang，2012）。

5.2.3 研究假设

现有文献主要围绕政府干预、法治水平两个方面，探讨了制度环境因素对应计盈余管理的影响。政府干预对盈余管理影响方面：政府对经济干预会影响到企业的盈余管理行为，Makar和Alam（1989）发现了企业为避免政治风险而进行应计盈余管理的证据。但Bushman等（2004）却认为政府干预对企业应计盈余管理的影响并不明确：一方面，基于政治成本假设政府出于掠夺动机可能会使企业隐藏真实会计信息，此时政府干预与盈余管理正相关；另一方面，基于理性经济人假设政府会要求企业披露真实会计信息以便于实现掠夺，此时政府干预与盈余管理负相关。我国正处于经济转轨的特殊时期，政府在市场资源配置中有着举足轻重的地位。地方政府出于争夺资本市场资源等原因，积极利用税收优惠和财政补贴等手段参加上市公司的盈余管理，Chen等（2008）认为中国地方政府在上市公司盈余管理活动中扮演着重要角色，发现了地方政府帮助上市公司进行盈余管理的证据，李延喜等（2012）的研究也佐证了该论断。法治水平对应计盈余管理影响方面：Che和Qian（1998）通过跨国比较研究发现，在法治水平较低的发展中国家企业普遍存在隐瞒利润的现象。Leuz等（2003）进一步研究指出，一个国家的法治水平对企业会计报告质量有着重要的影响，投资者保护程度、法律执行水平的提高有助于约束企业的应计盈余管理，这得到了Lang等（2006）、Francis和Wang（2008）后续研究的支持。Degeorge等（2013）也发现投资者法律保护的执行力度越强，企业的应计盈余管理程度越低。因此，本章认为制度环境与应计盈余管理呈负相关关系，完善的制度环境约束了上市公司的盈余管理行为。由此，本章提出研究假设如下：

研究假设5-1：在其他条件不变的情况下，制度环境与应计盈余管理负相关，即上市公司所处地区的制度环境越好，该地区的上市公司应计盈余管理程度越低。

研究假设5-1a：在其他条件不变的情况下，政府干预程度与应计盈余管理正相关，即上市公司所处地区的政府干预程度越低，该地区的上市公司应计盈余管理程度越低。

研究假设5-1b：在其他条件不变的情况下，法治水平与应计盈余管理负相关，即上市公司所处地区的法治水平越高，该地区的上市公司应计盈余管理程度越低。

作为盈余管理的新手段，真实盈余管理的研究起步较晚，这就导致国内外鲜有文献能系统研究制度环境对真实盈余管理的影响。Ewert和Wagenhofer（2005）通过模型分析发现，面临会计标准收紧或执法环境变严时企业会减少应计盈余管理，增加真实盈余管理。Chi等（2011）指出，企业在面对高法律诉讼风险和严格的外部审计时会增加真实盈余管理，这主要是因为在满足信息披露原则的前提下真实盈余管理并未违反相关法律法规。Zang（2012）也发现会计监管的加强会导致企业真实盈余管理的增加。上市公司基于两种盈余管理的成本进行盈余管理策略选择，盈余管理的成本主要由进行盈余管理的操作成本和被监管部门查获的处罚代价构成。一方面，盈余管理的操作成本。相对于采用变更会计政策、会计估计等方式的应计盈余管理而言，采用真实经营活动进行利润操纵的真实盈余管理的成本更大。另一方面，盈余管理被查获的处罚代价。近年来在党和国家的领导下我国的制度环境建设不断发展完善，随着投资者保护法律的完善、市场监督力量的增强和会计准则可操作的范围变小，应计盈余管理更容易被监管部门察觉。而真实盈余管理以实际的经济活动为基础，具有较强的隐蔽性，比应计盈余管理更难以被监管部门所发现，这意味着采用真实盈余管理被监管部门查获的概率会远低于应计盈余管理。盈余管理被查获的处罚代价为查获概率和罚金的乘积，由于我国针对财务造假的罚金有着明确的规定，并不会因为采用不同盈余管理方式而处以不同的罚金，所以采用真实盈余管理被查获的处罚代价应远低于采用应计盈余管理被查获的处罚代价。所以，在制度环境越好的地区，上市公司的真实盈余管理程度越高，即完善的制度环境诱导上市公司进行真实盈余管理。同时，随着制度环境的不断完善，盈余管理治理工作中存在“道高一尺，魔高一丈”的现象，上市公司的盈余管理策略逐渐由早期易于发现的应计盈余管理向现阶段难以察觉的真实盈余管理转变。由此，本章提出研究假设如下：

研究假设5-2：在其他条件不变的情况下，制度环境与真实盈余管理正相关，即上市公司所处地区的制度环境越好，该地区的上市公司真实盈余管理程度越高。

研究假设5-2a：在其他条件不变的情况下，政府干预程度与真实盈余管理负相关，即上市公司所处地区的政府干预程度越高，该地区的上市公司真实盈余管理程度越高。

研究假设5-2b：在其他条件不变的情况下，法治水平与真实盈余管理正相关，即上市公司所处地区的法治水平越低，该地区的上市公司真实盈余管理程度越高。

研究假设5-3：在其他条件不变的情况下，随着制度环境的改善，上市公司的盈余管理策略逐渐由应计盈余管理向真实盈余管理转变。

5.3 研究设计

5.3.1 样本选择与数据来源

本章选取了沪深2001—2013年沪深两市的上市公司为研究样本，通过以下筛选程序来保证研究结果的准确合理：（1）剔除被ST和*ST的公司；（2）剔除财务信息和公司治理数据不齐全的公司；（3）剔除金融类上市公司。经过样本的筛选和面板数据的平衡处理后，取得700家上市公司2001—2013年连续13年的平衡面板数据，样本量为9 100。有关上市公司财务数据和公司治理数据来自CSMAR数据库，制度环境数据来自樊纲等在《中国市场化指数——各地区市场化相对进程2009年报告》（下文将历年报告统称为《报告》）一书中编制的中国各地区市场化指数。樊纲等所撰写的《报告》是我国目前较为权威的有关我国制度环境的报告，该报告从政府与市场的关系、非国有经济的发展、产品市场的发育、要素市场的发育及市场中介组织发育和法律制度环境这五个方面对我国各省、自治区、直辖市的市场化程度进行了评价。

5.3.2 变量定义与计量

（1）被解释变量

应计盈余管理：应计利润法通过模型回归来计量估计的应计利润总额，将总应计利润分成可操作和非可操作两部分，再计量出企业的非可操作利润，最后以企业的可操作利润来衡量盈余管理。应计利润法的计量模型具体修正的截面Jones模型、Jones模型、DeAngelo模型和Healy模型具体请见第3章模型（3.1）至模型（3.6），限于篇幅，本章未列示具体计量模型。在后续的实证分析中，本章分别采用了上述四种计量方法计算应计盈余管理，但主要是以修正的截面Jones模型分析为主，其他三种计量方法为辅。

真实盈余管理：真实盈余管理的手段主要有销售操控、生产操控、酌量性费用操控销售资产和回购股票。Roychowdhury（2006）从销售操控、生产操控和酌量性费用操控出发，构建了真实盈余管理计量模型，开创了计量企业真实盈余管理程度的先河，该模型备受Zhao等（2012）学者的推崇，是目前最权威的真实盈余管理计量模型。本章借鉴Roychowdhury（2006）的思路，分别估计每年度企业异常的经营现金流量、生产成本和酌量性费用水平，在此基础上构建了真实盈余管理总量模型来计量企业的真实盈余管理程度。具体模型请见第3章模型（3.7）至模型（3.10），限于篇幅不再赘述。

（2）解释变量

相对于其他制度环境因素而言，政府干预和法治水平对企业盈余管理行为有着更为重要的影响。因此，本章的制度环境变量主要由政府干预和法治水平两个变量构成。其中，政府干预程度变量（Gov）以《中国市场化指数——各地区市场化相对进程2011年报告》中的"政府与市场关系"指标作为代理变量，该指标为反向指标，即"政府与市场关系"指标越大，政府干预程度越低；法治水平变量（Law）以《中国市场化指数——各地区市场化相对进程2011年报告》中的"律师、会计师等市场中介组织服务条件"指标作为代理变量，该指标为正向指标，即"律师、会计师等市场中介组织服务条件"指标越大，法治水平越高。由于《报告》的数据更新较慢，在一定程度上制约了制度环境的相关领域研究的开展，例如周建等（2009），郝颖和刘星（2010）等研究就受到了很大的影响。针对数据更新较慢的问题，目前国内学者主要有以下四种做法：一是考虑到制度环境在不同年度间的变化相对稳定，以现有最新的一年数据代替尚未披露信息年度的数据，主要代表有夏立军和方轶强（2005）、孙峥等（2005）、王彦超等（2008）；二是考虑到制度环境发展的持续性和稳定性，以现有数据的年平均增长幅度来预测未披露信息年度的数据，主要代表有俞红海等（2010）；三是根据往年数据，采用一元线性回归的方法来预测未披露信息年度的数据，主要代表有徐光伟和刘星（2010）；四是以往年数据的平均值来代替尚未披露信息年度的数据，主要代表有余明桂和潘红波（2008）、刘志远和花贵如（2009）。本章赞同第一种方法，考虑到市场化程度、政府干预程度和法治水平在不同年度虽然有所变化，但是各地区却相对稳定，所以用2009年的数据来代替2010年和2013年的数据是科学合理的。同时，本章将其他三种方法作为稳健性检验的方法，具体见下文。

在此需要说明的是，目前制度环境数据还可以从以下途径获取：一是世界银行发布的《中国：政府治理、投资环境与和谐社会：120个中国城市竞争力的提升》提供了2005年我国120个城市的企业与政府机构打交道的时间及产权保护指数，如果采用该报告中的数据将无法考察随着制度环境对盈余管理影响的纵向变化，也不满足本章2001—2013年时间窗口的要求。二是世界银行在《2012年营商环境报告：在一个更加透明的世界里经营》中公布了全世界183个经济体的投资者保护力度指数和执行合同质量，投资者保护力度指数主要由披露程度指数、董事责任程度指数、股东诉讼便利度指数构成，投资者保护力度指数的值为上述三个指数的平均值（Djankov等，2008）。执行合同质量主要从手续、时间和成本三个方面出发，采用Djankov等（2008）的方法计算得出。但该报告提供的国家层面数据仅适用于跨国比较分析，并不适用于我国各地区差异的研究。三是中国社会科学院编著的《中国城市竞争力报告（2014）》重点汇报了我国56个重点城市的政府审批和管制指数、政府执法能力指数、产权保护制度指数、法制健全程度指数，并未对国内其他城市或省级层面的指数进行披露，无法满足本章数据的需求。

（3）控制变量

控制变量主要包括能对企业盈余管理产生影响的公司特征变量和公司治理变量。公司特征变量方面：McNichols（2000）、Hazarika（2012）等认为规模较大的企业，其盈余管理程度更大。Klein（2002）、陈武朝（2013）认为当企业负债率较高时，管理层为缓解偿债压力更容易进行盈余操作。Chung等（2005）认为高自由现金流量产生的代理成本容易诱导管理者的盈余管理行为。Degeorge等（2013）认为成长性越高的企业盈余管理程度越高。公司治理方面：Cornett等（2009）认为规模较小的董事会能提供更有效的监管，约束企业的盈余管理。Benke（2006）和Petra（2007）发现独立董事在抑制盈余管理中发挥重要的作用。Firth等（2007）通过实证检验发现，监事会机制可以有效地约束企业的盈余管理行为。Chin等（2009）指出股权集中度越高的企业越容易有盈余管理行为。具体变量定义见表5-1。

关于是否要在检验模型中加入年度虚拟变量和行业虚拟变量，目前国内外类似研究主要有三种做法：一是Yu（2008）、苏冬蔚等（2010）、陈小林和林昕（2011）、廖冠民和张广婷（2012）在研究中同时加入年度虚拟变量和行业虚拟变量；二是李延喜等（2007）、朱星文等（2010）在研究中仅加入年度虚拟变量；三是杨清香等（2008）、张兆国等（2009）在研究中未加入年度虚拟变量和行业虚拟变量。然而，学者们并未明确指出作此选择的原因。本章拟在模型中不加入行业虚拟变量和年度虚拟变量，主要出于以下考虑：本章修正的截面Jones模型以应计利润作为被解释变量，以应计利润的主要影响因素作为解释变量，通过对截面数据的逐年逐行业回归，回归的残差就是可操控性应计利润，即为盈余管理。此时，盈余管理已经剔除了年度因素和行业因素的影响，所以如果在检验模型中加入年度虚拟变量和行业虚拟变量并不具有统计学意义。

表5-1 变量定义

变量类型	变量名称	变量符号	变量计量
被解释变量	应计盈余管理	AEM	应计盈余管理的总称
		AEM_CMJones	截面的修正Jones模型计算的应计盈余管理的绝对值
		AEM_Jones	Jones模型计算的应计盈余管理的绝对值
		AEM_DeAngelo	DeAngelo模型计算的应计盈余管理的绝对值
		AEM_Healy	Healy模型计算的应计盈余管理的绝对值
	真实盈余管理	REM	真实盈余管理的总称
		REM_PROXY	真实盈余管理总量模型计算的真实盈余管理
		REM_CFO	经营现金流量计量模型计算的销售操控真实盈余管理
		REM_PROD	生产成本计量模型计算的生产操控真实盈余管理
		REM_DISEXP	酌量性费用计量模型计算的费用操控真实盈余管理
解释变量	政府干预程度	Gov	《中国市场化指数——各地区市场化相对进程2011年报告》中“政府和市场关系”指数，反向指标
	法治水平	Law	《中国市场化指数——各地区市场化相对进程2011年报告》中“律师、会计师等市场中介组织服务条件”指数，正向指标
控制变量	企业规模	Size	总资产的自然对数
	偿债能力	Lev	总负债/总资产
	经营现金流	CFO	经营性现金流量净值/总资产
	成长能力	Gro	营业收入增长率
	董事会规模	BDS	董事会总人数的自然对数
	独立董事比率	IND	独立董事占董事会总人数的比率
	监事会规模	BSS	监事会总人数的自然对数
	股权集中度	H1	第一大股东持股比例

5.3.3 检验模型设计

本章构建模型（5.1）来检验制度环境因素对企业应计盈余管理的影响。在模型中加入因变量的一阶滞后项主要出于以下两点考虑：第一点，综合考虑到企业前期盈余管理对后期的盈余管理有着重要的影响，在模型中加入因变量的滞后项可以有效地降低检验模型因遗漏变量造成的设定偏误。Barton和Simko（2002）发现盈余管理会受到会计弹性的制约，前期实施盈余管理的水平会对当期的盈余管理策略产生影响。第二点，变更会计政策、会计估计或操作真实活动等盈余管理方法均具有一定的连续性和累积性[①]，加入一阶滞后项可以有效地发现盈余管理活动的惯性特征。具体模型如下：

$$AEM_{it} = \alpha_0 + \alpha_1 AEM_{i,t-1} + \alpha_2 Gov_{it} + \alpha_3 Law_{it} + \alpha_4 Size_{it} + \alpha_5 Lev_{it} + \alpha_6 CFO_{it} + \alpha_7 Gro_{it} + \alpha_8 BDS_{it} + \alpha_9 IND_{it} + \alpha_{10} BSS_{it} + \alpha_{11} H1_{it} + \mu_{it} + \xi_{it} \tag{5.1}$$

在模型（5.1）中，AEM_{it}是应计盈余管理，具体包含$AEM_CMJones_{it}$、AEM_Jones_{it}、AEM_Healy_{it}和$AEM_DeAngelo_{it}$；$AEM_{i,t-1}$是应计盈余管理的一阶滞后项；μ_{it}是不可观察的个体效应，主要是为了控制模型遗漏的公司特征异质性；ξ_{it}是随机干扰项。模型中并未加入行业虚拟变量和年度虚拟变量，主要是因为盈余管理计量过程中已经对行业和年度进行了控制，如在模型中加入行业虚拟变量和年度虚拟变量，得出的结论会有较大的偏差。按照本章提出的研究假设5-1，模型中Gov_{it}和Law_{it}的回归系数α_2和α_3应该均为负数，这说明制度环境与应计盈余管理呈负相关关系。

为了分析制度环境因素对企业真实盈余管理的影响，本章特构建模型（5.2）进行检验，具体如下所示：

$$REM_{it} = \beta_0 + \beta_1 REM_{i,t-1} + \beta_2 Gov_{it} + \beta_3 Law_{it} + \beta_4 Size_{it} + \beta_5 Lev_{it} + \beta_6 CFO_{it} + \beta_7 Gro_{it} + \beta_8 BDS_{it} + \beta_9 IND_{it} + \beta_{10} BSS_{it} + \beta_{11} H1_{it} + \mu_{it} + \xi_{it} \tag{5.2}$$

在模型（5.2）中，REM_{it}是真实盈余管理，具体包含REM_PROXY_{it}、REM_CFO_{it}、REM_PROD_{it}和REM_DISEXP_{it}；$REM_{i,t-1}$是真实盈余管理的一阶滞后项。按照本章提出的研究假设5-2，模型中Gov_{it}和Law_{it}的回归系数β_2和β_3应该均为正数，这说明制度环境与真实盈余管理呈正相关关系。

本章构建模型（5.3）来寻找我国上市公司盈余管理策略转变的经验证据，具体模型如下所示：

$$REM_{it} - AEM_{it} = \gamma_0 + \gamma_1 (REM_{i,t-1} - AEM_{i,t-1}) + \gamma_2 Gov_{it} + \gamma_3 Law_{it} + \gamma_4 Size_{it} + \gamma_5 Lev_{it} + \gamma_6 CFO_{it} + \gamma_7 Gro_{it} + \gamma_8 BDS_{it} + \gamma_9 IND_{it} + \gamma_{10} BSS_{it} + \gamma_{11} H1_{it} + \mu_{it} + \xi_{it} \tag{5.3}$$

在模型（5.3）中，$REM_{it}-AEM_{it}$为真实盈余管理与应计盈余管理的差额，该差额的值越大，说明上市公司更加偏好于使用真实盈余管理。为了便于计算，REM_{it}使用的是真实盈余管理总量REM_PROXY_{it}，而未使用其他三项分指标，AEM_{it}则包含了四种应计盈余管理$AEM_CMJones_{it}$、AEM_Jones_{it}、AEM_Healy_{it}和$AEM_DeAngelo_{it}$。按照本章提出的研究假设5-3，模型中Gov_{it}和Law_{it}的回归系数γ_2和γ_3应该均为正数，这说明制度环境和两种盈余管理的差额呈正相关关系，即制度环境越好，上市公司真实盈余管理减去应计盈余管理的差额越大。这说明随着制度环境的改善，上市公司更加偏好于使用难以被监管部门察觉的真实盈余管理，而减少使用应计盈余管理，出现“道高一尺，魔高一丈”的现象。

① 值得说明的是，本章还尝试加入了滞后二期和滞后三期的盈余管理变量，但是在后续的实证分析中这些变量的回归结果并不显著，这也说明盈余管理的二阶滞后项和三阶滞后项并不会显著地影响当期的盈余管理。因此，本章并未在模型中加入盈余管理的二阶滞后项和三阶滞后项。

5.3.4　研究方法选择

本章采用的数据是我国700家上市公司2001—2013年连续13年的动态面板数据[①]，截面单元N远大于时序单元T[②]，具有如Roodman（2005）所说的“大N小T”特征。而且模型中还包括盈余管理的滞后项，模型实际是一个动态面板回归模型，这使得解释变量间可能有着内生性，从而导致解释变量和随机扰动项相关。如果使用OLS、随机效应或者固定效应对模型进行检验，得到的估计量都是有偏的和非一致的，这将严重扭曲模型所推导出的经济含义。基本的动态面板模型如下：

$$y_{it} = \alpha_0 + \rho y_{i,t-1} + \mu_t + \varepsilon_{it} \tag{5.4}$$

其中，t为2至T。模型（5.4）的离差形式为：

$$y_{it} - \bar{y}_i = \rho(y_{i,t-1} - \overline{L_{yi}}) + (\varepsilon_{it} + \bar{\delta}_i) \tag{5.5}$$

进一步可以表述为：

$$y_{it} - \frac{\sum_{t=2}^{T} y_{it}}{T-1} = \rho\left(y_{i,t-1} - \frac{\sum_{t=2}^{T} y_{i,t-1}}{T-1}\right) + \left(\varepsilon_{it} - \frac{\sum_{t=2}^{T} \varepsilon_{it}}{T-1}\right) \tag{5.6}$$

由此，我们可以直观地发现由于$\overline{L_{yi}}$中已经包含了$\{y_{12}, y_{12}, \cdots, y_{i,t-1}\}$的信息，但是由于$\{y_{12}, y_{12}, \cdots, y_{i,t-1}\}$与$(\varepsilon_{it} - \bar{\varepsilon}_i)$相关，所以$\overline{L_{yi}}$必定和$(\varepsilon_{it} - \bar{\varepsilon}_i)$相关，此时的组内估计量是不一致的，即称为动态面板偏差（Dynamic Panel Bias）。此时，在模型（5.4）的基础上加入解释变量，具体的动态面板模型如下：

$$y_{it} = \alpha + \rho y_{i,t-1} + x'_{it}\beta + z'_i\delta + u_i + \varepsilon_{it} \tag{5.7}$$

经过一阶差分后可以消除个体效应u_i，即为：

$$\Delta y_{it} = \alpha + \rho \Delta y_{i,t-1} + \Delta x'_{it}\beta + \Delta \varepsilon_{it}$$

其中，$\Delta y_{i,t-1} = y_{i,t-1} - y_{i,t-2}$，$\Delta \varepsilon_{it} = \varepsilon_{it} - \varepsilon_{i,t-1}$，由于$y_{i,t-1}$与$\varepsilon_{i,t-1}$相关，所以$\Delta y_{i,t-1}$与$\Delta \varepsilon_{it}$相关。此时，$\Delta y_{i,t-1}$为内生变量。

为了寻找合适的工具变量来获得一致性估计，Anderson和Hsiao（1981）提出使用$y_{i,t-2}$作为$\Delta y_{i,t-1}$的工具变量，但是由于未能合理的利用上更高阶的滞后变量$\{y_{i,t-3}, y_{i,t-4}, \cdots\}$，所以该处理方法的效率不高。在此基础上，Arellano和Bond（1991）使用了所有的滞后变量作为工具变量进行GMM估计。因为是对差分后的方程进行GMM估计的，所以该方法被称为“差分GMM”。

由于差分GMM容易受到弱工具变量的影响而造成估计量产生有限样本偏差，然而系统GMM却可以有效地避免弱工具变量带来的误差，获取无偏和一致性的估

① 面板数据的一个重要优势是可以对个体的动态行为进行建模。有经济理论指出，由于惯性或部分调整，个体当期行为取决于过去行为，例如资本存量的调整。

② Roodman（2005）认为以下五种情况适用于动态面板估计：截面单元N较大，而时序单位T较小；因变量和自变量存在线性函数关系；包含因变量滞后项的动态模型；自变量不是严格外生的；存在非观测的固定效应。

计量。在模型（5.7）的基础上，使用$\{\Delta y_{i,t-1}, \Delta y_{i,t-2}, \cdots\}$作为$\Delta y_{i,t-1}$的工具变量。另外，如果$\{\varepsilon_{it}\}$不存在自相关，那么$E(\Delta y_{i,t-s}\varepsilon_{it}) = E(y_{i,t-s}\varepsilon_{it}) - E(y_{i,t-s-1}\varepsilon_{it}) = 0 - 0 = 0$，此时$s \geq 1$。必须假设$\{\Delta y_{i,t-1}, \Delta y_{i,t-2}, \cdots\}$与个体效应$u_i$不相关，这才可以保证工具变量与复合扰动项不相关。假设$|\rho| < 1$，那么$\{y_{it}\}$将趋于某个均衡点y_i^*，然而$\{\Delta y_{i,t-1}, \Delta y_{i,t-2}, \cdots\}$与个体效应$u_i$不相关的假设则说明趋于均衡点的速度$\{\Delta y_{i,t-1}, \Delta y_{i,t-2}, \cdots\}$与个体效应$u_i$不相关。此时则可以使用$\{\Delta y_{i,t-1}, \Delta y_{i,t-2}, \cdots\}$作为工具变量对水平方程进行GMM估计，这被称为“水平GMM”。

Blundell和Bond（1998）将差分GMM和水平GMM相结合，构建了一个由差分方程和水平方程构成的方程系统，在此基础上进行GMM估计，这被称为“系统GMM”。系统GMM可以有效地提高估计的效率。Bond（2001）指出，在有限样本条件下两步GMM（Two-step GMM）估计量的标准差存在严重的向下偏倚。虽然采用Windmeijer调整可以减少这种偏倚（Windmeijer，2005），但由此会降低估计量的近似渐进的可靠性，因此在经验应用中通常使用一步GMM（One-step GMM）估计（Bond，2001）。经过上述分析发现，一步系统GMM比一步差分GMM更有效，但必须是在满足新增工具变量有效的前提下。因此，本章分别采用一步差分GMM和一步系统GMM，结果发现一步差分GMM的Hansen过度识别检验和IV类型工具变量的Hansen检验的p值均为0.000，这说明一步差分GMM是无效的；一步系统GMM的Hansen过度识别检验的p值均大于0.1，且自回归检验的结果也证实并不存在二阶序列相关。由此可知，一步系统GMM所选的工具变量更有效，故本章最终选定一步系统GMM为本研究的估计方法。

5.4 实证结果与分析

5.4.1 描述性统计分析

表5-2报告了检验模型中主要变量的描述性统计特征。从表5-2中可以发现，不同企业之间的盈余管理程度差异较大。从以Healy模型计算的AEM_Healy的描述性统计结果中可以发现，平均值为0.084，最大值为1.194，而最小值仅为0，这在一定程度上可以说明不同企业之间的应计盈余管理程度是存在差异的。从DeAngelo模型计量应计盈余管理的描述性统计结果中可知，平均值为0.076，最大值为2.066，而最小值仅为0。从Jones模型计量应计盈余管理的描述性统计结果中可知，平均值为0.080，最大值为0.998，而最小值仅为0。从截面的修正Jones模型计量应计盈余管理的描述性统计结果中可知，平均值为0.067，最大值为2.661，而最小值仅为0。整体而言，我国上市公司的应计盈余管理程度还是存

在一定的差异。在真实盈余管理方面，以真实盈余管理总量模型计算的真实盈余管理REM_PROXY为例，平均值为0.025，最大值为4.132，而最小值仅为-7.545，这表明不同企业之间的真实盈余管理程度也是存在巨大差异的。

表5-2　**变量的描述性统计**

变量	均值	25分位	50分位	75分位	最大值	最小值	标准差
AEM_Healy	0.084	0.022	0.051	0.104	1.194	0.000	0.103
AEM_DeAngelo	0.076	0.020	0.047	0.094	2.066	0.000	0.099
AEM_Jones	0.080	0.021	0.050	0.100	0.998	0.000	0.103
AEM_CMJones	0.067	0.018	0.041	0.082	2.661	0.000	0.094
REM_PROXY	0.025	-0.104	0.012	0.116	4.132	-7.545	0.920
REM_CFO	-0.005	-0.044	-0.001	0.046	1.035	-2.109	0.113
REM_PROD	0.002	-0.063	-0.004	0.052	5.211	-6.065	0.745
REM_DISEXP	-0.006	-0.041	-0.017	0.016	1.607	-0.679	0.077
Gov	8.402	7.730	8.670	9.590	10.530	-4.660	1.557
Law	5.342	3.250	5.480	7.200	10.940	-12.270	2.717
Size	21.762	20.949	21.627	22.415	26.895	18.147	1.128
Lev	0.498	0.373	0.510	0.633	0.895	0.002	0.183
CFO	-0.033	-0.062	-0.001	0.040	17.695	-1.415	0.324
Gro	-0.092	-0.328	0.099	0.575	13.153	-22.821	3.566
BDS	2.466	2.303	2.485	2.708	3.807	0.000	0.391
IND	0.306	0.235	0.300	0.375	1.000	0.000	0.105
BSS	1.615	1.386	1.609	1.946	2.944	0.693	0.457
H1	0.174	0.061	0.130	0.259	0.726	0.000	0.140

另外，从表5-2中可以发现我国各地区所面临的制度环境存在差异。政府干预程度的平均值为8.402，最大值为10.530，而最小值仅为-4.660，标准差为1.557，这说明我国各地区的政府干预程度存在着不同。法治水平指数的平均值为5.342，最大值为10.940，而最小值仅为-12.270，标准差为2.717，这说明我国不同地区的法治水平存在着差异，北京、上海、江苏、浙江、广东等部分地区的法治水平较高，而西藏、青海、甘肃、新疆等地区的法治水平仍较低。受到各地区的资源禀赋、地理位置、历史文化等因素的影响，我国市场化改革采用“先试点后推广”的“摸着石头过河”策略，使得不同地区在由计划经济向市场经济转型的改革进程中存在显著差异。国家的非均衡发展策略使得优先政策推广的区域性特征鲜明，最终导致我国市场化程度、法治水平等制度环境建设形成了东部优于中西部、中部优于西部的不平衡局面。

5.4.2 相关性检验分析

表5-3和表5-4分别列示了变量之间的Pearson相关系数矩阵和Spearman相关系数矩阵，Pearson相关性检验和Spearman相关性检验是两种检验变量之间是否存在共线性问题的方法，其中Pearson相关系数主要是检验定距变量之间的线性关系，而Spearman相关系数主要是一种可以衡量两个变量之间关系强弱性的秩统计参数。Pearson相关系数和Spearman相关系数在正负1之间，相关性系数大于0.6时则表明变量之间存在着多重共线性问题，反之则表明变量之间并不存在多重共线性问题。

从表5-3中可以发现，Jones模型计量的AEM_Jones和修正的截面Jones模型计量的AEM_CMJones之间的Pearson相关性系数为0.777，并且在1%的水平上显著，这说明这两个变量之间存在着严重的多重共线性问题。这主要是由于Jones模型和修正的截面Jones模型两者的基本计量思路一致，仅在应收账款部分存在一定的差异，但是经过对总资产的标准化处理之后，两个计量模型之间的差异较小，所以模型计量出来的应计盈余管理在很大程度上存在共线性问题。真实盈余管理总量模型计算的真实盈余管理REM_PROXY和生产成本计量模型计算的生产操控真实盈余管理REM_PROD之间的Pearson相关性系数为0.809，大于多重共线性判别的经验值，这说明这两个变量之间存在严重的多重共线性问题。但是由于上述存在多重共线性问题的变量均为被解释变量，在回归分析时并不是一起放入到模型中的，所以这并不影响本章的回归结果。值得注意的是，政府干预程度和法治水平之间的Pearson相关性系数为0.622，表明这两个变量之间可能存在着多重共线性。这意味着，制度环境因素之间可能存在着多重共线性。Leuz等（2003）指出制度因素是相辅相成的，很难将其分割开来。借鉴李延喜等（2012）、夏立军和方铁强（2005）的类似研究，本章在对模型进行回归分析时，每次只将一个制度环境因素放入模型中进行检验，以此来避免模型中的多重共线性问题。表5-4为Spearman相关系数矩阵，分析结果与表5-3基本一致，限于篇幅不再赘述。

5.4.3 制度环境的地理空间相关性检验

（1）制度环境区域差异的非参数检验

表5-5列示了我国2001—2009年的制度环境因素的描述性统计结果，其中Gov为我国各省份的政府干预水平，采用的是樊纲等（2011）的《中国市场化指数——各地区市场化相对进程2011年度报告》中的“政府与市场的关系”，该指标为反向指标。Law为我国各省份的法治水平，采用的是樊纲等（2011）的报告中的“律师、会计师等市场中介组织服务条件”指数。从表5-5中可以发现，

表5-3　　Pearson相关性检验结果

Variables	AEM_Healy	AEM_DeAngelo	AEM_Jones	AEM_CMJones	REM_PROXY	REM_CFO	REM_PROD	REM_DISEXP	Gov	Law	Size	Lev	CFO	Gro	BDS	IND	BSS	H1
AEM_Healy	1.000	0.572***	0.236***	0.345***	0.027**	-0.084***	0.024**	-0.017	0.063***	0.057***	-0.026**	0.126***	-0.070***	-0.016	0.061***	-0.008	0.001	0.000
AEM_DeAngelo	0.572****	1.000	0.271***	0.399***	0.037***	-0.079***	0.023**	-0.012	-0.105***	-0.042***	-0.012	0.073***	-0.040***	-0.007	0.038***	-0.034***	-0.022**	-0.003
AEM_Jones	0.236***	0.271***	1.000	0.777***	0.030***	-0.055***	0.011	-0.075***	0.027***	0.033***	0.031***	0.039***	-0.009	-0.025**	0.047***	-0.057***	-0.091***	-0.033***
AEM_CMJones	0.345***	0.399***	0.777***	1.000	0.013**	-0.078***	0.014	0.000	0.024**	0.023**	-0.009	0.055***	-0.030***	-0.028***	0.037***	-0.054***	-0.078***	-0.025**
REM_PROXY	0.027**	0.037***	0.030***	0.013**	1.000	-0.171***	0.809***	-0.063***	0.019	0.01	0.026**	0.096***	-0.018*	-0.003	0.000	-0.002	-0.005	0.006
REM_CFO	-0.084***	-0.079***	-0.055***	-0.078***	-0.171***	1.000	-0.047***	0.135***	0.025**	0.003	0.037***	-0.089***	0.086***	0.058***	0.040***	0.023**	0.030***	0.011
REM_PROD	0.024**	0.023**	0.011	0.014	0.809***	-0.047***	1.000	0.066***	0.012	0.001	0.026**	0.069***	-0.014	0.001	0.002	-0.001	-0.002	0.013
REM_DISEXP	-0.017	-0.012	-0.075***	0.000	-0.063***	0.135***	0.066***	1.000	-0.038***	-0.033***	-0.049***	-0.069***	0.008	-0.007	-0.006	0.025**	-0.028***	-0.037***
Gov	0.063***	-0.105***	0.027***	0.024**	0.019	0.025**	0.012	-0.038***	1.000	0.622***	0.158***	0.108***	-0.01	0.022**	0.140***	0.155***	0.019	-0.073***
Law	0.057***	-0.042***	0.033***	0.023**	0.010	0.003	0.001	-0.033***	0.622***	1.000	0.126***	0.069***	-0.002	0.01	0.120***	0.115***	0.019*	-0.019*
Size	-0.026**	-0.012	0.031***	-0.009	0.026**	0.037***	0.026**	-0.049***	0.158***	0.126***	1.000	0.233***	0.056***	0.021**	0.118***	0.113***	0.039***	0.070***
Lev	0.126***	0.073***	0.039***	0.055***	0.096***	-0.089***	0.069***	-0.069***	0.108***	0.069***	0.233***	1.000	0.012	-0.064***	0.115***	0.049***	0.073***	-0.075***
CFO	-0.070***	-0.040***	-0.009	-0.030***	-0.018*	0.086***	-0.014	0.008	-0.010	-0.002	0.056***	0.012	1.000	-0.008	-0.011	0.009	0.013	0.048***
Gro	-0.016	-0.007	-0.025**	-0.028***	-0.003	0.058***	0.001	-0.007	0.022**	0.010	0.021**	-0.064***	-0.008	1.000	0.006	-0.005	-0.003	0.034***
BDS	0.061***	0.038***	0.047***	0.037***	0.000	0.040***	0.002	-0.006	0.140***	0.120***	0.118***	0.115***	-0.011	0.006	1.000	-0.182***	0.397***	-0.114***
IND	-0.008	-0.034***	-0.057***	-0.054***	-0.002	0.023**	-0.001	0.025**	0.155***	0.115***	0.113***	0.049***	0.009	-0.005	-0.182***	1.000	-0.043***	-0.058***
BSS	0.001	-0.022**	-0.091***	-0.078***	-0.005	0.030***	-0.002	-0.028***	0.019	0.019*	0.039***	0.073***	0.013	-0.003	0.397***	-0.043***	1.000	-0.067***
H1	0.000	-0.003	-0.033***	-0.025**	0.006	0.011	0.013	-0.037***	-0.073***	-0.019*	0.070***	-0.075***	0.048***	0.034***	-0.114***	-0.058***	-0.067***	1.000

注：***、**、*分别表示在1%、5%、10%的水平上显著。

表 5-4　　Spearman相关性检验结果

Variables	AEM_Healy	AEM_DeAngelo	AEM_Jones	AEM_CMJones	REM_PROXY	REM_CFO	REM_PROD	REM_DISEXP	Gov	Law	Size	Lev	CFO	Gro	BDS	IND	BSS	H1
AEM_Healy	1.000	0.534***	0.233**	0.298**	0.021**	-0.015	0.040***	-0.037***	0.043***	0.034***	-0.026**	0.114***	-0.031***	0.024**	0.025**	-0.019*	0.006	-0.023**
AEM_DeAngelo	0.534***	1.000	0.333**	0.347**	0.037***	-0.024**	0.039***	-0.053***	-0.020*	-0.024**	0.000	0.084***	-0.002	0.010	0.009	-0.031***	-0.023**	-0.025**
AEM_Jones	0.233**	0.333**	1.000	0.795***	0.061***	-0.041***	0.033***	-0.085***	0.027***	0.036***	0.067***	0.074***	0.049***	-0.009	0.035***	-0.041***	-0.047***	-0.035***
AEM_CMJones	0.298**	0.347**	0.795***	1.000	0.037***	-0.056***	0.030***	-0.015	0.020*	0.018*	0.010	0.064***	-0.010	-0.012	0.021**	-0.053***	-0.044***	-0.027***
REM_PROXY	0.021**	0.037***	0.061***	0.037***	1.000	-0.621***	0.845***	-0.478***	0.054***	0.039***	0.115***	0.224***	-0.132***	-0.139***	0.005	-0.008	0.004	0.057***
REM_CFO	-0.015	-0.024**	-0.041***	-0.056***	-0.621***	1.000	-0.313***	0.114***	-0.041***	-0.030***	0.020*	-0.124***	0.209***	0.128***	0.019*	-0.020	0.024**	0.038***
REM_PROD	0.040***	0.039***	0.033***	0.030***	0.845***	-0.313***	1.000	-0.314***	0.050***	0.034***	0.126***	0.234***	-0.091***	-0.124***	0.002	-0.011	0.011	0.063***
REM_DISEXP	-0.037***	-0.053***	-0.085***	-0.015	-0.478***	0.114***	-0.314***	1.000	-0.072***	-0.056***	-0.060***	-0.085***	-0.010	0.070***	-0.042***	0.020*	-0.028***	-0.054***
Gov	0.043***	-0.020*	0.027***	0.020*	0.054***	-0.041***	0.050***	-0.072***	1.000	0.671***	0.169***	0.106***	-0.004	0.038***	0.113***	0.187***	0.019*	-0.081***
Law	0.034***	-0.024**	0.036***	0.018*	0.039***	-0.030***	0.034***	-0.056***	0.671***	1.000	0.136***	0.068***	-0.008	0.019*	0.098***	0.141***	0.017	-0.023**
Size	-0.026**	0.000	0.067***	0.010	0.115***	0.020*	0.126***	-0.060***	0.169***	0.136***	1.000	0.220***	0.088***	0.009	0.103***	0.121***	0.043***	0.047***
Lev	0.114***	0.084***	0.074***	0.064***	0.224***	-0.124***	0.234***	-0.085***	0.106***	0.068***	0.220***	1.000	0.029***	0.004	0.121**	0.048***	0.077***	-0.076***
CFO	-0.031***	-0.002	0.049***	-0.010	-0.132***	0.209***	-0.091***	-0.010	-0.004	-0.008	0.088***	0.029***	1.000	0.008	0.014	0.024**	0.017*	0.040***
Gro	0.024**	0.010	-0.009	-0.012	-0.139***	0.128***	-0.124***	0.070***	0.038***	0.019*	0.009	0.004	0.008	1.000	0.003	0.005	-0.010	0.007
BDS	0.025**	0.009	0.035***	0.021**	0.005	0.019*	0.002	-0.042***	0.113***	0.098***	0.103***	0.121**	0.014	0.003	1.000	-0.162***	0.376***	-0.099***
IND	-0.019*	-0.031***	-0.041***	-0.053***	-0.008	-0.020	-0.011	0.020*	0.187***	0.141***	0.121***	0.048***	0.024**	0.005	-0.162***	1.000	-0.044***	-0.054***
BSS	0.006	-0.023**	-0.047***	-0.044***	0.004	0.024**	0.011	-0.028***	0.019*	0.017	0.043***	0.077***	0.017*	-0.01	0.376***	-0.044***	1.000	-0.054***
H1	-0.023**	-0.025**	-0.035***	-0.027***	0.057***	0.038***	0.063***	-0.054***	-0.081***	-0.023**	0.047***	-0.076***	0.040***	0.007	-0.099***	-0.054***	-0.054***	1.000

注：***、**、*分别表示在1%、5%、10%的水平上显著。

在2001—2009年期间我国31个省、自治区、直辖市（中国台湾地区、中国香港特别行政区和中国澳门特别行政区除外）的政府干预程度的平均值为7.286，最大值为江苏2006年政府与市场的关系，政府与市场的关系程度为10.530，这说明2006年江苏地区的政府干预程度最低；最小值为西藏2009年政府与市场的关系，政府与市场的关系程度为-4.660，这表明2009年西藏地区的政府干预程度较高。在2001—2009年期间我国各地区的法治水平的平均值为3.747，最大值为上海在2002年的法治水平，具体的法治水平为11.280；最小值为西藏2009年的法治水平，具体的法治水平为-12.270。综上所述，我国各地区的制度环境各异，存在着较大的差异。

表5-5　**制度环境的描述性统计**

变量	均值	25分位	50分位	75分位	最大值	最小值	标准差
Gov	7.286	6.310	7.720	8.840	10.530	-4.660	2.353
Law	3.747	1.340	4.060	5.340	11.280	-12.270	2.712

注：该样本为省级面板数据，由于仅公布了2001—2009年制度环境数据，所以总样本量为279。

通过比对各地区制度环境可知，东部地区的制度环境明显好于中西部地区。结合前文盈余管理的分布特征可以发现：从经济地理学的角度来看，我国各地区的制度环境和上市公司盈余管理程度的分布存在局域空间集聚现象。有趣的是，仍有部分省份的这两种分布并非完全匹配，即制度环境好的地区的上市公司的盈余管理程度却较高（如福建等），或者制度环境差的地区的上市公司盈余管理程度却较低（如四川等），这一现象值得深思。经过观察发现，这些不匹配的省份大多是处于东中西三大区域的交界区。由于受到资源禀赋、文化传统等因素的制约，处于交界区省份的制度环境很容易受到毗邻区域的影响，这种影响可能造成了这两种分布不匹配现象。同时，本章在后面的回归分析中，发现这些省份的偏差不会影响本章的结论。

借鉴前文的研究思路，本章在此分别用Kruskal-Wallis检验和中值检验对制度环境的地区差异进行了非参数检验。表5-6是我国制度环境地区差异的非参数检验结果，从表中Kruskal-Wallis检验结果可以发现制度环境因素的卡方检验值均在99%的置信水平上显著，这说明我国各区域之间的制度环境存在着显著的地区差异。中值检验结果在99%的置信水平上显著，与Kruskal-Wallis检验结果完全一致，验证了我国制度环境存在地区差异的论断。

（2）制度环境空间相关性检验

表5-7为我国各地区制度环境的地理空间相关性检验分析结果，从表5-7中可以发现政府干预的Moran's I检验值大多数大于0，且通过了1%的显著性水

表5-6 **制度环境地区差异的非参数检验**

变 量	Kruskal-Wallis 检验		中值检验	
	卡方检验值	显著性水平	卡方检验值	显著性水平
Gov	176.566***	0.000	131.397***	0.000
Law	111.933***	0.000	55.886***	0.000

注：***、**、*分别表示在1%、5%、10%的水平上显著（双尾检验）。

平检验，这表明我国毗邻省份的政府干预有着较强的空间自相关，存在着显著的集聚现象，即政府干预程度较高的省份往往在地理空间上相邻。而法治水平的Moran's I检验值大多数大于0，且通过了5%的显著性水平检验，这表明我国各地区法治水平也有着较强的空间自相关，存在着显著的集聚现象。综合而言，我国各地区制度环境存在较强的空间自相关和显著的集聚现象。这种现象主要与我国发展战略有着密切的关系，我国在由计划经济向市场经济转型的改革进程中，首先在东部沿海地区进行了改革试点，逐渐在推广到中部和西部地区，这就使得东部地区的发展水平明显高于中西部地区，最终导致我国制度环境建设出现东部优于中西部、中部优于西部的不平衡局面。

表5-7 **我国各地区制度环境的地理空间相关性检验**

Gov	2001年	2002年	2003年	2004年	2005年
Moran's I	0.322	0.329	0.371	0.331	0.233
Standardized	0.092	0.097	0.095	0.089	0.078
P值	0.010	0.010	0.010	0.010	0.010
Gov	2006年	2007年	2008年	2009年	
Moran's I	0.255	0.282	0.292	0.293	
Standardized	0.082	0.085	0.082	0.082	
P值	0.010	0.010	0.010	0.010	
Law	2001年	2002年	2003年	2004年	2005年
Moran's I	0.172	0.180	0.162	0.166	0.366
Standardized	0.083	0.081	0.096	0.081	0.097
P值	0.020	0.020	0.030	0.020	0.010
Law	2006年	2007年	2008年	2009年	
Moran's I	0.366	0.366	0.366	0.247	
Standardized	0.108	0.116	0.092	0.088	
P值	0.010	0.010	0.010	0.010	

5.4.4　单因素分析

为了检验不同制度环境对企业盈余管理的影响，本章采用均值T检验、中位数Wilcoxon秩和检验对应计盈余管理和真实盈余管理进行了单因素分析。政府干预分组方面，本章分别以2001—2013年各年政府干预指数的平均值作为分组的标准，将低于平均值的样本纳入高政府干预地区样本组，而高于平均值的样本则纳入低政府干预地区样本组。以2001年为例，该年度政府干预指数的平均值为6.601，那么政府干预指数低于6.601的334个样本为高政府干预地区样本组，高于6.601的366个样本则为低政府干预地区样本组。在此值得说明的是，本章并未采用魏明海和柳建华（2007）的方法直接以总样本的平均值作为分组标准，主要是考虑到该方法忽视了不同年度制度环境的变动。因为随着时间的推移，我国的制度环境在不断地改善发展，这可能使得早期的样本大多在高政府干预地区样本组中，而近期的样本大多在低政府干预地区样本组中，由此会造成研究结果的偏误。同理，本章以2001—2013年各年法治水平指数的平均值将总样本分成了低法治水平地区样本组和高法治水平地区样本组。

表5-8为应计盈余管理的地区差异性检验结果，分别对不同政府干预地区样本组和法治水平地区样本组的应计盈余管理差异进行了T检验和Wilcoxon秩和检验。以AEM_Healy的检验结果为例，高政府干预地区和低政府干预地区的均值差额为0.014，T检验在1%的水平上显著，中位数差额为0.001，Wilcoxon秩和检验在1%的水平上显著。这说明政府干预程度越高的地区上市公司的应计盈余管理程度越高，支持了本章的研究假设5-1a；低法治水平地区样本组和高法治水平地区样本组的均值差额与中位数差额分别为0.012、0.001，T检验和Wilcoxon秩和检验均在1%的水平上显著。这说明法治水平越低的地区上市公司的应计盈余管理程度越高，支持了本章的研究假设5-1b。综上所述，制度环境较好地区上市公司的应计盈余管理程度显著低于制度环境不好地区的上市公司。本章还对DeAngelo模型、Jones模型和截面的修正Jones模型计量的应计盈余管理进行了差异性检验，分析结果和上述结论基本一致，支持了本章的研究假设5-1。

表5-9为真实盈余管理的地区差异性检验结果，分别对不同政府干预地区样本组和法治水平地区样本组的真实盈余管理差异进行了T检验和Wilcoxon秩和检验。以REM_PROXY的检验结果为例，高政府干预地区样本组和低政府干预地区样本组的均值差额与中位数差额分别为-0.010、-0.015，T检验和Wilcoxon秩和检验均在1%的水平上显著。这说明政府干预水平越低地区的上市公司的真实盈余管理程度越高，验证了本章的研究假设5-2a；低法治水平地区样本组和高法治水平地区样本组的均值差额与中位数差额分别为-0.019、-0.010，T检验和Wilcoxon秩和检验均在1%的水平上显著。这说明法治水平越高地区的上市公司

表5-8　　　**不同制度环境情况下应计盈余管理的单因素分析**

A栏：政府干预与应计盈余管理								
变　量	高政府干预地区		低政府干预地区		T检验		Wilcoxon秩和检验	
	均值	中位数	均值	中位数	均值之差	T值	中位数之差	Z值
AEM_Healy	0.085	0.050	0.071	0.049	0.014	6.331***	0.001	2.604***
AEM_DeAngelo	0.069	0.042	0.065	0.041	0.004	1.552*	0.001	0.949
AEM_Jones	0.087	0.054	0.077	0.048	0.010	4.067***	0.006	4.695***
AEM_CMJones	0.079	0.048	0.072	0.046	0.007	3.137***	0.002	2.985***
B栏：法治水平与应计盈余管理								
变　量	低法治水平地区		高法治水平地区		T检验		Wilcoxon秩和检验	
	均值	中位数	均值	中位数	均值之差	T值	中位数之差	Z值
AEM_Healy	0.086	0.050	0.074	0.049	0.012	5.525***	0.001	2.604***
AEM_DeAngelo	0.067	0.042	0.066	0.041	0.001	0.580	0.001	2.985***
AEM_Jones	0.087	0.054	0.080	0.050	0.007	3.569**	0.004	4.695***
AEM_CMJones	0.079	0.048	0.074	0.047	0.005	2.217**	0.001	2.985***

注：***、**、*分别表示在1%、5%、10%的水平上显著。

的真实盈余管理程度越高，验证了本章的研究假设5-2b。整体而言，制度环境较好地区上市公司的真实盈余管理程度显著高于制度环境不好地区的上市公司。本章还对真实盈余管理的三项分指标REM_CFO、REM_PROD、REM_DISEXP进行了相应的分析，检验结果同样支持上述结论，这在一定程度上验证了本章的研究假设5-2。

表5-9　　　**不同制度环境情况下真实盈余管理的单因素分析**

A栏：政府干预与真实盈余管理								
变　量	高政府干预地区		低政府干预地区		T检验		Wilcoxon秩和检验	
	均值	中位数	均值	中位数	均值之差	T值	中位数之差	Z值
REM_PROXY	0.001	0.001	0.011	0.016	−0.010	−2.445***	−0.015	−3.220***
REM_CFO	−0.002	0.002	−0.012	−0.003	0.010	3.484***	0.005	1.653*
REM_PROD	−0.015	−0.006	0.010	−0.002	−0.025	−1.980**	−0.004	−2.854***
REM_DISEXP	−0.003	−0.012	−0.007	−0.020	0.004	2.907***	0.008	6.514***
B栏：法治水平与真实盈余管理								
变　量	低法治水平地区		高法治水平地区		T检验		Wilcoxon秩和检验	
	均值	中位数	均值	中位数	均值之差	T值	中位数之差	Z值
REM_PROXY	0.015	0.006	0.034	0.016	−0.019	−4.084***	−0.010	−6.355***
REM_CFO	−0.005	0.001	−0.006	−0.003	0.001	0.647	0.004	4.495***
REM_PROD	0.007	−0.006	−0.003	−0.002	−0.010	−0.047	−0.004	−3.798***
REM_DISEXP	−0.003	−0.014	−0.008	−0.020	0.005	3.196***	0.006	3.324***

注：***、**、*分别表示在1%、5%、10%的水平上显著。

5.4.5　制度环境对应计盈余管理影响的实证分析

表5-10为模型（5.1）的一步系统GMM估计的结果，主要检验了制度环境对应计盈余管理的影响。为了弱化两个制度环境变量之间存在的多重共线性问题，本章每次只将一个制度环境变量放入模型（5.1）进行检验。由于修正的截面Jones模型计量应计盈余管理是现阶段较为主流的方法，所以本章以修正的截面Jones模型计量应计盈余管理为被解释变量的实证结果为例，政府干预程度与应计盈余管理（AEM_CMJones）呈现显著负相关关系，显著性水平为1%，影响系数为-0.018。由于政府干预程度为反向指标，所以上述结果可以说明政府对企业干预程度越高，企业的应计盈余管理程度越高，验证了本章的研究假设5-1a；法治水平与应计盈余管理（AEM_CMJones）呈现显著负相关关系，显著性水平为1%，影响系数为-0.003。由于法治水平为正向指标，这表明在法治水平越低的地区，当地上市公司的应计盈余管理程度越高，验证了本章的研究假设5-1b。综合而言，制度环境与应计盈余管理呈显著负相关关系，完善的制度环境约束了上市公司的应计盈余管理行为，即制度环境越好的地区，当地上市公司的应计盈余管理程度越低，这说明Leuz等的论断同样适用于中国资本市场，支持了本章的研究假设5-1。

为了确保研究结果的稳健可靠，本章还分别以Healy模型、DeAngelo模型和Jones模型计量应计盈余管理代入模型（5.1）进行分析：第一，从Healy模型计量应计盈余管理为被解释变量的实证结果中可知，政府干预程度、法治水平与应计盈余管理（AEM_Healy）均在1%的水平上显著负相关，影响系数分别为-0.012和-0.004。第二，从DeAngelo模型计量应计盈余管理为被解释变量的实证结果中可知，政府干预程度与应计盈余管理（AEM_DeAngelo）在5%的水平上显著负相关，影响系数为-0.005。法治水平与应计盈余管理（AEM_DeAngelo）在1%的水平上显著负相关，影响系数为-0.004。第三，从Jones模型计量应计盈余管理为被解释变量的实证结果中可知，政府干预程度、法治水平与应计盈余管理（AEM_Jones）均在1%的水平上显著负相关，影响系数分别为-0.008和-0.004。通过比较发现这三个应计盈余管理的估计结果同样支持前文的研究结论，进一步说明本章研究结论较为可靠。

Leuz等（2003）为了检验法治水平对盈余管理的影响，提出两个竞争性假设，即“转移假说”和“惩罚假说”。目前，国内外学者有着两种截然相反的观点[①]：以Leuz等（2003）、Lang等为首的国外学者支持“转移假说”，认为盈余管

① “转移假说”（Diversion Hypothesis）认为，完备并执行良好的投资者权利会制约内部人控制权私利的攫取，较大地缓解了内部人操作会计盈余的动机。该观点认为，盈余管理与投资者保护呈负相关关系。“惩罚假说”（Penalty Hypothesis）认为，完善的投资者权利保护其实潜在地鼓励了盈余管理行为，因为当面临严重的惩罚时上市公司会事先通过盈余管理把相关违规问题隐藏起来。该观点认为，盈余管理与投资者保护呈正相关关系。

表5-10　　**制度环境对上市公司应计盈余管理影响的检验结果**

变　量	AEM_CMJones		AEM_Jones		AEM_DeAngelo		AEM_Healy	
$AEM_{i,t-1}$	0.027**	0.033***	0.339***	0.340***	0.177***	0.181***	0.483***	0.480***
	(2.205)	(2.631)	(27.421)	(25.102)	(13.304)	(13.679)	(44.008)	(43.784)
Gov_{it}	-0.018***		-0.008***		-0.005**		-0.012***	
	(-6.539)		(-3.136)		(-2.174)		(-4.874)	
Law_{it}		-0.003***		-0.004***		-0.004***		-0.004***
		(3.244)		(-2.962)		(-8.114)		(-3.411)
$Size_{it}$	0.002*	0.001	0.005***	0.005***	0.002**	0.000	-0.003***	-0.003**
	(1.663)	(0.828)	(4.231)	(3.692)	(2.268)	(0.063)	(-2.659)	(-2.333)
Lev_{it}	0.018***	0.034***	0.018***	0.008	0.040***	0.041***	0.046***	0.049***
	(2.602)	(5.211)	(2.602)	(1.106)	(7.023)	(7.281)	(7.318)	(7.913)
CFO_{it}	-0.005	-0.004	0.001	0.000	-0.008***	-0.008**	-0.010***	-0.011***
	(-1.283)	(-1.105)	(0.146)	(0.054)	(-2.676)	(-2.564)	(-3.156)	(-3.329)
Gro_{it}	-0.001***	-0.001***	-0.001***	-0.001***	0.000	0.000	-0.001***	-0.001***
	(-2.663)	(-2.969)	(-2.686)	(-2.898)	(0.305)	(0.078)	(-2.870)	(-2.634)
BDS_{it}	0.034***	0.027***	0.032***	0.024***	0.016***	0.012***	0.009**	0.012***
	(8.426)	(7.020)	(7.854)	(5.729)	(4.740)	(3.609)	(2.389)	(3.332)
IND_{it}	-0.055***	-0.077***	-0.077***	-0.105***	-0.011	-0.029***	-0.011	-0.001
	(-4.142)	(-5.958)	(-5.678)	(-7.411)	(-0.990)	(2.634)	(-0.899)	(-0.073)
BSS_{it}	-0.042***	-0.041***	-0.047***	-0.045***	-0.012***	-0.010***	-0.004	-0.005*
	(-13.914)	(-13.459)	(-15.237)	(-13.759)	(4.512)	(-3.753)	(-1.557)	(-1.808)
$H1_{it}$	-0.008	-0.003	-0.018**	-0.016**	0.021***	0.024***	0.039***	0.036***
	(-0.975)	(-0.392)	(-2.081)	(-1.773)	(2.958)	(3.337)	(5.024)	(4.662)
Constant	0.167***	0.075***	0.039	-0.023	-0.065***	-0.014	-0.040	0.023
	(5.871)	(3.027)	(1.328)	(-0.861)	(-2.802)	(0.658)	(-1.516)	(0.977)
AR（1）	0.000	0.000	0.000	0.000	0.000	0.000	0.000	0.000
AR（2）	0.887	0.919	0.399	0.435	0.776	0.793	0.399	0.127
Sargan	0.166	0.186	0.217	0.198	0.518	0.512	0.217	0.212
N	9 100	9 100	9 100	9 100	9 100	9 100	9 100	9 100

注：①***、**、*分别表示在1%、5%、10%的水平上显著，括号内的数字为T值；②一步系统GMM估计是在Stata12.0中嵌入“xtabond2”程序进行的，并加入了robust选项；③AR（1）、AR（2）用来检验GMM估计中是否存在一阶序列相关和二阶序列相关；④Sargan用来考察工具变量是否存在过度识别问题。(下同)

理程度与投资者保护程度呈负相关关系；而张玲和刘启亮（2009）则支持“惩罚假说”，认为盈余管理程度与投资者保护呈正相关关系。虽然均采用的是中国的数据，但为何本章的结论与张玲和刘启亮（2009）的研究结果不一致呢？这可能是由于研究样本的选择、模型的设定和实证技术的差异造成的，但最关键的原因在于样本时间跨区选择的不同从而导致样本所处的投资者保护成长阶段不同。

从1990年建立证券市场至今，我国投资者保护在这几十年间一直不断地发展和完善。本章在沈艺峰等（2004）的研究基础上，以5年为一周期，将我国投资者保护的发展分为4个阶段：摸索阶段（1994年7月前）、发展阶段（1994年7月至1999年7月）、规范阶段（1999年7月至2006年1月）、完善阶段（2006年1月至今）。张玲和刘启亮（2009）采用的是1999—2004年的数据，当时我国投资者法律保护处于发展规范阶段，对投资者保护的具体法律条款仍不健全，相关法律的执行效率不高。在这种情况下，法律制度更多地仅仅是一种威慑作用，上市公司为了避免公司价值下降而进行盈余管理的行为仍普遍存在。而本章选用的是2001—2013年的数据，我国的投资者法律保护已从规范阶段进入完善阶段。修订后的《中华人民共和国证券法》《中华人民共和国公司法》《上市公司信息披露管理办法》《企业内部控制基本规范》等一系列保护投资者的法律、法规、规范的颁布实施，有效地保护了投资者的合法权益，遏制了内部人攫取控制权私利的行为，也相应地缓解了内部人操作会计盈余的动机。特别是在2005年10月27日通过的修订后的《中华人民共和国证券法》和《中华人民共和国公司法》，这两部法律对提高我国法治水平、加强投资者保护起着至关重要的作用：第一，完善了上市公司的治理结构；第二，完善了相关诉讼制度、民事赔偿制度和民事责任制度；第三，加大了对资本市场上违法行为的处罚力度，提高了监管部门的权威和效率。这使得我国的资本市场法制环境在2005年后发生了翻天覆地的变化，我国整体的法治水平由2004年的4.51上升到2006年的5.7，增幅为27.52%，而各地方的法治水平也有较大的提升，其中安徽省和甘肃省的增幅分别高达70.16%和64.46%。我国在2005年前后法治水平出现的巨大变化，也可能是造成本章结论与张玲和刘启亮（2009）研究结论不一致的原因。

值得注意的是，本章的结论与张玲和刘启亮（2009）的结论并不冲突，后者发现在规范阶段投资者保护并未发挥其应有的作用，而本章则进一步补充指出在完善阶段投资者保护已经对约束企业盈余管理行为发挥着巨大的作用[①]。本章的研究结论验证了“转移假说”在我国资本市场是存在的，支持了Leuz等（2003）、Lang等的观点，也证实了目前我国投资者保护已经对约束企业盈余管理行为发挥着巨大的作用。这为我国相关决策部门进一步深入研究投资者保护政

① 由于本书选取的样本横跨了投资者保护两个阶段，出于稳健性考虑我们以2006—2013年的数据进行相应的检验，发现法治水平与盈余管理仍呈显著负相关，具体结果不再赘述。

策提供了重要的依据，有着重要的意义。

本章还分别对模型设定的合理性和工具变量的有效性进行了检验，以此来确保研究结论的可靠性：GMM估计的一致性要求差分残差的二阶序列的相关性为零，否则模型设定是有偏倚的。为此，本章对模型设定的有效性进行了检验，表5-10中残差自相关检验AR（2）的p值可以说明不能拒绝模型（5.1）的随机误差项不存在自相关的零假设，即本章设计的检验模型（5.1）是合理的，估计效果是有效的；Sargan检验的p值均大于0.1，这说明不能拒绝工具变量有效的零假设，进一步说明本章选取的工具变量不存在过度识别问题。

5.4.6 制度环境对真实盈余管理影响的实证分析

表5-11报告了制度环境对真实盈余管理影响的检验结果。以真实盈余管理总体程度（REM_PROXY）为被解释变量的回归结果为例，制度环境与真实盈余管理呈现显著正相关关系：政府干预程度与真实盈余管理总体程度（REM_PROXY）呈现显著正相关关系，显著性水平为5%，影响系数为0.084，即政府对企业干预程度越低，企业的真实盈余管理程度越高，验证了本章的研究假设5-2a；法治水平与真实盈余管理总体程度（REM_PROXY）呈现显著正相关关系，显著性水平为5%，影响系数为0.051。这表明在法治水平越高的地区，当地上市公司的真实盈余管理程度越高，支持了本章的研究假设5-2b。同时，以真实盈余管理三项分指标为被解释变量的一步系统GMM估计结果基本支持上述论断[①]：政府干预、法治水平与销售操控真实盈余管理（REM_CFO）均在1%的水平上负相关，影响系数分别为-0.025和-0.006；从回归结果可知，政府干预、法治水平与生产操控真实盈余管理（REM_PROD）呈现正相关关系，但是显著性水平较低；从回归结果可知，政府干预、法治水平与费用操控真实盈余管理（REM_DISEXP）均在1%的水平上负相关，影响系数分别为-0.020和-0.014。综合而言，完善的制度环境诱导上市公司进行真实盈余管理来达到其盈余目标，该结果证实了本章研究假设5-2。

值得注意的是，本章还发现了一个有趣的现象：在制度环境因素中，政府干预对盈余管理的影响均大于法治水平。政府干预对应计盈余管理的影响系数分别为-0.012、-0.005、-0.008和-0.018，而法治水平对应计盈余管理的影响系数则分别为-0.004、-0.004、-0.004和-0.003；政府干预对真实盈余管理的影响系数分别为0.084、-0.025、0.033和-0.020，而法治水平对真实盈余管理的影响系数则分别为0.051、-0.006、0.017和-0.014。作为治理市场失灵的占优选择，政府干预在我国特殊的经济转轨时期无处不在，政府干预能对盈余管理产生如此重要

① 根据真实盈余管理总量模型可以发现，真实盈余管理总体程度与销售操控真实盈余管理、费用操控真实盈余管理为负相关关系。

表5-11　　制度环境对上市公司真实盈余管理影响的检验结果

变　量	REM_PROXY		REM_CFO		REM_PROD		REM_DISEXP	
$REM_{i,t-1}$	0.004 (0.342)	0.005 (0.421)	0.080*** (8.166)	0.066*** (7.023)	0.010 (0.863)	0.011 (0.918)	0.607*** (57.038)	0.607*** (55.998)
Gov_{it}	0.084** (2.090)		-0.025*** (-5.879)		0.033 (0.631)		-0.020*** (-5.664)	
Law_{it}		0.051** (2.204)		-0.006*** (-2.771)		0.017 (0.671)		-0.014*** (-6.498)
$Size_{it}$	-0.009 (-0.803)	-0.008 (-0.754)	0.003** (2.509)	0.002 (1.548)	-0.004 (-0.404)	-0.004 (-0.362)	-0.001 (-0.906)	-0.001 (-0.729)
Lev_{it}	0.516*** (7.949)	0.530*** (8.340)	-0.057*** (-9.162)	-0.066*** (-11.009)	0.264*** (4.378)	0.270*** (4.741)	-0.009** (-2.264)	-0.012*** (-2.895)
CFO_{it}	-0.043 (-1.278)	-0.047 (-1.413)	0.019*** (5.834)	0.020*** (6.268)	-0.027 (-0.900)	-0.029 (-0.959)	0.001 (0.499)	0.002 (0.964)
Gro_{it}	-0.001 (-0.419)	-0.001 (-0.235)	0.002*** (5.312)	0.001*** (4.840)	-0.001 (-0.340)	-0.001 (-0.262)	-0.001*** (-2.909)	-0.001*** (-3.635)
BDS_{it}	-0.080** (-2.055)	-0.072* (-1.904)	0.010*** (2.752)	0.004 (1.210)	-0.045 (-1.225)	-0.041 (-1.201)	0.010*** (3.772)	0.009*** (3.484)
IND_{it}	-0.111 (-0.860)	-0.092 (-0.733)	0.018 (1.422)	-0.001 (-0.099)	-0.047 (-0.384)	-0.035 (-0.307)	0.036*** (4.233)	0.035*** (4.173)
BSS_{it}	-0.011 (-0.369)	-0.013 (-0.448)	0.003 (0.910)	0.004 (1.550)	-0.020 (-0.734)	-0.020 (-0.791)	-0.002 (-1.038)	-0.002 (-0.921)
$H1_{it}$	-0.212** (-2.654)	-0.230*** (-2.902)	0.010 (1.361)	0.017** (2.299)	-0.095 (-1.305)	-0.102 (-1.441)	-0.021*** (-4.106)	-0.017*** (-3.300)
Constant	-0.474 (-1.441)	-0.079 (-0.328)	0.148*** (4.414)	0.013 (0.574)	-0.151 (-0.399	0.011 (0.049)	0.158*** (5.964)	0.064*** (-4.034)
N	9100	9100	9100	9100	9100	9100	9100	9100

注：①***、**、*分别表示在1%、5%、10%的水平上显著，括号内的数字为T值；②限于篇幅，回归结果中的AR（1）、AR（2）和Sargan的检验结果并未列示。

的影响主要可以从两个方面解释：一方面，政府有能力和动机对企业的盈余管理产生影响。政府在市场资源配置中发挥着巨大的作用，可以通过行政指令、扶持政策等方式影响企业的经营。例如，政府可以通过税收优惠和财政补贴参与上市公司的盈余管理（陈晓和李静，2001），而当面临诉讼时法官也难以摆脱政府方面的干预（Glaeser等，2004），这使得政府干预企业盈余管理有恃无恐。同时，辖区内上市公司的数量通常是政府政绩的重要考核指标，为了避免上市公司被摘牌，政府有动机参与上市公司的盈余管理行为。另一方面，我国薄弱的法治环境也为政府干预对企业盈余管理产生巨大影响提供了可能。我国现阶段法治建设仍不健全，特别是对投资者保护的法律制度缺失，这就造成当法律制度遇到强大的政府行政权力时无法有效地发挥作用。

5.4.7 制度环境影响企业盈余管理策略选择的实证分析

表5-12为模型（5.3）的一步系统GMM估计结果，分析了我国上市公司盈余管理策略转变的现象。从表5-12中可以发现制度环境与两种盈余管理的差额呈显著的正相关关系。以真实盈余管理总量与修正的截面Jones模型计算应计盈余管理的差额为被解释变量的实证结果为例，政府干预程度与两种盈余管理差额（REM-AEM_CMJones）在1%的水平上显著正相关，影响系数为0.139。法治水平与两种盈余管理差额（REM-AEM_CMJones）在10%的水平上显著正相关，影响系数为0.040。由此可知，随着制度环境的不断完善，政府干预水平降低和法治水平提升，两种盈余管理的差额在不断变大，制度环境的不断完善迫使上市公司较多的使用真实盈余管理而减少使用应计盈余管理，该结论支持了本章的研究假设5-3。我们认为随着我国法律法规的不断完善，市场监管的不断健全和广大投资者识别应计盈余管理的能力的增强，应计盈余管理更容易被监管部门所察觉，有理由相信上市公司应计盈余管理的空间被进一步挤压。所有上市公司均有盈余管理的动机，出于调节盈余的目标企业被迫改变盈余管理的手段和方法，上市公司会进行更多的真实盈余管理，而减少使用应计盈余管理。此时，盈余管理策略的转变是上市公司适应所在制度环境的最优选择，进而使得我国盈余管理治理工作出现了“魔高一尺，道高一丈”的奇特现象。我国上市公司盈余管理策略的这种转变也验证了Cohen等（2008）的论断，虽然我国没有出台类似于美国《萨班斯法案》的法律法规，但是随着我国制度环境的不断改善，会出现和《萨班斯法案》影响企业盈余管理一样的经济后果。

同样，以Healy模型、DeAngelo模型和Jones模型计量应计盈余管理的回归结果依然支持上述结论：第一，从Healy模型计量应计盈余管理为被解释变量的实证结果中可知，政府干预程度、法治水平与两种盈余管理的差额（REM-AEM_Healy）均在10%的水平上显著正相关，影响系数分别为0.073和0.022。第二，从DeAngelo模型计量应计盈余管理为被解释变量的实证结果中可知，政府干预程度与两种盈余管理的差额（REM-AEM_DeAngelo）在1%的水平上显著正相关，影响系数为0.132。法治水平与两种盈余管理的差额（REM-AEM_DeAngelo）在10%的水平上显著正相关，影响系数为0.038。第三，从Jones模型计量应计盈余管理为被解释变量的实证结果中可知，政府干预程度、法治水平与两种盈余管理的差额（REM-AEM_Jones）在1%的水平上显著正相关，影响系数为0.158。而法治水平与两种盈余管理的差额（REM-AEM_Jones）则在10%的水平上显著正相关，影响系数为0.039。整体而言，采用这三种应计盈余管理方法的回归结果同样支持本章的研究假设5-3。

表5-12　　**上市公司盈余管理策略调整的检验结果**

变　量	REM-AEM_CMJones		REM-AEM_Jones		REM-AEM_DeAngelo		REM- AEM_Healy	
$REM_{i,t-1}-AEM_{i,t-1}$	0.001	0.004	0.004	0.006	0.002	−0.007	−0.005	−0.004
	(0.100)	(0.275)	(0.274)	(0.455)	(0.158)	(−0.535)	(−0.371)	(−0.285)
Gov_{it}	0.139***		0.158***		0.132***		0.073*	
	(2.902)		(3.341)		(2.911)		(1.907)	
Law_{it}		0.040*		0.039*		0.038*		0.022*
		(1.925)		(1.947)		(1.838)		(1.936)
$Size_{it}$	−0.007	−0.002	−0.012	−0.006	−0.009	−0.004	−0.003	0.000
	(−0.629)	(−0.138)	(−1.099)	(−0.550)	(−0.832)	(−0.364)	(−0.228)	(0.008)
Lev_{it}	0.450***	0.497***	0.458***	0.509***	0.467***	0.483***	0.441***	0.463***
	(6.807)	(7.829)	(6.943)	(8.036)	(7.097)	(7.622)	(6.698)	(7.308)
CFO_{it}	−0.028	−0.034	−0.032	−0.039	−0.032	−0.033	−0.023	−0.026
	(−0.822)	(−1.011)	(−0.954)	(−1.163)	(−0.951)	(−0.972)	(−0.684)	(−0.784)
Gro_{it}	−0.001	−0.000	−0.001	−0.000	−0.001	−0.001	−0.001	−0.001
	(−0.241)	(−0.016)	(−0.342)	(−0.065)	(−0.293)	(−0.268)	(−0.291)	(−0.154)
BDS_{it}	−0.128***	−0.072*	−0.138***	−0.100***	−0.126***	−0.083**	−0.092**	−0.075**
	(−3.198)	(−1.883)	(−3.460)	(−2.669)	(−3.177)	(2.212)	(−2.308)	(−2.019)
IND_{it}	−0.097	−0.099	−0.105	0.008	−0.068	−0.060	−0.100	−0.053
	(−0.733)	(−0.762)	(−0.795)	(0.067)	(−0.517)	(−0.481)	(−0.761)	(−0.423)
BSS_{it}	0.037	−0.023	0.042	0.031	0.038	−0.004	−0.005	−0.009
	(1.250)	(−0.784)	(1.435)	(1.065)	(1.310)	(−0.150)	(−0.154)	(−0.313)
$H1_{it}$	−0.199**	−0.241***	−0.187**	−0.227***	−0.194**	−0.251***	−0.259**	−0.277***
	(−2.468)	(−3.022)	(−2.317)	(−2.859)	(−2.412)	(3.161)	(−3.219)	(−3.487)
Constant	−0.999***	−0.206	−1.041***	−0.173	−0.925***	−0.138	−0.545	−0.151
	(−2.700)	(−0.855)	(−2.833)	(−0.718)	(−2.593)	(−0.571)	(−1.518)	(−0.625)
N	9 100	9 100	9 100	9 100	9 100	9 100	9 100	9 100

注：***、**、*分别表示在1%、5%、10%的水平上显著，括号内的数字为T值。

5.4.8　稳健性检验

为了考证研究结论的可靠性，本章进行了如下敏感性测试：

（1）消除样本集聚的影响

考虑到研究样本可能存在的集聚问题，为避免样本分布对研究结论产生的影响，本章主要采取以下两方面措施：一方面，克服不同省份样本间可能存在的集聚问题。制度环境较好的上海、广东、北京、江苏和浙江等地区的样本高达4 004个，而制度环境较差的西藏、宁夏、青海、贵州和甘肃等地区的样本仅为312个，这可能使得前文的研究结果有所偏差。本章删除了上市公司数量最多的上海、广东、北京、江苏和浙江等地区的观察样本，最后得到5 096个观察样本，进行重新分析后发现结论不变。另一方面，克服可能存在的样本省内集聚问题。为了消除样本在省内集聚的问题，本章对省级层面进行了Cluster处理。由于Xtabond2命令并不附带Cluster选项，本章调用附带Cluster选项的Xtdpdsys命令进行分析，实证结果与前文无实质性差异。

（2）剔除新旧会计准则变更的影响

会计准则天生是盈余管理借用的工具，会计准则的更替会对企业的盈余管理行为产生重要的影响。根据财政部的相关规定，我国上市公司于2007年开始执行新的会计准则。新会计准则完善了信息披露制度，压缩了资产减值准备操作盈余的空间，对约束上市公司的盈余管理有着重要的意义。但是，新会计准则在客观上也增加了会计选择和职业判断的运用，增大了企业通过公允价值调节利润的可能。因此，会计准则变更对上市公司盈余管理的影响不容小觑。本章为了剔除会计准则变更对研究结论的影响，分别以2001—2006年的旧会计准则数据和2007—2013年的新会计准则数据重新验证本章的研究假设，经过检验发现结果与前文结论基本一致。

（3）排除其他区域环境因素的替代性解释

本章认为盈余质量的地区差异主要是由政府干预和法治水平等正式制度因素造成的，但仍存在其他地域环境因素的替代性解释：第一，不同地区上市公司选聘会计师事务所独立性的差异。我国不同地区上市公司所选聘的会计师事务所各异，如中西部的上市公司大多选聘本地的小会计师事务所，由此造成中西部上市公司的盈余质量较低。第二，不同地区上市公司信息披露渠道的差异。按照证监会《上市公司信息披露管理办法》第四十一条的规定，上市公司可以通过业绩说明会、分析师会议、路演、接受投资者调研等形式就公司的经营情况、财务状况及其他事件与任何机构和个人进行沟通。由于中西部落后地区交通不便，而企业大多依靠在本地完成交易，这使得投资者难以获得相关信息。因此，必须排除这两种可能的替代性解释，以避免其对研究结论的误读。本章采用以下措施来排除替代性上述解释：一方面，本章在检验模型中加入了地区虚拟变量Area（如果上市公司所在地为东部地区则Area为1，否则为0），以此来控制地区差异因素的影响；另一方面，本章在模型中加入了会计师事务所虚拟变量Big4（如果上市公司所聘请的会计师事务所为国际四大会计师事务所则Big4为1，否则为0）、制度环境与会计师事务所虚拟变量的交叉项（Ins×Big4），以此来解释制度环境影响管理层进行盈余管理选择的路径。通过比较发现，稳健性检验的结论与前文一致。交叉项（Ins×Big4）的系数并不显著，这说明聘用不同类型会计师事务所并非制度环境影响企业管理层进行盈余管理选择的路径。

（4）分盈余管理方向回归

针对应计盈余管理，本章将样本分为正向应计盈余管理和负向应计盈余管理两个样本组，分别对这两组数据进行回归分析。经过比较发现，检验结果与前文一致。

（5）消除制度环境变量数据选择的影响

由于《中国市场化指数——各地区市场化相对进程2009年报告》仅提供了1997—2009年的数据，本章以2009年的制度环境数据来代替2010—2013年的数据，这样处理可能会忽视制度环境不同年度间的变化，可能对研究结果产生影响。为了避免这种不利影响，本章采用以下两种方法进行稳健性检验。方法一，剔除2010—2013年的数据，仅以2001—2009年的数据进行实证检验；方法二，以1997—2009年制度环境的平均增长幅度来推算2010—2013年的数据。通过这两种稳健性检验分析发现，研究结论与前文无实质性差异。

（6）替换制度环境变量的再检验

现阶段，我国学术界关于制度环境的相关学术研究，实证数据主要来自于樊纲等（2009）的《中国市场化指数——各地区市场化相对进程2009年报告》。该报告是我国目前最为权威的制度环境书籍，被国内学者们广泛使用。但是由于该报告现阶段提供的数据仅截至2009年，这就使得2009年之后的相关研究无法获得有效的数据支撑。为了解决上述问题，已经有部分学者围绕着制度环境变量的选取主要进行了以下两个方面的尝试：

一方面，政府干预变量：严冀等（2005）采用的是地方政府财政支出占地方GDP的比例作为政府干预的变量，该指标实际反映的是财政依存度，在GDP分配过程中地方政府所占的比重，该指标越大则表明地方政府的财力越充足，并不能完全代表政府的干预水平。张璟等（2008）采用地方财政支出占财政收入的比重来作为衡量地方政府干预的变量，他们认为该指标越大，则表明政府干预程度越高。由于政府财政支出大部分是用来保障和改善民生，例如，在三农、教育、医疗卫生、社会保障等方面，财政支出大于财政收入可以表明政府改善民生的努力程度。陈德球等（2012）则从产权保护水平、企业在旅游和娱乐上的花费、每年企业与政府互动天数和政府对司法系统的影响四个方面来衡量地方政府治理水平，但是由于该方法采用的实地调研获取数据，所以该方法暂时无法借鉴。

另一方面，法治水平变量：La Porta等（1996）的法治水平数据主要来自于《International Country Risk Guide》中的“法律与治安”，该数据提供了全球147个国家的政治风险指标，但是该数据主要是通过问卷方式得出，且报告并未提供问卷内容，所以我们无法借鉴。皮天雷（2010）则通过结案率、每万人律师数和每万人律师事务所数来度量我国的法治水平，其他各省份律师数和律师事务所数主要来自于《中国律师年鉴》，但是由于该年鉴仅出版至2011年，所以我们无法获取2012年、2013年的律师和律师事务所的数据[①]。

在借鉴现有文献的基础上，本章拟对制度环境变量做如下调整：

第一，政府干预。由于政府干预是一种隐性行为，难以获取能直接反映政府干预程度的指标，本章以行政事业性收费[②]在财政收入中的比重作为间接衡量政府干预程度的变量。不同于税收，行政事业性收费名目繁杂，甚至有部分地区对企业收入巧立名目，备受社会各界的诟病。作为政府干预经济的一种手段，行政事业性收费给企业带来一定的负担，近年来国家取消了一系列的政策法规、听证，免征部分行政事业性收费，进一步减轻了企业的负担。由此，本章以行政事业性收费在财政收入中的比重（AFR）作为衡量政府干预程度的变量，该指标为正向指标，行政事业性收费在财政收入中的比重（AFR）越大则说明该地区的政府干预程度越大。各地方2001—2013年的行政事业性收费和财务收入数据主要来自于国家统计局数据库。

第二，法治水平。由于律师和律师事务所等数据的缺失，本章只能以结案率（ROC）作为法治水平的代理变量。结案率是各级人民法院广泛用来考核审批工作效率的重要参考性指标，通过对结案率的考察可以强化法官的限审意识，防止拖延审批时间和推诿审批责任，提高法官的工作效率和审批效率，从而充分保护当事人的合法权益。但是结案率也存在一定问题，中央政法委在2015年1月份就提出要取消刑事拘留数、批捕率、起诉率、有罪判决率、结案率等不合理的考核项目。所以，本章采用结案率作为法治水平的代理变量也是个权宜之计，该指标为正向指标，结案率越高说明各地区的法治水平越高。各地区的结案率数据主要来源于各省高级人民法院工作报告，在手工收集的过程中发现2007年之前很多省高级人民法院的工作报告并未公开披露，本章收集了除安徽、河南、黑龙江、内蒙古、四川和新疆之外地区2007—2013年的结案率的数据[③]，最终样本为601家上市公司在2007—2013年持续7年的观测样本，总样本量为4 207个。

表5-13为更换新的制度环境变量之后的回归结果。表5-13中A栏为制度环境与应计盈余管理的回归结果，从中可以发现，政府干预变量AFR与应计盈余

---

① 为了获取律师和律师事务所信息。作者查阅了2013年全国律师协会发布《中国律师行业社会责任报告》，但该报告并未提供各省的相关数据。同时，作者还登录中华人民共和国司法部的官方网站寻找律师统计报告，但是该网站并未公布相关信息。最终，由于无法获取各省份的律师和律师事务所数据，作者只能放弃通过每万人律师数和每万人律师事务所数衡量法治水平的研究设想。

② 行政事业性收费最早由辽宁省物价局在1982年提出，设立的初衷是为了弥补行政和事业单位的财政拨款不足。行政事业性收费本身并无理论依据和法律基础，只是约定俗成逐步被社会所接受。直至1987年国务院在《中华人民共和国价格管理条例》中正式提出了行政性、事业性收费的概念，从此行政事业性收费才有了依据。

③ 具体而言，安徽省高级人民法院在年度工作报告中未披露2007—2010年和2012年的结案率，河南省高级人民法院未披露2007—2009年的结案率，内蒙古自治区高级人民法院未披露2007—2009年的结案率，四川省高级人民法院未披露2007—2011年的结案率，新疆维吾尔自治区高级人民法院未披露2007—2008年和2011年的结案率数据。由于本文采用的是面板数据，最终将这些数据缺失省份的企业样本均予以删除。

管理变量均在1%的水平上显著正相关，由于政府干预变量为正向指标，所以这说明政府干预程度越高时，企业的应计盈余管理程度越高。法治水平变量ROC与应计盈余管理变量均在5%的水平上显著负相关，由于法治水平变量为正向指标，所以这说明法治水平越高时，企业的应计盈余管理程度越高。

表5-13　　**更换制度环境变量后的回归结果**

A栏：制度环境与应计盈余管理								
变　量	AEM_CMJones		AEM_Jones		AEM_DeAngelo		AEM_Healy	
$AEM_{i,t-1}$	0.156*** (11.716)	0.221*** (9.413)	0.436*** (38.451)	0.382*** (18.003)	0.036*** (2.888)	-0.004 (-0.163)	0.316*** (25.897)	0.572*** (22.810)
AFR_{it}	1.245*** (8.794)		0.382*** (2.749)		1.108*** (4.956)		1.489*** (10.519)	
ROC_{it}		-0.309** (-2.466)		-0.499*** (-3.019)		-0893*** (-6.167)		-1.094*** (-6.345)
控制变量	控制	控制	控制	控制	控制	控制	控制	控制
N	9 100	4 207	9 100	4 207	9 100	4 207	9 100	4 207
B栏：制度环境与真实盈余管理								
变　量	REM_PROXY		REM_CFO		REM_PROD		REM_DISEXP	
	(65)	(66)	(67)	(68)	(69)	(70)	(71)	(72)
$REM_{i,t-1}$	0.003 (0.194)	-0.008 (-0.390)	0.056*** (5.811)	0.146*** (6.847)	0.010 (0.840)	0.007 (0.371)	0.611*** (57.494)	0.473*** (16.650)
AFR_{it}	-4.182* (1.952)		0.918*** (4.586)		-1.191 (-0.797)		0.616*** (3.606)	
ROC_{it}		5.954** (2.253)		-0.055** (-2.164)		6.037 (1.240)		1.734** (2.472)
控制变量	控制	控制	控制	控制	控制	控制	控制	控制
N	9 100	4 207	9 100	4 207	9 100	4 207	9 100	4 207
C栏：制度环境对盈余管理策略转变的影响								
变　量	REM-AEM_CMJones		REM-AEM_Jones		REM-AEM_DeAngelo		REM-AEM_Healy	
	(73)	(74)	(75)	(76)	(77)	(78)	(79)	(80)
$REM_{i,t-1}-AEM_{i,t-1}$	-0.001 (-0.083)	-0.019 (-0.914)	0.001 (0.103)	-0.010 (-0.482)	-0.002 (0.152)	-0.006 (-0.289)	-0.009 (-0.661)	-0.003 (-0.133)
AFR_{it}	-6.298*** (-3.366)		-2.414* (-1.885)		-7.104*** (-3.703)		-0.355 (-0.184)	
ROC_{it}		6.551** (2.109)		5.289* (1.809)		8.076** (2.465)		5.055* (1.785)
控制变量	控制	控制	控制	控制	控制	控制	控制	控制
N	9 100	4 207	9 100	4 207	9 100	4 207	9 100	4 207

注：①***、**、*分别表示在1%、5%、10%的水平上显著，括号内的数字为T值；②AFR为政府干预变量，ROC为法治水平变量。AFR为正向指标，而前文中的Gov为反向指标，所以这两个变量的回归系数符号相反。ROC与Law均为正向指标，所以回归系数符号相同；③限于篇幅，回归结果中的控制变量、AR（1）、AR（2）和Sargan的检验结果并未列示。

表5-13中B栏的回归结果主要是检验制度环境与真实盈余管理的关系。从中可以发现，政府干预变量AFR与真实盈余管理总体程度（REM_PROXY）在

10%的水平上显著负相关，由于政府干预变量为正向指标，所以这说明政府干预程度越低，企业的真实盈余管理程度越高。法治水平变量ROC与真实盈余管理总体程度（REM_PROXY）在5%的水平上显著正相关，由于法治水平变量为正向指标，所以这说明法治水平越低，企业的真实盈余管理程度越高。以真实盈余管理三项分指标为被解释变量的回归结果基本支持上述论断，除了生产操控真实盈余管理（REM_PROD）之外不显著，销售操控真实盈余管理（REM_CFO）和费用操控真实盈余管理（REM_DISEXP）回归结果均显著。

表5-13中C栏的回归结果为制度环境对盈余管理策略转变的影响分析。从表中可以发现，除了Healy模型计量应计盈余管理为被解释变量的回归结果不显著，其他的三种应计盈余管理计量方式下的回归结果均显著。具体而言，政府干预变量AFR与两种盈余管理差额呈现显著负相关关系，显著性水平分别为1%、10%和1%。法治水平变量ROC与两种盈余管理差额在10%的水平上呈现显著正相关关系，显著性水平分别为5%、10%和5%。整体可以说明，随着制度环境的不断完善，上市公司会进行更多的真实盈余管理，减少使用应计盈余管理。

整体而言，新制度环境变量与应计盈余管理呈负相关关系，与真实盈余管理呈正相关关系，随着制度环境的改善，企业更多采用真实盈余管理而减少使用应计盈余管理，本章的研究假设5-1、研究假设5-2和研究假设5-3都得到了验证。整体而言，采用新的制度环境变量的回归结果与前文的研究结论完全一致，这进一步说明了本章研究结论的可靠性。

5.5 基于终极控制人的异质性分析

我国正处于经济转轨时期，制度环境也在日益完善的过程中，制度环境对企业日常的管理决策发挥着越来越重要的作用。由于我国经济发展的需要，在资本市场建立初期，大量的国有企业通过改制的方式实现了上市。这些企业大部分是由中央或者地方政府控制，企业的高管均由政府指派和任命，企业的日常经营决策受到政府的直接控制，甚至在特殊时期会承担部分政策性负担。本章主要围绕着制度环境与终极控制人对盈余管理的交叉影响展开研究。中国特殊的制度背景为我们研究企业盈余管理问题提供了绝佳的机会，主要针对以下两个问题进行了回答：（1）不同终极控制人性质情况下，制度环境对上市公司盈余管理的影响是否存在差异？（2）不同政府终极控制人行政级别情况下，制度环境对上市公司盈余管理的影响是否有所不同？对上述问题的回答，不仅丰富了上市公司盈余管理的相关经验研究，而且有助于理解导致我国上市公司盈余管理行为差异的制度根源。本章的贡献在于：以终极控制人为切入点，本章研究了制度环境与终极控制人对盈余管理的交叉影响，明晰了不同终极控制人性质及行政级别情况下制度环境对盈余管理影响的差异，揭示了终极控制人对制度环境约束盈余管理的影响机理，拓展了盈余管理的研究范围，深化了制度环境与盈余管理在中国资本市场上的经验研究。

5.5.1　理论分析

从行为激励角度来看，企业股东通过与管理层签订业绩考核契约激励其增加股东财富、降低代理成本，而盈余管理则是订立薪酬契约的重要考核指标。刘凤委等（2005）指出，不同产权性质企业的盈余管理程度有着显著差异，法人控股的上市公司比国有上市公司存在更多的盈余管理，法人控股的上市公司出于业绩考核的目标进行盈余管理的动机更强。在控制盈余管理之后，刘凤委等（2005）发现，这两种类型的企业业绩并无实质性差异。国有上市公司高管均由上级组织任命，此类高管更加注重政治前途和个人声誉。何威风等（2013）研究发现，上市公司的晋升激励可以显著地影响到企业的盈余管理决策，非国有上市公司管理层出于晋升考虑而进行的盈余管理动机强过于国有上市公司。在制度环境较好的情况下，国有上市公司的管理层进行盈余管理的动机并不强烈，因为此时企业盈余管理的行为更容易被监管部门所察觉，高管会面临着严厉的惩罚，甚至会断送其政治生涯。Kato和Long（2006）发现非国有上市公司对业绩的敏感性要高过于国有上市公司。在会计年度即将结束时，由于业绩预期目标和薪酬考核要求，非国有上市公司经理人面临着较大的市场压力和考核压力，有着强烈的动机通过应计盈余管理和真实盈余管理来调整业绩，此时制度环境对非国有上市公司的约束力有所削弱。

从行为约束角度来看，国有上市公司受到的约束要多于非国有上市公司。国有上市公司的财务信息除了会到市场和政策法规的监管，还受到国资委、审计署等主管政府部门监督。同时国有上市公司体制中仍有政府机关的影子，其决策流程、规则制度等约束均比非国有上市公司严格。所以相对于非国有上市公司而言，国有上市公司进行应计盈余管理和真实盈余管理所受到制度环境的约束更强。

基于理论梳理的结果，本章认为不同终极控制人性质情况下制度环境对盈余管理的影响存在着差异，并提出研究假设如下：

研究假设5-4：相对于非国有上市公司而言，制度环境对国有上市公司应计盈余管理约束力更强。

研究假设5-5：相对于非国有上市公司而言，制度环境国有上市公司真实盈余管理约束力更强。

制度环境与上市公司的终极控制人并非完全独立的两方面。夏立军和陈信元（2006）发现当制度环境越好时，政府对上市公司的控制力越弱，上市公司更有可能由低行政级别的政府控制。低行政级别的政府往往会对其控制的上市公司价值产生负面影响（夏立军和方铁强，2005），有证据表明地方政府积极参与了上市公司的盈余管理（Chen 等，2008）。这使得在不同的行政级别政府控制情况下，制度环境对企业盈余管理的抑制效应有所不同。

第一，从企业盈余管理的动机角度来看，上市央企进行盈余管理的动机小于上市地方国企。薪酬契约动机：薪酬契约是管理者进行盈余管理的一个重要动机（陈胜蓝和卢锐，2012）。国有上市公司报酬制度和人事制度纠缠在一起，企业管理层的显性报酬远低于隐性报酬（在职消费、政治前途与声望）。央企管理层的隐性报酬又远大于地方国企，这主要是因为相对于地方国企而言，央企业规模更大，企业管理层的行政级别也更高，由此带来的隐性报酬也更大。因此，从薪酬契约角度来看，央企的高管并不会为了显性报酬而冒险进行盈余管理。债务契约动机：大量研究表明债务契约是诱发盈余管理的一个重要动因。我国政府对银行和上市公司的双重所有权造成了预算约束软化（Tian 和 Estrin，2007），国企管理层并不会因为违反债务契约条款而受到较多的刚性惩罚。在我国金融体系里中央政府控制的四大商业银行占据主导地位，中央政府在资源配置的能力和权限上远大于地方政府。因此，相对于上市地方国企而言，央企更容易获得融资支持，这也进一步弱化了上市央企进行盈余管理的动机。

第二，从企业盈余管理的成本角度来看，上市央企进行盈余管理的成本要大于上市地方国企。企业管理层在进行盈余管理决策的时候，会考虑盈余管理的成本。国有企业的高管均具有一定的行政级别，央企高管的行政级别远高于地方国企高管。正如 Shleifer 和 Vishny（1997）所说，国有企业的高管更加偏好于追求政治目标，央企高管的政治前途和职务晋升远高于地方国企高管。这也在无形中增加了央企高管进行盈余管理的成本，即在同样的制度环境下，央企进行盈余管理的边际成本高于地方国企，并且在市场化程度越高、法治水平越高的地区，企业盈余管理被发现的可能性越高，由此带来的政治风险也越大。

第三，从企业自身制度建设角度来看，上市央企治理水平要高于上市地方国企。央企大多是涉及国计民生的垄断行业，受到中央政府的严格监管。在建立现代企业制度的进程中，央企一直走在前列。这主要是因为国家希望央企能发挥模范带头作用，引领我国企业提升治理水平。这使得央企在管理制度、监管水平、人才储备和专业知识等方面均优于地方国企，而良好的企业内部治理环境有利于制度环境对盈余管理抑制作用的发挥。综合考虑盈余管理的动机、成本以及企业的制度建设，我们认为制度环境对上市央企的盈余管理约束力更强。

基于理论梳理的结果，本章认为终极控制人行政级别不同情况下制度环境对盈余管理的影响存在着差异，并提出研究假设如下：

研究假设 5-6：相对于上市地方国企而言，制度环境对上市央企应计盈余管理约束力更强。

研究假设5-7：相对于上市地方国企而言，制度环境对上市央企真实盈余管理约束力更强。

5.5.2 检验模型构建

本书通过对上市公司的股权控制链计算可以得到相应的终极控制人，当上市公司的终极控制人为政府时，终极控制人性质变量UCP为1，否则为0；为了发现央企和地方国企盈余管理与制度环境关系的差异，本章还设置了政府终极控制人行政级别变量UCG，当上市公司的终极控制人为地方政府时，UCG为1，否则为0。

（1）终极控制人性质、制度环境与盈余管理

采用动态面板数据GMM估计的一个重要前提就是滞后期因变量与自变量高度相关，本章采用单变量回归检验了t-1期的盈余管理与t期的制度环境因素的关系，结果发现影响系数均大于0.042（p值为0.000），这说明滞后期因变量与自变量高度相关。同时，考虑盈余管理一阶滞后项的影响，可以有效地降低检验模型因遗漏变量造成的设定偏差。在此基础上，为了考察终极控制人性质在制度环境与上市公司应计盈余管理关系中的作用，本章在前文检验模型的基础上加入了制度环境变量与终极控制人性质的交叉项$Ins_{it}\times UCP_{it}$，以此来检验不同性质终极控制人情况下上市公司制度环境与盈余管理关系的差异，具体模型如下：

$$\begin{aligned}AEM_{it} = {} & \alpha_0 + \alpha_1 AEM_{i,t-1} + \alpha_2 Ins_{it} + \alpha_3 Ins_{it} \times UCP_{it} + \alpha_4 UCP_{it} + \alpha_5 Size_{it} + \alpha_6 Lev_{it} + \\ & \alpha_7 CFO_{it} + \alpha_8 Gro_{it} + \alpha_9 BDS_{it} + \alpha_{10} IND_{it} + \alpha_{11} BSS_{it} + \alpha_{12} H1_{it} + \eta_i + \nu_{it}\end{aligned} \tag{5.8}$$

其中，AEM_{it}为应计盈余管理，分别包含$AEM_CMJones_{it}$、AEM_Jones_{it}、AEM_Healy_{it}和$AEM_DeAngelo_{it}$；$AEM_{i,t-1}$为应计盈余管理的一阶滞后项；Ins_{it}为制度环境变量，具体由政府干预指数Gov_{it}和法治水平指数Law_{it}构成；η_i为不可观察的个体效应，主要是为了控制公司特征异质性；ν_{it}为随机干扰项。需要说明的是，由于在计量盈余管理时部分模型采用的是分年度分行业的计量方法，其中制造业是按照二级代码进行的盈余管理计量，此时盈余管理变量已经控制了年度和行业因素，所以模型（5.8）中并未加入反映时间效应和行业效应的虚拟变量。连玉君等（2010）认为个体效应η_i在一定程度上已经控制了行业特征的影响。按照本章提出的研究假设5-4，模型中制度环境变量与终极控制人性质的交叉项$Ins_{it}\times UCP_{it}$的回归系数α_3应该均为负数，这说明制度环境对国有上市公司应计盈余管理行为的约束力大于非国有上市公司，此时本章的研究假设5-4才能得到证实。

同时，为了分析在不同终极控制人性质情况下，制度环境对真实盈余管理影响的差异，特构建以下模型：

$$REM_{it} = \beta_0 + \beta_1 REM_{i,t-1} + \beta_2 Ins_{it} + \beta_3 Ins_{it} \times UCP_{it} + \beta_4 UCP_{it} + \beta_5 Size_{it} + \beta_6 Lev_{it} + \beta_7 CFO_{it} + \beta_8 Gro_{it} + \beta_9 BDS_{it} + \beta_{10} IND_{it} + \beta_{11} BSS_{it} + \beta_{12} H1_{it} + \eta_i + \nu_{it} \quad (5.9)$$

其中，REM_{it}为真实盈余管理，具体包含REM_PROXY_{it}、REM_CFO_{it}、REM_PROD_{it}和REM_DISEXP_{it}；$REM_{i,t-1}$为真实盈余管理的一阶滞后项。按照本章提出的研究假设5-5，模型中制度环境变量与终极控制人性质的交叉项$Ins_{it}\times UCP_{it}$的回归系数β_3应该均为负数，这说明制度环境对国有上市公司真实盈余管理行为的约束力大于非国有上市公司，由此本章的研究假设5-5才能得到证实。

（2）终极控制人行政级别、制度环境与盈余管理

当上市公司的终极控制人为政府时，为了明晰不同行政级别情况下制度环境与盈余管理关系的差异，本章在前文的基础上加入了制度环境变量与政府终极控制人行政级别的交叉项$Ins_{it}\times UCG_{it}$，以此来检验终极控制人分别为中央政府和地方政府时制度环境与盈余管理关系的差异，具体模型如下：

$$AEM_{it} = \gamma_0 + \gamma_1 AEM_{i,t-1} + \gamma_2 Ins_{it} + \gamma_3 Ins_{it} \times UCG_{it} + \gamma_4 UCG_{it} + \gamma_5 Size_{it} + \gamma_6 Lev_{it} + \gamma_7 CFO_{it} + \gamma_8 Gro_{it} + \gamma_9 BDS_{it} + \gamma_{10} IND_{it} + \gamma_{11} BSS_{it} + \gamma_{12} H1_{it} + \eta_i + \nu_{it} \quad (5.10)$$

按照本章提出的研究假设5-6，模型中制度环境变量与政府终极控制人行政级别的交叉项$Ins_{it}\times UCG_{it}$的回归系数γ_3应该均为负数，这可以表明制度环境对上市央企盈余管理行为的约束力大于上市地方国企，此时本章的研究假设5-6得到证实。

另外，为了分析在终极控制人不同行政级别情况下，制度环境对真实盈余管理影响的差异，特构建以下模型：

$$REM_{it} = \chi_0 + \chi_1 REM_{i,t-1} + \chi_2 Ins_{it} + \chi_3 Ins_{it} \times UCG_{it} + \chi_4 UCG_{it} + \chi_5 Size_{it} + \chi_6 Lev_{it} + \chi_7 CFO_{it} + \chi_8 Gro_{it} + \chi_9 BDS_{it} + \chi_{10} IND_{it} + \chi_{11} BSS_{it} + \chi_{12} H1_{it} + \eta_i + \nu_{it} \quad (5.11)$$

按照本章提出的研究假设5-7，模型中制度环境变量与政府终极控制人行政级别的交叉项$Ins_{it}\times UCG_{it}$的回归系数χ_3应该均为负数，这可以表明制度环境对上市央企真实盈余管理行为的约束力大于对上市地方国企，此时本章的研究假设5-7得到证实。值得说明的是，本章采用的检验方法与前文一致，均为一步系统广义矩估计。

5.5.3 基于终极控制人性质的异质性分析

表5-14列示了模型（5.8）的一步系统GMM估计结果，检验了不同终极控制人性质情况下制度环境对应计盈余管理影响的差异。以截面的修正Jones模型计量应计盈余管理AEM_CMJones的估计结果为例，政府干预指数和终极控制人性质的交叉项与应计盈余管理均在1%的水平上显著负相关。当上市公司的终极控制人是非政府机构时，政府干预程度对企业应计盈余管理的影响系数为-0.054；而当上市公司的终极控制人为政府时，政府干预程度对企业应计盈余管理的影响系数

为-0.105（-0.054-0.051）。法治水平指数和终极控制人性质的交叉项与应计盈余管理均在5%的水平上显著负相关。当上市公司的终极控制人是非政府机构时，法治水平对企业应计盈余管理的影响系数为-0.022；而当上市公司的终极控制人为政府时，法治水平对企业应计盈余管理的影响系数为-0.05（-0.022-0.028）。由此可知，相对于非国有上市公司而言，制度环境对国有上市公司应计盈余管理行为约束力更强，即终极控制人的政府特性强化了制度环境对企业应计盈余管理的治理作用，支持了本章的研究假设5-4。同时，从采用Healy模型、DeAngelo模型和Jones模型计量应计盈余管理程度的分析结果中发现，制度环境因素和终极控制人性质的交叉项（Ins_{it}×UCP_{it}）与应计盈余管理均显著负相关，这说明制度环境对国有上市公司应计盈余管理行为的约束力强于非国有上市公司，与上述结论并无实质性差异。本章发现不同终极控制人性质情况下制度环境对应计盈余管理的影响存在差异，相对于非国有上市公司司而言，制度环境对国有上市公司应计盈余管理约束力更强，研究假设5-4得以证实。

本章以应计盈余管理变量的一阶滞后项为工具变量，主要基于以下两方面考虑：一方面，该工具变量与内生变量之间具有相关性。从相关性角度来看，应计盈余管理变量与一阶滞后项高度相关，通过单变量回归检验发现两者之间的相关系数高达0.612，满足相关性的要求。另一方面，该工具变量与残差项具有无关性。从外生性的角度来看，通过检验发现应计盈余管理变量的一阶滞后项与当期的残差项不存在相关性，满足外生性的要求。所以，以盈余管理的一阶滞后项为工具变量较为科学合理。本章分别对模型设定的合理性和工具变量的有效性进行了检验，以此来确保研究结论的可靠性：GMM估计的一致性要求差分残差的二阶序列的相关性为零，否则模型设定是有偏倚的。

表5-15列示了模型（5.9）的一步系统GMM估计结果，主要检验了不同终极控制人性质情况下制度环境对真实盈余管理影响的差异。以真实盈余管理总体程度（REM_PROXY）为被解释变量的回归结果为例，政府干预指数和终极控制人性质的交叉项与应计盈余管理均在5%的水平上显著负相关。当上市公司的终极控制人是非政府机构时，政府干预程度对企业真实盈余管理的影响系数为0.327；而当上市公司的终极控制人为政府时，政府干预程度对企业真实盈余管理的影响系数为0.573（0.327+0.246）。法治水平指数和终极控制人性质的交叉项与应计盈余管理均在5%的水平上显著正相关；当上市公司的终极控制人是非政府机构时，法治水平对企业真实盈余管理的影响系数为0.012。而当上市公司的终极控制人为政府时，法治水平对企业真实盈余管理的影响系数为0.021（0.012+0.009）。由此可知，相对于非国有上市公司而言，制度环境对国有上市公司真实盈余管理的约束力更大，支持本章的研究假设5-5。同时，采用真实盈余管理三项分指标为被解释变量的一步系统GMM估计结果也基本支持上述论

表5-14　　终极控制人性质和制度环境对应计盈余管理影响的实证结果

变　量	AEM_CMJones		AEM_Jones		AEM_DeAngelo		AEM_Healy	
$AEM_{i,t-1}$	0.034**	0.049***	0.343***	0.377***	0.170***	0.174***	0.481***	0.479***
	(2.258)	(3.185)	(24.229)	(15.793)	(11.812)	(12.002)	(42.128)	(41.928)
Ins_{it}	−0.054***	−0.022**	−0.044***	−0.079***	−0.004***	−0.005***	−0.027*	−0.006***
	(−3.040)	(−2.212)	(−2.734)	(−5.151)	(−2.613)	(−7.832)	(−1.860)	(−2.754)
Ins_{it}×UCP_{it}	−0.051**	−0.028**	−0.048**	−0.120***	−0.012**	−0.005***	−0.022**	−0.004**
	(−2.052)	(−1.974)	(−2.195)	(−5.575)	(−2.445)	(−2.655)	(−2.087)	(−2.303)
UCP_{it}	−0.553**	−0.263***	−0.495**	−0.814***	−0.171***	−0.052**	0.146	−0.039
	(−2.483)	(−2.838)	(−2.504)	(−5.714)	(−2.579)	(−2.138)	(0.798)	(−0.470)
$Size_{it}$	0.002	0.001	0.005***	0.004*	0.002**	−0.000	−0.003**	−0.002**
	(1.628)	(0.790)	(4.040)	(1.738)	(2.114)	(−0.060)	(−2.450)	(−2.082)
Lev_{it}	0.035***	0.031***	0.014*	0.009	0.037***	0.040***	0.046***	0.047***
	(4.386)	(4.009)	(1.862)	(0.736)	(6.019)	(6.433)	(6.953)	(7.278)
CFO_{it}	−0.005	−0.005	0.000	−0.002	−0.008**	−0.008**	−0.010***	−0.011***
	(−1.179)	(−1.095)	(0.022)	(−0.260)	(−2.525)	(−2.301)	(−3.039)	(−3.189)
Gro_{it}	−0.000	−0.001	−0.001	−0.000	0.000	0.000	−0.001**	−0.001*
	(−1.106)	(−1.538)	(−1.625)	(−0.593)	(1.034)	(0.756)	(−2.353)	(−1.873)
BDS_{it}	0.035***	0.030***	0.034***	0.033***	0.016***	0.013***	0.010**	0.012***
	(7.449)	(6.460)	(7.350)	(4.439)	(4.464)	(3.637)	(2.455)	(3.219)
IND_{it}	−0.064***	−0.084***	−0.084***	−0.109***	−0.018	−0.033***	−0.013	−0.006
	(−4.024)	(−5.469)	(−5.475)	(−4.400)	(−1.509)	(−2.676)	(−0.993)	(−0.439)
BSS_{it}	−0.044***	−0.043***	−0.049***	−0.050***	−0.013***	−0.011***	−0.005*	−0.006**
	(−12.183)	(−11.969)	(−13.976)	(−8.643)	(−4.471)	(−3.774)	(−1.716)	(−2.003)
$H1_{it}$	−0.005	−0.002	−0.016*	−0.016	0.023***	0.026***	−0.040***	−0.038***
	(−0.541)	(−0.197)	(−1.683)	(1.006)	(2.998)	(3.398)	(−4.944)	(−4.638)
Constant	0.562***	0.257***	0.396***	0.552***	0.052	0.035	−0.143	−0.050
	(3.466)	(3.655)	(2.724)	(5.094)	(0.978)	(1.223)	(−1.064)	(−0.809)
N	9 100	9 100	9 100	9 100	9 100	9 100	9 100	9 100

注：①***、**、*分别表示在1%、5%、10%的水平上显著，括号内的数字为T值。

断：政府干预指数和终极控制人性质的交叉项与销售操控真实盈余管理（REM_CFO）在10%的水平上显著正相关，法治水平指数和终极控制人性质的交叉项与销售操控真实盈余管理（REM_CFO）呈正相关关系，但未能通过显著性检验；政府干预指数和终极控制人性质的交叉项与费用操控真实盈余管理（REM_DISEXP）在10%的水平上显著正相关，法治水平指数和终极控制人性质的交叉项与费用操控真实盈余管理（REM_DISEXP）在1%的水平上显著正相关。由于销售操控真实盈余管理（REM_CFO）、费用操控真实盈余管理（REM_DISEXP）与真实盈余管理总体程度（REM_PROXY）存在负相关关系，因此上述结论同样可以支持本章的研究假设5-5。

表5-15　　**终极控制人性质和制度环境对真实盈余管理影响的实证结果**

变　量	REM_PROXY		REM_CFO		REM_PROD		REM_DISEXP	
$REM_{i,t-1}$	0.006	0.007	0.085***	0.068***	0.011	0.009	0.606***	0.609***
	(0.435)	(0.548)	(7.722)	(6.803)	(0.901)	(0.740)	(50.352)	(41.472)
Ins_{it}	0.327***	0.012**	-0.057***	-0.013*	0.048	0.128	-0.006	-0.020***
	(2.771)	(2.135)	(-3.437)	(-1.778)	(0.291)	(1.516)	(-0.546)	(-2.734)
Ins_{it}×UCP_{it}	0.246**	0.009***	-0.040*	-0.007	0.028	0.165	-0.021*	-0.044***
	(2.245)	(2.651)	(-1.848)	(-0.653)	(0.130)	(1.409)	(-1.733)	(-5.098)
UCP_{it}	-5.095**	-0.716	0.420**	-0.098	0.124	0.845	0.123	0.205***
	(-2.354)	(-0.960)	(2.152)	(-1.435)	(0.065)	(1.184)	(1.116)	(3.634)
$Size_{it}$	-0.007	-0.007	0.003**	0.002*	-0.004	-0.003	-0.001	-0.001
	(-0.556)	(-0.659)	(2.531)	(1.731)	(-0.354)	(-0.256)	(-0.609)	(-0.597)
Lev_{it}	0.498***	0.524***	-0.059***	-0.067***	0.263***	0.269***	-0.011**	-0.015***
	(7.008)	(8.101)	(-8.469)	(-10.586)	(4.322)	(4.586)	(-2.250)	(-2.680)
CFO_{it}	-0.047	-0.049	0.018***	0.020***	-0.027	-0.025	0.001	0.003
	(-1.295)	(-1.439)	(5.120)	(5.906)	(-0.900)	(-0.817)	(0.489)	(0.978)
Gro_{it}	0.001	0.000	0.002***	0.002***	-0.001	-0.001	-0.000*	-0.000**
	(0.236)	(0.074)	(5.509)	(5.086)	(-0.208)	(-0.283)	(-1.822)	(-2.426)
BDS_{it}	-0.068	-0.061	0.012***	0.006	-0.042	-0.047	0.011***	0.005
	(-1.594)	(-1.543)	(2.925)	(1.633)	(-1.129)	(-1.324)	(3.596)	(1.505)
IND_{it}	-0.131	-0.094	0.015	-0.002	-0.049	-0.047	0.033***	0.023**
	(-0.924)	(-0.729)	(1.078)	(-0.126)	(-0.399)	(-0.400)	(3.433)	(1.975)
BSS_{it}	-0.019	-0.019	0.001	0.003	-0.021	-0.020	-0.003	-0.001
	(-0.608)	(-0.645)	(0.315)	(1.004)	(-0.809)	(-0.737)	(-1.327)	(-0.448)
$H1_{it}$	-0.208**	-0.230***	0.011	0.018**	-0.094	-0.092	-0.020***	-0.013*
	(-2.386)	(-2.849)	(1.310)	(2.256)	(-1.293)	(-1.267)	(-3.491)	(-1.904)
Constant	3.293**	0.437	0.470***	0.086	0.211	-0.559	0.071	-0.085*
	(2.025)	(0.751)	(3.173)	(1.558)	(-0.146)	(-1.034)	(0.799)	(-1.851)
N	9 100	9 100	9 100	9 100	9 100	9 100	9 100	9 100

注：***、**、*分别表示在1%、5%、10%的水平上显著，括号内的数字为T值；

5.5.4　基于终极控制人行政级别的异质性分析

表5-16给出了模型（5.10）的一步系统GMM估计结果，主要分析了不同政府终极控制人行政级别情况下制度环境对应计盈余管理影响的差异。以截面的修正Jones模型计量应计盈余管理的估计结果为例，制度环境变量（政府干预指数和法治水平指数）和政府终极控制人行政级别的交叉项（Ins_{it}×UCG_{it}）与应计盈余管理分别在5%和10%的水平上显著负相关。上市公司的终极控制人为地方政

府时，政府干预指数和法治水平指数对企业应计盈余管理的影响系数分别为-0.030和-0.013。而当上市公司的终极控制人为中央政府时，政府干预指数和法治水平指数对企业应计盈余管理的影响系数分别为-0.078（-0.030-0.048）和-0.038（-0.013-0.025）。由此可知，相对于上市地方国企而言，制度环境对上市央企应计盈余管理行为约束力更强，验证了本章的研究假设5-6。同时，从表5-16中采用Healy模型和Jones模型计量应计盈余管理程度的回归结果可以发现，制度环境变量和政府终极控制人行政级别的交叉项（$Ins_{it}×UCG_{it}$）与应计盈余管理均显著负相关；但是采用DeAngelo模型计量应计盈余管理程度时，回归结果中的制度环境变量和政府终极控制人行政级别的交叉项（$Ins_{it}×UCG_{it}$）与应计盈余管理虽然呈现负相关关系，但是并未通过显著性检验。整体而言，本章发现不同政府终极控制人行政级别情况下，制度环境对应计盈余管理的影响存在差异，即相对于上市地方国企而言，制度环境对上市央企应计盈余管理约束力更强，该结论支持了本章的研究假设5-6。

表5-16 **政府终极控制人行政级别和制度环境对应计盈余管理影响的实证结果**

变 量	AEM_CMJones		AEM_Jones		AEM_DeAngelo		AEM_Healy	
$AEM_{i,t-1}$	-0.004	-0.012	0.387***	0.419***	0.003	0.006	0.450***	0.430***
	(-0.203)	(-0.551)	(14.203)	(15.365)	(0.126)	(0.232)	(17.150)	(14.087)
Ins_{it}	-0.030***	-0.013**	-0.027**	-0.001	-0.004	-0.000	-0.014**	-0.010*
	(-3.142)	(-2.465)	(-2.072)	(-0.184)	(-1.052)	(-0.258)	(-2.660)	(-1.829)
$Ins_{it}×UCG_{it}$	-0.048**	-0.025*	-0.119**	-0.062***	-0.004	-0.005	-0.027**	-0.047***
	(-2.216)	(-1.788)	(-4.081)	(-3.470)	(-0.841)	(-1.147)	(-2.424)	(-3.228)
UCG_{it}	-0.448**	-0.186*	-1.105***	-0.451***	-0.035	-0.029	-0.263**	-0.320***
	(-2.298)	(-1.944)	(-4.213)	(-3.681)	(-0.758)	(-0.872)	(-2.565)	(-3.341)
$Size_{it}$	-0.000	-0.002	0.002	-0.003	-0.001	-0.000	-0.004**	-0.002
	(-0.249)	(-1.221)	(0.605)	(1.339)	(-0.805)	(-0.263)	(-2.254)	(-1.031)
Lev_{it}	0.035***	0.032***	-0.006	-0.003	0.046***	0.044***	0.056***	0.062***
	(3.611)	(3.467)	(-0.434)	(-0.271)	(6.142)	(6.046)	(5.596)	(6.077)
CFO_{it}	-0.006	-0.007	-0.004	-0.009	-0.006*	-0.007**	-0.007*	-0.003
	(-1.382)	(-1.610)	(-0.707)	(-1.551)	(-1.845)	(-1.986)	(-1.725)	(-0.589)
Gro_{it}	-0.000	-0.001	-0.000	-0.001	-0.001**	-0.001*	-0.001	-0.001
	(-0.773)	(-1.141)	(-0.605)	(-0.858)	(-1.969)	(-1.909)	(-1.514)	(-1.289)
BDS_{it}	0.020***	0.017***	0.005	0.005	0.015***	0.013***	0.019***	0.024***
	(3.248)	(3.108)	(0.564)	(0.619)	(3.348)	(2.731)	(3.306)	(4.023)
IND_{it}	-0.058***	-0.071***	-0.119***	-0.145***	-0.018	-0.027*	-0.011	-0.012
	(-2.870)	(-3.738)	(-4.326)	(-5.661)	(-1.154)	(-1.695)	(-0.559)	(-0.564)
BSS_{it}	-0.028***	-0.029***	-0.025***	-0.025***	-0.012***	-0.011***	-0.013***	-0.018***
	(-6.196)	(-6.301)	(-4.405)	(-4.088)	(-3.508)	(-3.078)	(-3.140)	(-3.641)
$H1_{it}$	-0.023*	-0.014	-0.040**	-0.029*	0.000	0.001	0.046***	0.046***
	(-1.801)	(-1.154)	(-2.292)	(-1.801)	(0.047)	(0.156)	(3.891)	(3.539)
Constant	0.355***	0.223***	0.358***	0.243***	0.043	0.025	-0.059	-0.061
	(4.483)	(4.080)	(3.333)	(3.388)	(1.046)	(0.750)	(-0.864)	(-1.088)
N	6 539	6 539	6 539	6 539	6 539	6 539	6 539	6 539

注：***、**、*分别表示在1%、5%、10%的水平上显著，括号内的数字为T值。

表5-17给出了模型（5.11）的一步系统GMM估计结果，主要分析了不同政府终极控制人行政级别情况下制度环境对真实盈余管理影响的差异。从表5-17中可以发现，真实盈余管理总体程度（REM_PROXY）的回归结果中，制度环境变量（政府干预指数和法治水平指数）和政府终极控制人行政级别的交叉项（$Ins_{it}\times UCG_{it}$）的估计结果均不显著，T值仅为0.550和0.741，这并不能证实本章的研究假设5-7；同理可以发现，销售操控真实盈余管理（REM_CFO）、生产操控真实盈余管理（REM_PROD）的回归结果中，制度环境变量（政府干预指数和法治水平指数）和政府终极控制人行政级别的交叉项（$Ins_{it}\times UCG_{it}$）的估计结果也均不显著。仅有费用操控真实盈余管理（REM_DISEXP）的回归结果中，制度环境变量（政府干预指数和法治水平指数）和政府终极控制人行政级别的交叉项（$Ins_{it}\times UCG_{it}$）的估计结果在1%的水平上显著为负。整体而言，虽然有一项制度环境变量和政府终极控制人行政级别的交叉项回归结果显著，但是由于其他三项真实盈余管理的指标回归结果均为不显著，综合而言，制度环境对不同行政级别政府控制的上市公司的真实盈余管理的影响并不存在差异，本章的研究假设5-7未能得到证实。

表5-17　**政府终极控制人行政级别和制度环境对真实盈余管理影响的实证结果**

变　量	REM_PROXY		REM_CFO		REM_PROD		REM_DISEXP	
$REM_{i,t-1}$	−0.021 (−1.105)	−0.021 (−1.082)	0.014 (0.796)	0.016 (0.969)	0.002 (0.101)	0.001 (0.025)	0.689*** (22.891)	0.687*** (24.617)
Ins_{it}	0.083*** (2.665)	0.009** (2.118)	−0.001** (−2.118)	−0.002** (−2.277)	−0.099 (−0.573)	−0.048 (−0.718)	−0.036*** (−4.288)	−0.003* (−1.719)
$Ins_{it}\times UCG_{it}$	0.123 (0.550)	0.092 (0.741)	0.022 (1.410)	0.013 (1.300)	0.219 (1.013)	0.172 (1.491)	−0.049**** (−4.523)	−0.019**** (−2.947)
UCG_{it}	−0.892 (−0.445)	−0.357 (−0.426)	−0.190 (−1.347)	−0.070 (−1.126)	−1.702 (−0.867)	−0.810 (−1.039)	−0.387*** (−4.079)	0.065 (1.625)
$Size_{it}$	−0.006 (−0.299)	−0.016 (−0.775)	0.003* (1.749)	0.002 (1.508)	−0.007 (−0.345)	−0.016 (−0.781)	−0.005*** (−3.755)	−0.002* (−1.807)
Lev_{it}	0.437*** (3.408)	0.399*** (3.560)	−0.084*** (−8.489)	−0.081*** (−9.627)	0.259*** (1.839)	0.246** (2.240)	−0.020*** (−2.820)	−0.010* (−1.817)
CFO_{it}	−0.049 (−1.000)	−0.058 (−1.164)	0.014*** (3.748)	0.013*** (3.380)	−0.038 (−0.798)	−0.051 (−1.028)	0.002 (0.559)	0.003 (1.204)
Gro_{it}	−0.001 (−0.223)	−0.002 (−0.312)	0.001** (2.319)	0.001** (2.351)	−0.001 (−0.234)	−0.002 (−0.327)	−0.001** (−2.496)	−0.001** (−1.996)
BDS_{it}	−0.016 (−0.191)	−0.044 (−0.649)	0.004 (0.639)	0.006 (1.180)	−0.005 (−0.050)	−0.014 (−0.216)	−0.003 (−0.692)	0.004 (1.121)
IND_{it}	0.013 (0.050)	−0.116 (−0.480)	−0.018 (−0.919)	−0.016 (−0.870)	−0.018 (−0.060)	−0.079 (−0.334)	−0.020 (−1.322)	−0.010 (−0.859)
BSS_{it}	−0.024 (−0.442)	−0.011 (−0.216)	0.005 (1.345)	0.005 (1.255)	−0.018 (−0.336)	−0.011 (−0.203)	−0.002 (−0.594)	−0.003 (−1.123)
$H1_{it}$	−0.295** (3.891)	−0.267* (1.931)	0.006 (0.587)	0.008 (0.741)	−0.279* (1.871)	−0.246* (1.808)	0.006 (0.607)	−0.008 (1.167)
Constant	0.706 (0.767)	0.261 (0.453)	−0.021 (−0.285)	−0.019 (−0.468)	0.912 (0.763)	0.556 (1.026)	−0.173*** (−3.003)	0.031 (1.059)
N	6 539	6 539	6 539	6 539	6 539	6 539	6 539	6 539

注：①***、**、*分别表示在1%、5%、10%的水平上显著，括号内的数字为T值；

5.5.5 替换制度环境变量的实证分析

沿袭前文的研究设计，本章分别采用行政事业性收费在财政收入中的比重（AFR）和结案率（ROC）作为政府干预和法治水平的代理变量，具体回归结果见表5-18。

表5-18　　　　**更换制度环境变量后的回归结果**

A栏：模型（5.8）的再检验								
变　量	AEM_CMJones		AEM_Jones		AEM_DeAngelo		AEM_Healy	
Ins_{it}	2.748^{***}	-2.813^{**}	0.552	-2.068^{*}	0.066	-3.146^{**}	0.129	-2.334^{*}
	(6.088)	(−2.549)	(1.186)	(−1.704)	(0.092)	(−2.286)	(0.187)	(−1.785)
Ins_{it}×UCP_{it}	1.901^{***}	-4.254^{*}	0.314^{**}	−2.099	1.432^{*}	-3.047^{*}	1.939^{**}	−1.997
	(3.403)	(−1.729)	(2.541)	(−1.319)	(1.668)	(−1.689)	(2.057)	(−1.041)
UCP_{it}	-0.202^{**}	-4.364^{*}	-1.067^{**}	−1.998	−0.012	−2.789	−0.029	−1.730
	(5.123)	(−1.830)	(2.469)	(−1.287)	(−0.200)	(−1.593)	(−0.469)	(−0.930)
B栏：模型（5.9）的再检验								
变　量	REM_PROXY		REM_CFO		REM_PROD		REM_DISEXP	
Ins_{it}	−2.014	5.307^{**}	2.285^{***}	-3.252^{**}	−1.918	3.356	0.488	-4.660^{**}
	(−0.332)	(2.494)	(4.330)	(−2.251)	(−0.402)	(0.289)	(1.283)	(−2.531)
Ins_{it}×UCP_{it}	-2.525^{**}	0.846^{*}	1.809^{***}	-3.723^{**}	−3.992	3.564	0.192	-3.108^{**}
	(−2.356)	(1.872)	(2.709)	(−2.343)	(−0.644)	(0.264)	(0.450)	(−2.547)
UCP_{it}	−0.135	−0.391	0.058	-3.557^{**}	0.126	3.226	-0.070^{*}	-2.627^{**}
	(−0.027)	(−0.035)	(1.293)	(−2.343)	(0.305)	(0.249)	(−1.943)	(−2.282)
C栏：模型（5.10）的再检验								
变　量	AEM_CMJones		AEM_Jones		AEM_DeAngelo		AEM_Healy	
Ins_{it}	-1.341^{***}	-0.393^{**}	0.311	-1.018^{**}	0.378	−0.685	−0.454	0.814^{*}
	(−3.087)	(−2.549)	(0.866)	(−1.997)	(1.009)	(−1.135)	(−1.342)	(1.803)
Ins_{it}×UCG_{it}	-1.835^{**}	6.892^{**}	−0.765	5.154^{***}	−0.369	6.855^{***}	0.200	-2.258^{*}
	(−2.316)	(2.522)	(−1.188)	(3.316)	(−0.556)	(3.390)	(0.354)	(−1.789)
UCG_{it}	0.048	-6.777^{**}	0.109^{**}	-4.981^{***}	0.002	-6.659^{***}	−0.009	2.088^{*}
	(0.906)	(−2.527)	(2.275)	(−3.364)	(0.045)	(−3.360)	(−0.234)	(1.694)
D栏：模型（5.11）的再检验								
变　量	REM_PROXY		REM_CFO		REM_PROD		REM_DISEXP	
Ins_{it}	−1.378	8.951	0.146	0.466	4.177	4.181	-0.864^{***}	2.503^{*}
	(−0.248)	(0.814)	(0.333)	(0.595)	(0.690)	(0.349)	(−2.943)	(1.857)
Ins_{it}×UCG_{it}	−2.067	−2.964	0.263	0.840	−3.971	13.882	0.633^{*}	−2.062
	(−0.307)	(−0.148)	(0.513)	(0.840)	(−0.565)	(0.643)	(1.871)	(−1.059)
UCG_{it}	0.313	2.972	−0.008	−0.772	0.519	−13.937	-0.069^{***}	1.797
	(0.665)	(0.151)	(−0.231)	(−0.805)	(1.056)	(−0.654)	(−2.872)	(0.952)

注：①***、**、*分别表示在1%、5%、10%的水平上显著，括号内的数字为T值；②限于篇幅，回归结果中的控制变量、AR（1）、AR（2）和Sargan的检验结果并未列示。

表5-18中的A栏主要汇报了制度环境和终极控制人性质对盈余管理的影

响，以截面的修正Jones模型计量应计盈余管理AEM_CMJones的估计结果为例，新的政府干预变量（AFR）和终极控制人性质的交叉项与应计盈余管理均在1%的水平上显著正相关。由于政府干预变量为正向指标，所以政府干预对国有上市公司盈余管理的影响大于非国有上市公司。新的法治水平变量（ROC）和终极控制人性质的交叉项与应计盈余管理均在10%的水平上显著负相关。由此可知，法治水平对政府控制上市公司盈余管理的约束力大于非国有上市公司。同时，以Healy模型、DeAngelo模型和Jones模型计量应计盈余管理程度的回归结果也基本得到了相同的论断。综合而言，替换制度环境变量之后的回归结果与前文一致。

在B栏中以真实盈余管理总体程度（REM_PROXY）为被解释变量的回归结果为例，政府干预变量和终极控制人性质的交叉项与应计盈余管理均在5%的水平上显著负相关；法治水平指数和终极控制人性质的交叉项与应计盈余管理均在10%的水平上显著正相关。这可以说明，制度环境对国有上市公司真实盈余管理的约束力大于非国有上市公司。替换制度环境变量之后的回归结果与前文一致。

在C栏中以截面的修正Jones模型计量应计盈余管理的估计结果为例，政府干预变量和政府终极控制人行政级别的交叉项与应计盈余管理在5%的水平上显著负相关。法治水平变量和政府终极控制人行政级别的交叉项与应计盈余管理在5%的水平上显著正相关。这可以说明，制度环境对央企应计盈余管理行为约束力强于地方国企。替换制度环境变量之后的回归结果与前文一致。

在D栏的回归结果中，制度环境变量（政府干预变量和法治水平变量）和政府终极控制人行政级别的交叉项（$Ins_{it}\times UCG_{it}$）的估计结果大部分不显著，这与前文的回归结果基本一致。

整体而言，本章分别采用行政事业性收费在财政收入中的比重和结案率（ROC）作为政府干预和法治水平的代理变量，重新对本章的检验模型进行了实证回归，结果与前文结论一致，这也进一步说明本章结论的可靠性。

5.6　制度环境对盈余管理经济后果的调节效应研究

现阶段，学术界主要是将盈余管理作为被解释变量进行研究，探讨了盈余管理的影响因素，取得了大量的研究成果。但是纵观现有文献，学者们关于盈余管理行为的经济后果研究仍较少，更鲜有文献能挖掘不同制度环境对盈余管理经济后果的调节效用。在我国这样特殊的新兴加转轨的制度背景下，上市公司采用不同的盈余管理方式可能会带来怎样的经济后果？制度环境能否对盈余管理的经济后果产生影响？这些问题仍有待后续学者深入探讨。本章分别从产品市场和资本市场两个维度出发，考察了应计盈余管理和真实盈余管理的经济后果，并尝试讨论了制度环境对盈余管理经济后果的影响。

5.6.1 检验模型设计

（1）基于公司业绩的经济后果检验模型

为了检验应计盈余管理的经济后果和制度环境对应计盈余管理经济后果的影响，本章构建了制度环境对应计盈余管理经济后果的调节效用模型，具体如下：

$$ROA_{i,t+1} = \alpha_0 + \alpha_1 AEM_{it} + \alpha_2 AEM_{it} \times Ins_{it} + \alpha_3 Ins_{it} + \alpha_4 Size_{it} + \alpha_5 Lev_{it} + \alpha_6 CFO_{it} + \alpha_7 Gro_{it} + \alpha_8 BDS_{it} + \alpha_9 IND_{it} + \alpha_{10} BSS_{it} + \alpha_{11} H1_{it} + \varepsilon \quad (5.12)$$

其中，$ROA_{i,\ t+1}$为未来t+1期的公司业绩的代理变量；AEM_{it}为应计盈余管理，分别包含AEM_Healy_{it}、$AEM\_DeAngelo_{it}$、AEM_Jones_{it}和$AEM_CMJones_{it}$；Ins_{it}为制度环境变量，具体由政府干预指数Gov_{it}和法治水平指数Law_{it}构成。其中公司业绩主要反映的是产品市场的经济后果，本章采用资产收益率作为公司业绩的指标，该指标为利润总额与平均总资产的比值，代表文献如王福胜等（2014）、郑国坚等（2014）、罗进辉（2014）。

同时，为了分析真实盈余管理的经济后果和制度环境对真实盈余管理经济后果的影响，本章特构建制度环境对真实盈余管理经济后果的调节效用模型，具体如下：

$$ROA_{i,t+1} = \beta_0 + \beta_1 REM_{it} + \beta_2 REM_{it} \times Ins_{it} + \beta_3 Ins_{it} + \beta_4 Size_{it} + \beta_5 Lev_{it} + \beta_6 CFO_{it} + \beta_7 Gro_{it} + \beta_8 BDS_{it} + \beta_9 IND_{it} + \beta_{10} BSS_{it} + \beta_{11} H1_{it} + \varepsilon \quad (5.13)$$

其中，REM_{it}为真实盈余管理，具体包含REM_PROXY_{it}、REM_CFO_{it}、REM_PROD_{it}和REM_DISEXP_{it}。

（2）基于公司价值的经济后果检验模型

在前文模型设计的基础上，此处以公司价值作为经济后果的代理变量，分别构建了制度环境对应计盈余管理和真实盈余管理经济后果的调节效用模型，具体如下：

$$TBQ_{i,t+1} = \gamma_0 + \gamma_1 AEM_{it} + \gamma_2 AEM_{it} \times Ins_{it} + \gamma_3 Ins_{it} + \gamma_4 Size_{it} + \gamma_5 Lev_{it} + \gamma_6 CFO_{it} + \gamma_7 Gro_{it} + \gamma_8 BDS_{it} + \gamma_9 IND_{it} + \gamma_{10} BSS_{it} + \gamma_{11} H1_{it} + \varepsilon \quad (5.14)$$

$$TBQ_{i,t+1} = \chi_0 + \chi_1 REM_{it} + \chi_2 REM_{it} \times Ins_{it} + \chi_3 Ins_{it} + \chi_4 Size_{it} + \chi_5 Lev_{it} + \chi_6 CFO_{it} + \chi_7 Gro_{it} + \chi_8 BDS_{it} + \chi_9 IND_{it} + \chi_{10} BSS_{it} + \chi_{11} H1_{it} + \varepsilon \quad (5.15)$$

其中，$TBQ_{i,\ t+1}$为公司价值的代理变量。公司价值体现了资本市场对公司价值的认可程度，本章采用托宾Q值作为反映公司价值的代理变量，托宾Q值是公司资产的市场价值与重置成本的比值，具体可以表现为（每股价格×流通股股数+每股净资产×非流通股股数+负债账面值）÷总资产账面值，代表文献如田野和陈全（2011）、肖华和张国清（2013）、郑国坚等（2014）均采用托宾Q值进行经济后果的相关研究。

（3）基于股票累积报酬率的经济后果检验模型

同时，本章从股票累积报酬率视角出发考察了制度环境对应计盈余管理经济后果的调节效用，具体检验模型如下：

$$RET_{i,t+1} = \delta_0 + \delta_1 AEM_{it} + \delta_2 AEM_{it} \times Ins_{it} + \delta_3 Ins_{it} + \delta_4 Size_{it} + \delta_5 Lev_{it} + \delta_6 CFO_{it} + \delta_7 Gro_{it} + \delta_8 BDS_{it} + \delta_9 IND_{it} + \delta_{10} BSS_{it} + \delta_{11} H1_{it} + \varepsilon \quad (5.16)$$

$$RET_{i,t+1} = \varphi_0 + \varphi_1 REM_{it} + \varphi_2 REM_{it} \times Ins_{it} + \varphi_3 Ins_{it} + \varphi_4 Size_{it} + \varphi_5 Lev_{it} + \varphi_6 CFO_{it} + \varphi_7 Gro_{it} + \varphi_8 BDS_{it} + \varphi_9 IND_{it} + \varphi_{10} BSS_{it} + \varphi_{11} H1_{it} + \varepsilon \quad (5.17)$$

其中，$RET_{i,\ t+1}$为考虑分红因素的股票累积报酬率。资本市场经济后果反映了公司在资本市场的收益情况，本章采用的是股票累积报酬率作为代理变量，具体为公司股票当年5月初至下一年4月底的累积报酬率$\prod_j (1 + Return_j) - 1$，其中$Return_j$为公司股票第j月的报酬率，具体代表文献有王跃堂等（2009）、朱红军和王辉（2009）、章卫东（2010）均采用累积报酬率作为经济后果的代理变量进行相关研究。

5.6.2　回归结果分析

表5-19列示了模型（5.12）的回归分析结果，主要检验了应计盈余管理对未来公司业绩（$ROA_{i,\ t+1}$）的影响以及制度环境在其中发挥的作用。以截面的修正Jones模型计量应计盈余管理AEM_CMJones的回归结果为例，应计盈余管理与企业业绩均正相关，但并未能通过显著性检验。这说明，我国资本市场并不能提供应计盈余影响未来公司业绩的证据，这与李彬和张俊瑞（2013）的研究结论一致。应计盈余管理与制度环境因素（政府干预与法治水平）交叉项（$AEM_{it} \times Ins_{it}$）的回归结果并不具有统计意义，未能满足10%水平的显著性要求，这说明制度环境并不能对应计盈余管理的经济后果产生影响。另外，制度环境与企业业绩均在1%的水平上显著正相关，这说明制度环境的改善可以为企业业绩增长提供帮助。同时，采用Healy模型、DeAngelo模型和Jones模型计量应计盈余管理程度分析的结论基本与上述论断一致。

表5-20列示了模型（5.13）的回归分析结果，主要检验了真实盈余管理对未来公司业绩的影响以及制度环境在其中发挥的作用。以真实盈余管理总体程度（REM_PROXY）为解释变量的回归结果为例，真实盈余管理与企业业绩均在1%的水平上显著负相关，影响系数分别为-0.081和-0.009，这说明企业通过真实活动进行盈余操纵会影响到企业的现金流进而损害公司业绩。Taylor和Xu（2010）认为企业的真实盈余管理与后期的经营业绩没有显著的关系，这主要是由于企业偶尔使用真实盈余管理，并在日后的会计年度中恢复正常生产经营活动，此时

表5-19　　**制度环境、应计盈余管理与未来公司业绩**

变　量	AEM_Healy		AEM_DeAngelo		AEM_Jones		AEM_CMJones	
AEM_{it}	0.118 (1.397)	0.084*** (2.591)	0.005 (0.122)	0.053** (2.080)	0.045 (0.628)	0.027 (0.922)	0.057 (0.795)	0.042 (1.457)
$AEM_{it}\times Ins_{it}$	−0.006 (−0.589)	−0.003 (−0.501)	−0.012 (−1.323)	−0.005 (−1.292)	−0.000 (−0.020)	−0.003 (−0.645)	−0.001 (−0.105)	−0.001 (−0.284)
Ins_{it}	0.004*** (3.263)	0.002*** (3.235)	0.003** (2.477)	0.002*** (2.792)	0.004*** (3.268)	0.002*** (2.820)	0.004*** (3.316)	0.002*** (3.011)
$Size_{it}$	0.003*** (4.161)	0.003*** (4.306)	0.003*** (4.257)	0.003*** (4.333)	0.003*** (3.916)	0.003*** (4.036)	0.003*** (3.918)	0.003*** (4.024)
Lev_{it}	−0.044*** (−11.201)	−0.044*** (−11.167)	−0.044*** (−11.281)	−0.044*** (−11.131)	−0.042*** (−10.761)	−0.042*** (−10.688)	−0.042*** (10.766)	−0.042*** (−10.697)
CFO_{it}	0.005** (2.277)	0.005** (2.304)	0.005** (2.365)	0.005** (2.322)	0.004** (2.003)	0.004** (2.001)	0.004** (2.000)	0.004** (1.998)
Gro_{it}	0.003*** (13.534)	0.003*** (13.533)	0.003*** (13.578)	0.003*** (13.598)	0.003*** (13.528)	0.003*** (13.573)	0.003*** (13.553)	0.003*** (13.596)
BDS_{it}	0.004** (1.990)	0.004** (2.150)	0.004** (2.132)	0.004** (2.245)	0.004** (2.090)	0.004** (2.250)	0.004** (2.097)	0.004** (2.255)
IND_{it}	0.004 (0.518)	0.005 (0.697)	0.006 (0.842)	0.007 (0.987)	0.005 (0.671)	0.006 (0.868)	0.005 (0.679)	0.006 (0.872)
BSS_{it}	−0.002 (−1.509)	−0.003 (−1.578)	−0.002 (−1.450)	−0.003 (−1.523)	−0.002 (−1.316)	−0.002 (−1.373)	−0.002 (−1.325)	−0.002 (−1.385)
$H1_{it}$	0.034*** (6.873)	0.033*** (6.698)	0.033*** (6.779)	0.033*** (6.679)	0.035*** (7.0291)	0.034*** (6.869)	0.035*** (7.054)	0.034*** (6.899)
Constant	−0.009 (−0.629)	−0.001 (−0.044)	−0.002 (−0.162)	−0.001 (−0.051)	−0.006 (−0.453)	0.001 (0.094)	−0.008 (−0.526)	0.001 (0.070)
F	39.88***	39.58***	41.31***	40.58***	38.15***	37.86***	38.30***	37.94***
$Adj\text{-}R^2$	0.049	0.048	0.050	0.049	0.046	0.046	0.047	0.046
N	8 400	8 400	8 400	8 400	8 400	8 400	8 400	8 400

注：①***、**、*分别表示在1%、5%、10%的水平上显著，括号内的数字为T值；②限于篇幅表格中未能详细汇报D-W检验和多重共线性检验的结果。

真实盈余管理对未来企业业绩的影响就较为有限。但是在企业的现实经营管理活动中，企业管理层并非偶尔使用真实盈余管理手段来进行盈余操纵，真实盈余管理已经成为企业进行盈余操控的主要手段，例如Graham等（2005）就发现，有80%接受采访的CFO表示会减少R&D、广告、维护支出等真实盈余管理行为进行利润操控。所以企业真实盈余管理活动会对企业的业绩产生负面的影响。真实盈余管理和制度环境因素的交叉项（$REM_{it}\times Ins_{it}$）与公司业绩均在1%的水平上显著正相关，影响系数分别为0.009和0.002，这说明良好的制度环境可以降低由于真实盈余管理行为而对公司业绩造成的损害。同时，采用真实盈余管理三项分指标的回归结果也基本支持了上述结论。

表5-20　　**制度环境、真实盈余管理与未来公司业绩**

变　量	REM_PROXY		REM_CFO		REM_PROD		REM_DISEXP	
REM_{it}	-0.081***	-0.009***	0.067*	0.091***	-0.096***	-0.010***	0.059	0.128***
	(-7.736)	(-4.438)	(1.941)	(8.154)	(-7.978)	(-5.029)	(1.034)	(5.738)
REM_{it}×Ins_{it}	0.009***	0.002***	-0.020***	-0.001	0.012***	0.003***	-0.011*	-0.005
	(7.708)	(4.619)	(-5.365)	(-0.585)	(8.230)	(7.033)	(-1.683)	(-1.299)
Ins_{it}	0.002***	0.001**	0.001***	0.001***	0.002***	0.001***	0.001***	0.001***
	(3.464)	(2.458)	(2.671)	(2.592)	(3.714)	(2.623)	(3.192)	(2.883)
$Size_{it}$	0.003***	0.003***	0.002***	0.002***	0.003***	0.003***	0.002***	0.003***
	(3.784)	(3.935)	(3.458)	(3.445)	(3.845)	(3.817)	(3.808)	(3.927)
Lev_{it}	-0.043***	-0.043***	-0.034***	-0.035***	-0.044***	-0.044***	-0.038***	-0.038***
	(-10.957)	(-10.814)	(-8.810)	(-9.075)	(-11.218)	(-11.281)	(-9.812)	(-9.756)
CFO_{it}	0.004**	0.004**	0.001	0.002	0.004**	0.005**	0.003	0.003
	(2.101)	(2.118)	(0.510)	(0.757)	(2.142)	(2.227)	(1.595)	(1.577)
Gro_{it}	0.003***	0.003***	0.002***	0.002***	0.003***	0.003***	0.003***	0.003***
	(13.387)	(13.479)	(12.776)	(12.816)	(13.402)	(13.473)	(13.675)	(13.751)
BDS_{it}	0.004**	0.005**	0.003*	0.003*	0.004**	0.005**	0.004*	0.004**
	(2.131)	(2.475)	(1.656)	(1.714)	(2.175)	(2.511)	(1.845)	(1.988)
IND_{it}	0.001	0.004	0.001	0.001	0.002	0.004	-0.001	0.001
	(0.098)	(0.646)	(0.109)	(0.072)	(0.232)	(0.638)	(-0.085)	(0.071)
BSS_{it}	-0.003*	-0.003*	-0.003**	-0.003*	-0.003*	-0.003*	-0.002	-0.002
	(-1.678)	(-1.793)	(-1.966)	(-1.956)	(-1.679)	(-1.782)	(-1.051)	(-1.076)
$H1_{it}$	0.035***	0.033***	0.034***	0.034***	0.035***	0.032***	0.038***	0.037***
	(7.135)	(6.720)	(6.965)	(6.909)	(7.025)	(6.586)	(7.838)	(7.710)
Constant	-0.000	0.005	0.007	0.015	-0.002	0.008	-0.001	0.005
	(-0.018)	(0.383)	(0.538)	(1.064)	(-0.146)	(0.553)	(-0.090)	(0.329)
F	42.77***	39.00***	63.91***	61.20***	44.47***	42.60***	64.12***	63.75***
Adj-R^2	0.052	0.047	0.076	0.073	0.054	0.052	0.076	0.076
N	8 400	8 400	8 400	9 100	9 100	9 100	9 100	9 100

注：①***、**、*分别表示在1%、5%、10%的水平上显著，括号内的数字为T值；②限于篇幅表格中未能详细汇报D-W检验和多重共线性检验的结果。

表5-21列示了模型（5.14）的回归分析结果，主要检验了应计盈余管理对未来公司价值（$TBQ_{i,t+1}$）的影响以及制度环境在其中发挥的作用。以截面的修正Jones模型计量应计盈余管理AEM_CMJones的回归结果为例，应计盈余管理与未来公司价值的回归结果并不一致，在考虑政府干预的回归结果中应计盈余管理与未来公司价值呈现负相关关系，而在考虑法治水平的回归结果中应计盈余管理与未来公司价值则呈现正相关关系。从Healy模型、DeAngelo模型和Jones模型计量应计盈余管理程度的回归结果中也可以发现，应计盈余管理与未来公司价值的关系并不一致。应计盈余管理与制度环境因素（政府干预与法治水平）交叉项的回归结果并不具有统计意义，未能满足10%水平的显著性要求，这说明制度环境并不能对应计盈余管理的经济后果产生影响。而应计盈余管理与制度环境因

素（政府干预与法治水平）交叉项的回归结果也并不相同，仅有两列回归结果为显著正相关，剩下的六列回归结果则不显著，而且影响系数的方向也不一致，这表明制度环境的改善不能对应计盈余管理所造成的经济后果产生影响。另外，制度环境因素与未来公司价值均显著正相关，这说明制度环境越好，未来公司价值则越高，制度环境的改善有利于公司价值的提升。

表5-21　**制度环境、应计盈余管理与未来公司价值**

变　量	AEM_Healy		AEM_DeAngelo		AEM_Jones		AEM_CMJones	
AEM_{it}	-1.308 (-1.163)	0.136 (0.316)	0.522 (0.929)	1.217*** (3.577)	-0.530 (-0.557)	0.710* (1.846)	-0.494 (-0.515)	0.770** (1.993)
$AEM_{it}×Ins_{it}$	0.349 (0.260)	0.259*** (3.921)	0.244 (1.118)	0.229*** (4.155)	0.110 (0.986)	-0.062 (-1.019)	0.102 (0.914)	-0.077 (-1.263)
Ins_{it}	0.004*** (2.734)	0.026*** (3.230)	0.016*** (3.515)	0.035*** (4.562)	0.021 (1.447)	0.054*** (6.879)	0.021* (1.702)	0.055*** (7.011)
$Size_{it}$	-0.221*** (-13.536)	-0.225*** (-13.895)	-0.222*** (-13.625)	-0.227*** (-14.039)	-0.230*** (-14.052)	-0.236*** (-14.497)	-0.230*** (-14.060)	-0.236*** (-14.502)
Lev_{it}	-1.572*** (-15.966)	-1.578*** (-16.106)	-1.555*** (-15.868)	-1.561*** (-16.020)	-1.445*** (-14.699)	-1.455*** (-14.873)	-1.445*** (-14.694)	-1.455*** (-14.873)
CFO_{it}	0.101** (1.987)	0.105** (2.065)	0.096* (1.893)	0.099* (1.950)	0.064 (1.249)	0.063 (1.237)	0.064 (1.247)	0.063 (1.229)
Gro_{it}	-0.013*** (-2.648)	-0.013*** (-2.674)	-0.012** (-2.482)	-0.012** (-2.484)	-0.012*** (-2.583)	-0.012*** (-2.578)	-0.012** (-2.576)	-0.012*** (-2.571)
BDS_{it}	0.220*** (4.468)	0.186*** (3.808)	0.218*** (4.440)	0.190*** (3.896)	0.237*** (4.795)	0.203*** (4.131)	0.238*** (4.815)	0.204*** (4.148)
IND_{it}	0.874*** (5.215)	0.773*** (4.657)	0.932*** (5.558)	0.852*** (5.136)	0.883*** (5.223)	0.775*** (4.631)	0.882*** (5.216)	0.774*** (4.623)
BSS_{it}	-0.092** (-2.257)	-0.086** (-2.123)	-0.083** (-2.035)	-0.078* (-1.929)	-0.093** (-2.254)	-0.087** (-2.117)	-0.094** (-2.287)	-0.088** (-2.144)
$H1_{it}$	-1.017*** (-8.269)	-1.026*** (-8.383)	-1.000*** (-8.139)	-1.018*** (-8.336)	-0.969*** (-7.835)	-0.979*** (-7.956)	-0.967*** (-7.817)	-0.977*** (-7.938)
Constant	7.069*** (19.791)	7.113*** (20.434)	6.867*** (19.446)	7.026*** (20.185)	7.060*** (19.743)	7.186*** (20.511)	7.059*** (19.730)	7.183*** (20.501)
F	65.64***	71.34***	67.77***	73.69***	55.22***	60.52***	55.14***	60.52***
$Adj-R^2$	0.078	0.084	0.080	0.087	0.066	0.072	0.066	0.072
N	8 400	8 400	8 400	8 400	8 400	8 400	8 400	8 400

注：①***、**、*分别表示在1%、5%、10%的水平上显著，括号内的数字为T值；②限于篇幅表格中未能详细汇报D-W检验和多重共线性检验的结果。

表5-22列示了模型（5.15）的回归分析结果，主要检验了真实盈余管理对未来公司价值的影响以及制度环境在其中发挥的作用。以真实盈余管理总体程度（REM_PROXY）为解释变量的回归结果为例，真实盈余管理与未来公司价值均在1%的水平上显著负相关，影响系数分别为-0.810和-0.171，这表明真实盈余管理会损害企业的长期价值。真实盈余管理和制度环境因素的交叉项（$REM_{it}×Ins_{it}$）与未来公司价值均在1%的水平上显著正相关，影响系数分别为0.115和

0.082，这意味着良好的制度环境可以起到减轻因为真实盈余管理而导致公司价值受损的作用。本章还对真实盈余管理三项分指标进行了分析，具体如下：从生产操控真实盈余管理（REM_PROD）的回归结果中可以发现，生产操控真实盈余管理和制度环境因素的交叉项与未来公司价值均在1%的水平上显著正相关；从销售操控真实盈余管理（REM_CFO）的回归结果中可以发现，销售操控真实盈余管理和政府干预的交叉项与未来公司价值在1%的水平上显著负相关，而销售操控真实盈余管理和法治水平交叉项的回归结果并不显著；从费用操控真实盈余管理（REM_DISEXP）的回归结果中可以发现，费用操控真实盈余管理和制度环境因素的交叉项与未来公司价值的关系均不显著。整体而言，真实盈余管理三项分指标的回归结果可以支持上述结论。

表5-22　　　　**制度环境、真实盈余管理与未来公司价值**

变　量	REM_PROXY		REM_CFO		REM_PROD		REM_DISEXP	
REM_{it}	−0.810***	−0.171***	1.272*	0.293	−0.976***	−0.216***	0.902	1.634***
	(−3.097)	(−3.449)	(1.714)	(1.031)	(−3.227)	(−4.169)	(0.616)	(2.882)
$REM_{it}\times Ins_{it}$	0.115***	0.082***	−0.246***	−0.076	0.132***	0.090***	−0.269	−0.037
	(3.807)	(7.905)	(−2.641)	(−1.543)	(3.773)	(8.034)	(−1.596)	(−0.395)
Ins_{it}	0.025**	0.049***	0.030***	0.051***	0.024***	0.048***	0.030***	0.051***
	(2.220)	(7.860)	(2.592)	(7.960)	(2.109)	(7.673)	(2.651)	(7.995)
$Size_{it}$	−0.228***	−0.232***	−0.232***	−0.238***	−0.228***	−0.231***	−0.231***	−0.237***
	(−13.995)	(−14.349)	(−14.169)	(−14.646)	(13.988)	(14.257)	(−14.122)	(14.569)
Lev_{it}	−1.344***	−1.311***	−1.378***	−1.402***	−1.369***	−1.337***	−1.396***	−1.417***
	(−13.682)	(−13.415)	(−13.951)	(−14.282)	(−13.947)	(−13.703)	(−14.209)	(−14.488)
CFO_{it}	0.044	0.032	0.037	0.042	0.052	0.042	0.053	0.055
	(0.874)	(0.632)	(0.726)	(0.827)	(1.012)	(0.828)	(1.041)	(1.074)
Gro_{it}	−0.013***	−0.013***	−0.014***	−0.014***	−0.012***	−0.012***	−0.013***	−0.013***
	(−2.632)	(−2.662)	(−2.880)	(−2.862)	(−2.588)	(−2.593)	(−2.666)	(−2.625)
BDS_{it}	0.241***	0.202***	0.232***	0.200***	0.244***	0.206***	0.233***	0.201***
	(4.896)	(4.141)	(4.708)	(4.086)	(4.961)	(4.234)	(4.722)	(4.109)
IND_{it}	0.871***	0.749***	0.842***	0.730***	0.874***	0.766***	0.828***	0.717***
	(5.177)	(4.517)	(4.994)	(4.367)	(5.193)	(4.616)	(4.907)	(4.295)
BSS_{it}	−0.103**	−0.093**	−0.105***	−0.098**	−0.103**	−0.094**	−0.093**	−0.086**
	(−2.538)	(−2.297)	(−2.582)	(−2.404)	(−2.542)	(−2.340)	(−2.281)	(−2.123)
$H1_{it}$	−0.956***	−0.937***	−0.975***	−0.987***	−0.959***	−0.941***	−0.939***	−0.950***
	(−7.762)	(−7.667)	(−7.896)	(−8.025)	(−7.781)	(−7.690)	(−7.594)	(−7.722)
Constant	6.968***	7.094***	7.067***	7.302***	6.984***	7.071***	7.024***	7.248***
	(19.912)	(20.427)	(20.082)	(20.868)	(19.936)	(20.341)	(20.020)	(20.769)
F	62.93***	73.09***	57.06***	62.07***	61.29***	71.62***	58.40***	63.68***
$Adj\text{-}R^2$	0.075	0.086	0.068	0.074	0.073	0.085	0.070	0.076
N	8 400	8 400	8 400	8 400	8 400	8 400	8 400	8 400

注：①***、**、*分别表示在1%、5%、10%的水平上显著，括号内的数字为T值；②限于篇幅表格中未能详细汇报D-W检验和多重共线性检验的结果。

表5-23列示了模型（5.16）的回归分析结果，主要检验了应计盈余管理对未来公司股票累积报酬率（$RET_{i,\ t+1}$）的影响以及制度环境在其中发挥的作用。以截面修正Jones模型计量应计盈余管理AEM_CMJones的回归结果为例，应计盈余管

理与公司股票累积报酬率的回归系数为正，但是结果并不显著，未能通过10%的显著性要求，这说明企业的应计盈余管理行为并不被资本市场所接受，投资者可以有效地识别企业的应计盈余管理行为，市场并未给进行应计盈余管理的公司股票较高的报酬率。应计盈余管理与制度环境因素（政府干预与法治水平）交叉项与公司股票累积报酬率分别在10%和5%的水平上显著负相关，影响系数分别为-0.096和-0.089。这说明制度环境的改善，有助于提高投资者对上市公司应计盈余管理的识别能力并做出有效的反应，帮助投资者对应计盈余管理的信息含量进行有效的区分。制度环境因素与公司股票累积报酬率均在1%水平上显著正相关，这表明制度环境的改善有利于资本市场的健康发展，有利于投资者在股票市场中获得回报。采用DeAngelo模型和Jones模型计量应计盈余管理程度的回归结果同样支持上述论断，但是采用Healy模型计量应计盈余管理程度的回归结果并不显著。

表5-23　**制度环境、应计盈余管理与未来公司股票累积报酬率**

变量	AEM_Healy		AEM_DeAngelo		AEM_Jones		AEM_CMJones	
AEM_{it}	0.722	0.117	1.397***	0.106	0.682	0.066	0.252	0.063
	(1.026)	(0.435)	(3.975)	(0.495)	(1.155)	(0.277)	(0.424)	(0.262)
$AEM_{it}×Ins_{it}$	-0.111	-0.061	-0.212***	-0.087**	-0.150**	-0.094**	-0.096*	-0.089**
	(-1.386)	(-1.460)	(-4.887)	(-2.524)	(-2.170)	(-2.467)	(-1.178)	(-2.339)
Ins_{it}	0.100***	0.059***	0.114***	0.060***	0.102***	0.061***	0.098***	0.060***
	(10.669)	(11.571)	(12.989)	(12.558)	(11.659)	(12.544)	(11.264)	(12.444)
$Size_{it}$	-0.041***	-0.037***	-0.042***	-0.037***	-0.039***	-0.036***	-0.039***	-0.036***
	(-3.986)	(-3.689)	(-4.112)	(-3.670)	(-3.839)	(-3.538)	(-3.821)	(-3.520)
Lev_{it}	0.205***	0.224***	0.204***	0.224***	0.199***	0.220***	0.199***	0.219***
	(3.323)	(3.649)	(3.329)	(3.664)	(3.264)	(3.621)	(3.260)	(3.603)
CFO_{it}	0.037	0.034	0.034	0.034	0.039	0.035	0.039	0.035
	(1.166)	(1.067)	(1.150)	(1.068)	(1.219)	(1.119)	(1.231)	(1.119)
Gro_{it}	-0.007**	-0.006**	-0.007**	-0.006**	-0.007**	-0.007**	-0.007**	-0.007**
	(-2.251)	(-2.049)	(-2.370)	(-2.117)	(-2.438)	(-2.221)	(-2.458)	(-2.248)
BDS_{it}	0.171***	0.178***	0.166***	0.177***	0.173***	0.183***	0.175***	0.181***
	(5.557)	(5.818)	(5.407)	(5.796)	(5.720)	(5.979)	(5.707)	(5.934)
IND_{it}	0.699***	0.747***	0.672***	0.732***	0.665***	0.712***	0.668***	0.713***
	(6.667)	(7.179)	(6.410)	(7.031)	(6.342)	(6.843)	(6.364)	(6.849)
BSS_{it}	-0.005	-0.008	-0.004	-0.009	-0.018	-0.022	-0.016	-0.020
	(-0.176)	(-0.324)	(-0.147)	(-0.361)	(-0.689)	(-0.870)	(-0.632)	(-0.796)
$H1_{it}$	-0.168**	-0.222***	-0.160**	-0.221***	-0.178**	-0.232***	-0.182**	-0.234***
	(-2.184)	(-2.900)	(-2.081)	(-2.889)	(-2.319)	(-3.029)	(-2.372)	(-3.055)
Constant	-0.338	-0.091	-0.412*	0.091	-0.344	0.092	-0.317	0.089
	(-1.515)	(-0.416)	(-1.868)	(0.417)	(-1.552)	(0.424)	(-1.429)	(0.409)
F	31.29***	33.45***	33.07***	33.89***	33.49***	35.85***	33.00***	35.52***
$Adj\text{-}R^2$	0.038	0.041	0.040	0.041	0.041	0.044	0.040	0.043
N	8 400	8 400	8 400	8 400	8 400	8 400	8 400	8 400

注：①***、**、*分别表示在1%、5%、10%的水平上显著，括号内的数字为T值；②限于篇幅表格中未能详细汇报D-W检验和多重共线性检验的结果。

表5-24列示了模型（5.17）的回归分析结果，主要检验了真实盈余管理对未来公司股票累积报酬率（$RET1_{i,t+1}$）的影响以及制度环境在其中发挥的作用。以真实盈余管理总体程度（REM_PROXY）为解释变量的回归结果为例，真实盈余管理与企业业绩均在1%的水平上显著负相关，影响系数分别为-0.432和-0.050，这说明企业的真实盈余管理程度越高，其股票的累积报酬率越低，这主要是由于真实盈余管理活动影响了企业的正常现金流，导致公司价值受到了损害。同时，投资者能够有效地识别出企业的真实盈余管理，并对进行真实盈余管理的企业进行了“用脚投票”，做出了正确的反应。真实盈余管理和制度环境因素的交叉项（$REM_{it}\times Ins_{it}$）与股票累积报酬率分别在1%和10%的水平上显著正相关，影响系数分别为0.050和0.011，这说明在良好的制度环境有助于投资者对真实盈余管理活动做出正确的反应。另外，采用真实盈余管理三项分指标的分析结果基本也证实了上述发现，限于篇幅不再赘述。

表5-24　　**制度环境、真实盈余管理与未来公司股票累积报酬率（RET1）**

变　量	REM_PROXY		REM_CFO		REM_PROD		REM_DISEXP	
REM_{it}	-0.432*** (-2.664)	-0.050*** (-2.695)	0.760* (1.647)	0.271 (1.533)	-0.348* (-1.844)	-0.048 (-1.472)	1.680* (1.843)	0.215 (0.608)
$REM_{it}\times Ins_{it}$	0.050*** (2.632)	0.011* (1.679)	-0.078 (-1.346)	-0.017 (-0.561)	0.040* (1.845)	0.012* (1.654)	-0.199* (-1.894)	-0.046 (-0.781)
Ins_{it}	0.092*** (12.940)	0.054*** (13.619)	0.090*** (12.614)	0.054*** (13.549)	0.092*** (12.872)	0.054*** (13.648)	0.091*** (12.815)	0.054*** (13.595)
$Size_{it}$	-0.040*** (-3.897)	-0.036*** (-3.561)	-0.040*** (-3.925)	-0.037*** (-3.605)	-0.039*** (-3.858)	-0.036*** (-3.567)	-0.040*** (-3.869)	-0.036*** (-3.513)
Lev_{it}	0.177*** (2.891)	0.197*** (3.216)	0.189*** (3.078)	0.216*** (3.526)	0.180*** (2.934)	0.197*** (3.216)	0.178*** (2.906)	0.202*** (3.309)
CFO_{it}	0.045 (1.419)	0.043 (1.355)	0.042 (1.322)	0.037 (1.163)	0.044 (1.400)	0.043 (1.344)	0.044 (1.385)	0.041 (1.292)
Gro_{it}	-0.007** (-2.299)	-0.006** (-2.068)	-0.007** (-2.347)	-0.007** (-2.171)	-0.007** (-2.284)	-0.006** (-2.071)	-0.007** (-2.235)	-0.006** (-2.056)
BDS_{it}	0.166*** (5.425)	0.175*** (5.730)	0.167*** (5.429)	0.172*** (5.617)	0.167*** (5.455)	0.175*** (5.730)	0.169*** (5.497)	0.175*** (5.722)
IND_{it}	0.688*** (6.551)	0.748*** (7.190)	0.695*** (6.622)	0.742*** (7.129)	0.696*** (6.632)	0.748*** (7.190)	0.694*** (6.607)	0.748*** (7.181)
BSS_{it}	-0.003 (-0.124)	-0.008 (-0.295)	-0.004 (-0.143)	-0.008 (-0.302)	-0.003 (-0.128)	-0.007 (-0.288)	-0.003 (-0.120)	-0.008 (-0.300)
$H1_{it}$	-0.173** (-2.249)	-0.232*** (-3.029)	-0.176** (-2.286)	-0.229*** (-2.987)	-0.175** (-2.281)	-0.233*** (-3.038)	-0.174** (-2.269)	-0.230*** (-2.998)
Constant	-0.288 (-1.318)	0.092 (0.422)	-0.265 (-1.212)	0.092 (0.422)	-0.300 (-1.374)	0.093 (0.426)	-0.292 (-1.338)	0.079 (0.364)
F	31.27***	33.01***	33.02***	33.14***	30.94***	33.00***	30.96***	32.81***
$Adj\text{-}R^2$	0.038	0.040	0.038	0.040	0.038	0.040	0.038	0.040
N	8 400	8 400	8 400	9 100	9 100	9 100	9 100	9 100

注：①***、**、*分别表示在1%、5%、10%的水平上显著，括号内的数字为T值；②限于篇幅表格中未能详细汇报D-W检验和多重共线性检验的结果。

5.7 本章小结

本章以我国沪深两市700家上市公司持续13年的动态面板数据为研究对象，采用系统广义矩估计的研究方法，实证检验了制度环境对应计盈余管理和真实盈余管理的影响，分析了我国上市公司盈余管理策略转变的制度根源。主要的研究结论有：第一，制度环境与上市公司应计盈余管理显著负相关，完善的制度环境约束了上市公司的应计盈余管理行为。政府干预程度越低、法治水平越高，上市公司的应计盈余管理程度越低。第二，制度环境与上市公司真实盈余管理显著正相关，完善的制度环境诱导上市公司进行真实盈余管理。政府干预程度越低、法治水平越高，上市公司的真实盈余管理程度越高。第三，制度环境是企业盈余管理策略选择的重要影响因素，随着我国制度环境的不断完善，上市公司进行盈余管理的手段由应计盈余管理逐渐转向真实盈余管理。这种盈余管理策略的转变是上市公司适应所在制度环境的最优选择，使我国盈余管理治理工作出现了“魔高一尺，道高一丈”的奇特现象。第四，制度环境对上市公司盈余管理的治理效果受到公司终极控制人特征的影响。相对于非国有上市公司，制度环境对国有上市公司应计盈余管理和真实盈余管理的约束力更强。相对于上市地方国企，制度环境对上市央企应计盈余管理有着较强的约束作用，但对真实盈余管理影响的差异并不显著。第五，制度环境能对真实盈余管理的经济后果进行有效的调节，即良好的制度环境可以缓解真实盈余管理造成的负面经济后果。然而，制度环境未能对应计盈余管理的经济后果发挥调节作用。

本章研究内容为我国资本市场监管部门提供了一定的参考，有着重要的指导意义。首先，国家必须完善企业生产经营的制度环境，处理好政府与市场的关系，实现政府职能的转变，推进法治建设，提高投资者保护水平，为资本市场的长久发展提供一个良好的制度环境；其次，监管部门应加强对上市公司应计盈余管理的监督，进一步压缩应计盈余管理的操作空间，提高会计报表质量；最后，“魔高一尺，道高一丈”。针对上市公司盈余管理手段转变的新情况，监管部门应加强对企业通过真实活动进行盈余管理行为的监管，加大对真实盈余管理的打击力度，提高真实盈余管理的成本，最终约束企业的真实盈余管理行为。

第6章　媒体监督对上市公司盈余管理治理效应研究

6.1　研究问题的提出

完善的法律制度是投资者保护的重要前提，然而在现实经济生活中大部分国家都会面临着法律对投资者保护不足的问题。此时，政府会努力提高投资者保护水平，而市场则积极寻求其他非正式制度的有益补充。特别是像中国这样处于转轨时期的新兴市场国家，法律基础的薄弱造成法制建设任重道远，短期内并不能一蹴而就，这时法律外的制度安排和市场替代机制就显得尤其重要。从美国的安然和世界通信，到中国的银广夏和亿安科技，媒体正在积极揭露企业舞弊的黑幕，促使违规企业改正其侵害中小投资者利益的行为。

我国特殊的转轨背景为本研究提供了绝佳的机遇，本章以 2009—2013 年沪深两市 6 266 个观察样本为研究对象，实证检验了媒体监督在上市公司盈余管理治理中的作用。研究结果表明，媒体监督与盈余管理存在显著的负相关关系，这说明媒体监督可以显著制约上市公司盈余管理行为。主要学术贡献如下：第一，开辟了转轨国家上市公司盈余管理研究的新视角，拓展了媒体治理研究领域的外延。现有关于盈余管理的研究还停留在公司治理层面，例如，袁知柱等（2014）从管理层激励的视角考察其对盈余管理行为的影响。本章则从法律外制度的这一崭新角度出发，考察了媒体监督对上市公司盈余管理的影响，发现了媒体监督可以有效的约束上市公司盈余管理行为，丰富了转型国家对盈余管理治理的方法和手段，为监管部门制定相关政策提供了有益的启示。第二，理清了在中国资本市场中媒体监督影响上市公司盈余管理策略的作用路径，构建了一个全面而又清晰的理论分析框架，发现媒体监督可以通过监管部门的行政介入、经理人的声誉、投资者的“用脚投票”和审计师的审计意见等作用路径来约束上市公司的盈余管理行为，这是对李培功和沈艺峰（2010）等关于媒体公司治理作用路径的有益补充，为后续深入探讨媒体监督对公司经营决策的影响路径打下了基础。第三，由于受到数据获取和处理的限制，媒体监督相关研究普遍采用的是案例分析和小样本研究的方法，而基于大样本的经验研究较少，这就造成研究结论的可靠性和适用性令人质疑。一方面，案例研究的结论存在冲突。媒体监督发挥治理作用的代表性案例就是美国西尔斯百货公司董事会因《华尔街日报》中的谴责报道而接受了改革建议，而贺建刚等（2012）对五粮液的案例研究却未能发现媒体监督在改善企业违规行为中的作用。另一方面，小样本研究的可靠性。国外学者Miller（2006）以美国263家违反会计准则的企业为研究对象，Dyck等（2008）以俄罗斯98家存在重大公司治理隐患的企业为研究对象；国内学者醋卫华和李培功（2012）以受到证监会处罚的96家企业为研究对象，贺建刚和魏明海（2012）则以存在财务重述的382家企业为研究对象。上述研究的样本量均较小，并且均以存在违规行为或被监管部门处罚的企业为研究对象，这就使得研究中可能会存在自选择和内生性问题，在一定程度上会造成研究结论出现偏误。本章借助大样本数据，考察了媒体监督对6 261个企业观测样本盈余管理行为的影响，研究结论更为稳健可靠并具有代表性。

6.2 制度背景与理论分析

6.2.1 制度背景

西方发达国家媒体行业的市场化程度较高，政府很少通过所有权控制来影响媒体的日常经营和管理，也未设定严格的行业准入制度，甚至出台了反垄断法来鼓励媒体间的自由竞争。相关法律也赋予了媒体对政府、企业和公众人物的监督权，保证了媒体“社会公器”作用的发挥。在我国传媒业具有很强的意识形态属性，政府对传媒行业实施严格的进入管制和行为管制。从传媒在中国社会政治生活中的作用可以发现，实施严格的传媒管制在维护政治稳定、社会稳定和提高媒体进入效率、新闻真实性等方面确实有重要的现实意义。20世纪80年代，全球兴起了媒体产业放松管制的浪潮，这给我国传媒业的发展提供了良好的机遇。我国政府逐渐放松了对传媒业的资本管制，允许民营资本进入传媒业，鼓励媒体采用市场化方式进行运营管理，为我国传媒业的发展营造了有利的外部环境。随着市场化改革的不断深入，我国传媒业得到了高速发展，根据《中国传媒产业发展报告（2014）》中的数据显示，2013年传媒产业总产值高达8 902亿元，同比增长16.2%。随着传媒业的不断发展壮大，媒体在社会中也发挥着日益重要的作用，特别是在银广夏、蓝田股份、美邦服饰、康美药业、中联重科等一系列财务舞弊事件的曝光和处理过程中，媒体的公司治理作用发挥得淋漓尽致，媒体的监督职能也逐渐得到了社会公众的认可。

我国幅员辽阔，由于受到经济地理与历史文化差异、地区经济发展路径差异、非均衡区域发展策略的影响，造成我国各地区制定环境呈现发展不平衡的现象。在我国各地区实行的法律制度是统一的，但是因为上市公司的司法管辖权不同和地方政府的执法效率各异使得不同地区的法治水平存在差异，樊纲等（2011）就指出我国东部沿海地区的法治水平显著高于中部地区和西部地区。法治水平的地区差异会给上市公司盈余管理治理带来诸多问题，相对于法治水平较高地区而言，法治水平较低地区的上市公司盈余管理程度普遍较高。在这些法治薄弱甚至是法治失灵的地区，市场会衍生怎样的替代保护机制来约束上市公司盈余管理行为，值得理论界和实务界的思考。

6.2.2　文献回顾

纵观现有文献可以发现，媒体在促进资本市场发展、改善公司治理水平、帮助投资者合理定价、提高企业绩效等方面发挥了积极的作用，具体如下：第一，促进资本市场发展。Griffin等（2011）发现财经媒体在全球资本市场中发挥着重要的作用。Cumming等（2016）则以中国资本市场为例，主要探讨了媒体报道在中国外资股折价之谜中的作用，研究发现外资股折价较大的企业往往会有较多的非英语新闻报道。第二，改善公司治理水平。Dyck和Zingales（2004）发现媒体能有效降低控制权的私人收益，这为媒体发挥公司治理作用提供了直接的经验证据。Miller（2006）指出，媒体在揭示企业财务舞弊过程中扮演了“守护者”的角色，可以对企业的财务舞弊行为产生重要的抑制作用。Joe等（2009）发现，当效率低下的董事会被媒体曝光后，企业会采取措施来改善和提高董事会的效率。Jansson（2013）深入研究发现，媒体的公司治理机制在不同国家的影响各异，这表明西方媒体的治理经验能否适用于处于转轨时期的中国资本市场仍有待检验。我国学者李培功和沈艺峰（2010）首次检验了媒体在中国市场中的公司治理作用，研究发现媒体有利于提高公司治理水平和投资者保护水平，媒体负面报道的增加可以提升上市公司改正违规行为的概率。柳木华（2010）调查了大众传媒对上市公司会计舞弊的监督作用，结果发现财经媒体在监督会计舞弊时发挥了主导作用。然而，也有部分文献未能发现媒体发挥公司治理作用的证据。例如，贺建刚等（2008）通过对五粮液案例的研究发现，媒体监督并未能抑制大股东的利益输送行为，媒体监督这种市场纠正机制失效。第三，帮助投资者合理定价。Engelberg和Parsons（2011）发现媒体报道可以改变投资者的行为，本地新闻报道可以提高当地散户投资者的股票交易量。Drake等（2014）进一步研究指出，媒体作为资本市场的信息中介发挥着重要的作用，商业媒体可以帮助投资者了解会计信息并进行合理的定价。第四，提高企业绩效。Farooq（2013）基于20个新兴资本市场的数据探讨了媒体可以对企业绩效产生影响，研究发现媒体独立性越高国家的企业业绩越好。另外，Liu和McConnell（2013）认为媒体可以通过经理人声誉来影响企业的收购计划。Houston等（2011）以世界银行提供的59个国家的数据实证分析发现，媒体国有制会加剧官方监管权力和银行贷款腐败的正向关系。

然而，也有部分文献开始质疑媒体公司治理的作用，并提出了媒体报道偏差的论断。Core等（2008）认为出于效应最大化的考虑，媒体具有娱乐导向或追求轰动效应的倾向。Reuter和Zitzewitz（2006）发现了媒体为了迎合广告商而发生报道偏差的证据，有83.8%的基金公司因为在Money Magazine投放超过100万美元广告而入选了由该杂志评选的“基金100强”。进一步，Ellman和Germano（2009）指出随着广告业务收入的增加，媒体会避免报道对广告客户产生不利影响的新闻。Gurun和Butler（2012）证实了上述观点，他们发现由于过度依赖广告收入，美国地方媒体会倾向于正面报道当地的企业。由此可见，媒体容易受到商业利益的驱使而进行有倾向性的报道，出现媒体俘获和媒体租金的问题。在此需要声明的是，由于本章采用的是大样本的媒体数据，上市公司难以同时影响和操控国内多家媒体对其新闻报道的内容。同时，本书还选取了具有一定官方背景的“四大证券报”和“四大财经报”作为媒体代表进行分析，在一定程度上可以消除因为媒体俘获和媒体租金而造成的报道偏差影响。

6.2.3 研究假设

媒体监督上市公司盈余管理行为的动机：在新古典经济学框架下，本书从成本收益和供给需求的角度出发，分析了媒体监督上市公司盈余管理行为的动机。一方面，成本收益角度。媒体具有典型的规模报酬递增的特征，媒体的成本主要是记者调查访问的支出，新闻发布的成本较低，如印刷一份报纸或者在网上发布一个新闻。但是媒体报道企业的财务造假等违规行为会收获较为客观的收益，如报纸订阅量和新闻的点击率。此时，媒体从监督企业盈余管理问题中获得的边际收益远大于边际成本，媒体有着较大的动机监督企业的盈余管理行为。另一方面，供给需求角度。在新闻市场中，媒体是新闻的供给者，而社会大众是新闻的需求者。媒体通过报道社会大众普遍感兴趣的话题来扩大需求，上市公司的财务舞弊、利润操纵等新闻的报道必然会引起社会大众的广泛关注，有利于为媒体赢得良好的社会声誉和形象，便于媒体获得更大的商业利益。

媒体监督约束上市公司盈余管理行为的作用路径：由于媒体并不拥有上市公司的所有权或控制权，这就导致媒体监督上市公司盈余管理行为需要借助一定的路径。Dyck等（2010）指出，在发达资本主义国家，媒体发挥公司治理的路径主要有：第一，媒体通过形成强大的舆论压力驱使政治家进行政策法规的完善和改革；第二，媒体通过影响经理人在股东和雇主心中的声誉，来迫使经理人减少牟取个人私利的行为；第三，媒体可以为经理人塑造良好的公众形象，这使得经理人的行为必须要遵守社会道德规范。Dash（2012）研究发现，印度媒体主要通过企业道德、监管机构责任和舆论等路径来影响公司治理①。由于社会文化、道德传统、法律制度和社会体制的差异，造成我国与资本主义国家的媒体作用路径可能会存在不同。本章在归纳后认为，在中国市场中媒体监督可能会通过以下四条路径影响上市公司的盈余管理策略，图6-1为媒体监督影响上市公司盈余管理行为的作用路径图。

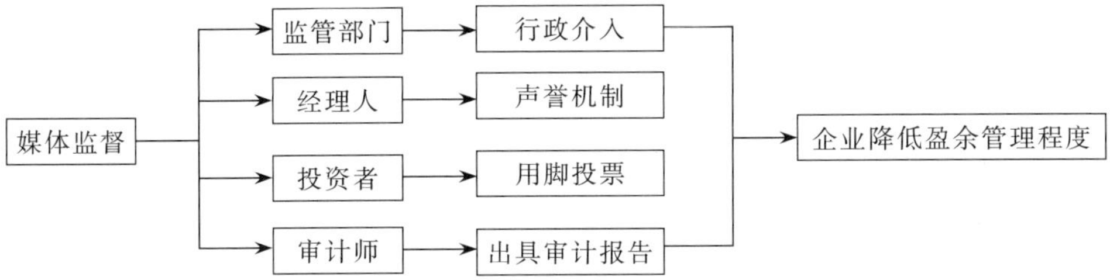

图6-1　媒体监督上市公司盈余管理行为的作用路径

作用路径一，监管部门的行政介入。媒体的揭露功能可以增加上市公司治理问题的曝光程度，在社会中形成浓厚的舆论氛围，进而会引起监管部门的关注。而在处于经济转轨时期的中国，媒体主要通过引发行政机构的关注来实现媒体公司治理的作用。本章认为媒体通过引发监管部门的行政介入可以有效地抑制企业的盈余操纵行为：一方面，行政介入可以提高上市公司盈余操纵行为被发现的可能性。由于媒体通过报道上市公司的盈余操纵行为将不对称信息传递给监管部门，使得监管部门可以有针对性地进行检查，社会各界的广泛关注也迫使监管部门提高督查工作的努力程度，最终提高了监管部门发现上市公司盈余操纵行为的概率。另一方面，行政介入可以加大上市公司进行盈余操纵的成本。李培功和沈艺峰（2010）指出，行政介入可以通过提高违规企业的行政成本来促使企业改正违规行为。行政介入会对国有企业高管的政治前途和民营企业的政治关联产生诸多不利的影响，提高企业进行盈余操纵的成本。考虑到媒体报道引发的行政介入可能会给企业带来巨大的成本，上市公司会降低盈余操纵的程度。由此可见，媒体监督可以通过监管部门的行政介入来抑制上市公司的盈余操纵行为。

作用路径二，经理人的声誉机制。李培功和沈艺峰（2010）指出，由于

① 20世纪末以来，世界上众多国家进行了经济转轨，主要可以分为激进式改革和渐进式改革两种方式：激进式改革主要以俄罗斯和中东欧国家为代表，采用萨克斯的“休克疗法”向市场经济过渡，实践结果表明激进式改革并不有效；渐进式改革主要以中国和印度为代表，中国是在原有政治制度稳定的基础上进行的改革，而印度则是在借鉴西方式民主选择制度下进行的改革，中印两国的经济转轨均取得了令世人瞩目的成绩。

我国未能形成成熟的经理人市场，这造成了声誉机制并不能对企业管理者的行为产生有效的约束。而Dyck等（2008）则认为媒体可以通过影响经理人的声誉来实现公司治理的作用。声誉机制到底能否作为媒体发挥治理作用的有效路径，国内外学者并未能达成共识。本章基于以下两方面考虑认为媒体监督可以通过声誉机制来约束企业的盈余操纵行为：第一，国有企业经理人声誉。相对于薪酬激励而言，国有企业的高管更加偏好于追求政治目标。国有企业的高管均具有一定的行政级别，良好的声誉对于国企高管的政治前途和职务晋升有着至关重要的作用。在媒体关注之下，国企高管不会冒着声誉被毁的风险而进行盈余操纵。第二，民营企业经理人声誉。随着市场化进程的不断深化，我国经理人市场也日趋成熟和完善。良好的声誉和口碑可以为民营企业高管在经理人市场中获得较高的溢价，出于对未来的就业、职位和薪酬的考虑，民营企业高管更为珍惜自身的声誉。在受到媒体监督的时候，民营企业高管往往会减少各种机会主义行为，通过降低盈余操纵程度来维护自身声誉。综上所述，本书认为媒体曝光可以通过影响经理人的声誉来抑制上市公司的盈余操纵行为。

作用路径三，投资者的“用脚投票”。由于受到注意力有限、认知水平较低和信息搜寻成本较高的限制，普通投资者无法全面获取上市公司的相关信息。作为重要的信息中介机构，媒体通过自身的信息创造功能和信息传递功能向社会大众传播有价值的信息（Bushee等，2010）。根据投资者认知假说，无论媒体关注的真实与否都会对投资者产生影响。Chen等（2013）认为媒体可以改善投资者的信息环境，有利于降低企业高管与外部投资者之间的信息不对称程度，有助于缓解投资者之间信息非均匀分布的风险，最终改善投资者所处的信息劣势地位。Dyck等（2008）也发现媒体曝光能够促使企业改正侵害外部投资者权益的行为。Drake等（2014）发现，媒体作为资本市场的信息中介发挥着重要的作用，媒体对上市公司信息的报道可以降低市场中的信息不对称程度，帮助投资者了解会计信息并进行合理的定价。在获得对上市公司更为全面客观认识的基础上，投资者可以通过“用脚投票”方式来宣泄对上市公司盈余操纵不满的情绪①。为了避免公司股票价格出现暴跌和公司市值的大幅缩水，上市公司管理层会减少盈余管理程度。

作用路径四，审计师的审计意见。已经有证据表明，媒体会对审计师的审

① 除了“用脚投票”之外，法律诉讼也是投资者维护自身合法权益的手段。但是由于我国对中小投资者的法律保护水平仍较低，导致依靠法律诉讼无法有效地威慑企业的违规行为。按照我国现行的法律规定，上市公司因为虚假陈述且被证监会处罚、被财政部或特派小组处罚、被法院刑事判决，投资者才可以向有管辖权的法院提起诉讼。由于诉讼需要满足前置程序，这就使得众多投资者无法进入诉讼程序，得不到法律的保护。进入诉讼程序之后，上市公司往往会采取拖延诉讼进程、延长股民获赔时间、减少参加索赔人数和降低索赔总金额等手段，造成整个诉讼的审理周期较长，而量刑和处罚却较低，投资者获得的赔偿也非常有限，这就使得我国普通投资者通过法律诉讼来维护自身权益较为困难。

计意见产生显著的影响：Joe（2003）认为媒体可以影响审计师的行为决策，媒体对上市公司“坏消息”的报道会使审计师倾向于出具保留意见审计报告。Chen等（2013）发现媒体的独立性会对审计意见产生重要的影响，在媒体独立性较高的国家，审计师倾向于出具非标准审计意见。媒体负面报道会导致上市公司与审计师之间的审计关系趋于不稳定，促使上市公司更换高质量的审计师。当上市公司备受媒体关注时，审计师出于对自身声誉的考虑会更加勤勉地审计上市公司的财务报告，此时审计师对上市公司财务报告中的盈余操作行为的容忍度会显著降低，出具非标准审计意见的可能性较大。这会给上市公司造成巨大的压力，为了避免被审计师出具非标准审计意见，上市公司会减少盈余操作行为。

综上所述，本章认为媒体有较强的动机来监督上市公司盈余管理行为，主要通过监管部门的行政介入、经理人的声誉机制、投资者的“用脚投票”和审计师的审计意见等作用路径来制约上市公司盈余管理。由此，提出如下研究假设：

研究假设6-1：媒体监督与上市公司盈余管理负相关，即媒体对上市公司监督越强，上市公司的盈余管理程度越低。

作为盈余管理的新手段，真实盈余管理会损害企业的现金流和长期业绩，但由于其隐蔽性较强，给监管工作带来了巨大的挑战。学术界围绕着真实盈余管理展开了激烈的讨论，取得了一定的成果（Chan等，2015；Achleitner等，2010）。现有文献主要从制度方面来研究盈余管理策略转变的诱因：Cohen等（2008）认为，美国《萨班斯法案》的颁布，导致了美国上市公司更偏好采用真实盈余管理，而逐渐减少应计盈余管理；Chi等（2011）指出，企业在面对高法律诉讼风险和严格的外部审计时会增加真实盈余管理，这主要是由于在满足信息披露原则的前提下真实盈余管理并未违反相关法律法规；Zang（2012）也发现，会计监管的加强会导致企业真实盈余管理的增加。本研究拟从媒体的视角，探索媒体监督对盈余管理策略的影响机理。随着媒体监督的不断加强，应计盈余管理行为更容易被监管部门发现，此时上市公司不得不寻求其他途径来达到预计的盈余目标。考虑到真实盈余管理以实际的经济活动为基础，具有较强的隐蔽性，比应计盈余管理更难以被监管部门发现，上市公司在迫于媒体监督压力降低应计盈余管理程度的同时，会提高真实盈余管理程度。因此，提出如下研究假设：

研究假设6-2：媒体监督会影响上市公司的盈余管理策略，即随着媒体监督的加强，上市公司的盈余管理策略逐渐由应计盈余管理向真实盈余管理转变。

6.3 研究设计

6.3.1 样本选择与数据来源

以2009—2013年为研究窗口，选取我国沪深两市A股上市公司为研究样本，通过以下程序进行了筛选：首先，剔除被ST和*ST的样本；其次，剔除金融类样本；最后，剔除财务数据和公司治理数据不齐全的样本。最终本章共获取了6 261个观测样本。上市公司财务数据主要来自于Wind数据库，公司治理数据来自于CSMAR数据库，GDP数据来自于《中国统计年鉴》，法治环境数据来自于《中国市场化指数——各地区市场化相对进程2011年报告》，媒体监督数据来自于CNKI中国重要报纸全文数据库和百度新闻搜索引擎。

6.3.2 变量定义与计量

（1）被解释变量

应计盈余管理：应计利润法通过模型回归来计量估计的应计利润总额，将总应计利润分成可操作和非可操作两部分，再计量出企业的非可操作利润，最后以企业的可操作利润来衡量盈余管理。应计利润法的计量模型具体截面的修正Jones模型、Jones模型、DeAngelo模型和Healy模型，请见第3章模型（3.1）至模型（3.6），限于篇幅本章未列示具体计量模型。在后续的实证分析中，本章主要是以截面的修正Jones模型分析为主，限于篇幅未汇报其他三种计量方法的分析结果。

真实盈余管理：真实盈余管理的手段主要有销售操控、生产操控、酌量性费用操控销售资产和回购股票。Roychowdhury（2006）从销售操控、生产操控和酌量性费用操控出发，构建了真实盈余管理计量模型，开创了计量企业真实盈余管理程度的先河，该模型备受Zhao等（2012）学者的推崇，是目前最权威的真实盈余管理计量模型。本章借鉴Roychowdhury（2006）的思路，分别估计每年度企业异常的经营现金流量、生产成本和酌量性费用水平，在此基础上构建了真实盈余管理总量模型来计量企业的真实盈余管理程度。具体模型请见第3章模型（3.7）至模型（3.10），限于篇幅此处不再赘述。

（2）解释变量

媒体监督：现阶段媒体主要有报纸、杂志、广播、电视、互联网等，中国社会科学院主编的《中国舆情指数报告（2013）》调查显示，在我国，媒体影响力排名依次为电视、报纸、网络、广播和杂志。其中，由于电视、广播和杂志的数据收集较为困难，本章主要选取了报纸和互联网作为数据收集对象。由于无法直接衡量媒体监督的强弱，本章借鉴梁红玉等（2012）的做法，以媒体报道次数作为媒体监督的代理变量，媒体报道次数越多说明媒体监督越强。具体变量设计如下：

第一，纸媒监督（PMM）。首先，数据来源。数据主要来源于CNKI中国重要报纸全文数据库（China Core Newspapers Full-text Database），该数据库覆盖了自2000年以来我国599种地市级以上报纸，截至2011年7月累计收录新闻报道近879万篇，是现阶段国内最全面和最权威的报纸全文数据库。其次，数据收集。选择具体的会计年度，以上市公司当年的证券名称作为数据库检索的“主题”，采用“精确”匹配的方法人工依次收集上市公司的报纸报道次数。最后，变量计量。为了避免数量级的干扰，本章以报纸报道次数的自然对数作为Media_NP的代理变量。

第二，网媒监督（NMM）。首先，数据来源。数据主要取自于“百度新闻”（http：//news.baidu.com/），“百度新闻”是目前世界上最大的中文新闻搜索平台，可以提供海量数据分析服务，备受学者们的青睐。其次，数据收集。采用中文新闻搜索引擎“百度新闻”的高级搜索，以上市公司当年的股票简称作为关键词，分年度搜索该关键词在新闻标题中出现的频次。最后，变量计量。对统计数据进行对数化处理，以此作为Media_NM的代理变量。

（3）控制变量

为了保证研究结果的可靠性，本章对公司特征变量、公司治理变量和宏观经济变量进行了控制，主要控制变量有企业规模、自由现金流、负债水平、董事会规模、独董比率、监事会规模、代理成本、经济发展水平、年度虚拟变量和行业虚拟变量。变量定义见表6-1。

6.3.3　检验模型设计

为了检验研究假设6-1，分析媒体监督对上市公司盈余管理的作用机理，本章构建如下多元线性回归模型：

$$\begin{aligned} EM_{it} = {} & \phi_0 + \phi_1 MM_{it} + \phi_2 Size_{it} + \phi_3 CF_{it} + \phi_4 DV_{it} + \phi_5 BS_{it} + \phi_6 PID_{it} + \phi_7 SBS_{it} + \phi_8 AC_{it} + \\ & \phi_9 GDP_{it} + \phi_{10} Year_{it} + \phi_{11} Ind_{it} + \tau_{it} \end{aligned} \tag{6.1}$$

其中，φ_0为常数项；$\varphi_1 \sim \varphi_{11}$为各变量的系数；$\tau_{it}$为残差项；$EM_{it}$为i公司在t年的盈余管理程度，具体包含应计盈余管理AEM_{it}和真实盈余管理REM_{it}；MM_{it}为i公司在t年受到媒体监督的程度，具体包含纸媒监督PMM_{it}和网媒监督NMM_{it}。

表6-1　　　　　　　　　　　　**变量定义与计量**

变量类型	变量名称	变量符号	变量计量
被解释变量	盈余管理	EM	具体包括应计盈余管理和真实盈余管理
	应计盈余管理	AEM	截面的修正Jones模型计量盈余管理的绝对值
	真实盈余管理	REM	真实盈余管理总量模型计算的真实盈余管理的绝对值
解释变量	媒体监督	MM	具体包括纸媒监督和网媒监督
	纸媒监督	PMM	中国重要报纸全文数据库中公司年度新闻报道条数的自然对数
	网媒监督	NMM	“百度新闻”中公司年度新闻报道条数的自然对数
控制变量	企业规模	Size	总资产的自然对数
	自由现金流	CF	$\frac{自由现金流}{总资产}$
	负债水平	DV	$\frac{总负债}{总资产}$
	董事会规模	BS	董事会总人数的自然对数
	独董比率	PID	独立董事占董事会总人数的比率
	监事会规模	SBS	监事会总人数的自然对数
	代理成本	AC	$\frac{其他应收款}{总资产}$
	经济发展水平	GDP	各省份年度GDP增长率
	年度虚拟变量	Year	控制年度宏观经济影响，设置4个年度哑变量
	行业虚拟变量	Ind	控制行业因素影响，设置11个行业哑变量

为了检验研究假设6-2，探索在受到媒体监督情况下上市公司盈余管理策略转变的经验证据，本章构建如下多元线性回归模型：

$$REM_{it}-AEM_{it}=\varphi_0+\varphi_1MM_{it}+\varphi_2Size_{it}+\varphi_3CF_{it}+\varphi_4DV_{it}+\varphi_5BS_{it}+\varphi_6PID_{it}+\varphi_7SBS_{it}+\varphi_8AC_{it}+\varphi_9GDP_{it}+\varphi_{10}Year_{it}+\varphi_{11}Ind_{it}+\theta_{it} \tag{6.2}$$

其中，φ_0为常数项；φ_1~φ_{11}为各变量的系数；θ_{it}为残差项；$REM_{it}-AEM_{it}$为真实盈余管理与应计盈余管理的差额，该差额的值越大，说明上市公司偏好于更多地使用真实盈余管理。

6.4　实证结果与分析

6.4.1　描述性统计分析

从表6-2描述性统计结果中可知，纸媒监督PMM的平均值为1.668，这表明我国上市公司被纸媒报道的平均次数为5次；网媒监督NMM的平均值为5.642，即上市公司被网媒报道的平均次数为282次。经过比较可发现，网媒报道的次数远大于纸媒报道的次数，这主要是由于现阶段人们的阅读方式在逐渐转变，网络媒体已经成为投资者获取上市公司信息的重要媒介。结合媒体监督变量的极小值和极大值可知，媒体对上市公司的报道次数也存在较大的差异，部分上市公司甚至未被媒体报道过。

表6-2　**变量的描述性统计结果**

变　量	样本量	均　值	中　值	标准差	偏　态	峰　度	极小值	极大值
AEM	6261	0.106	0.066	0.127	2.499	6.762	0.000	0.678
REM	6261	0.289	0.171	0.346	2.472	6.912	0.000	1.884
PMM	6261	1.668	1.609	1.344	0.398	−0.530	0.000	6.415
NMM	6261	5.642	5.951	2.169	0.002	3.302	0.000	17.315
Size	6261	21.173	21.141	1.674	0.041	1.188	13.879	28.282
CF	6261	0.061	0.055	0.100	0.326	1.186	−0.216	0.376
DV	6261	0.509	0.527	0.202	−0.394	−0.304	0.012	0.912
BS	6261	2.504	2.485	0.314	−0.111	0.539	0.693	3.638
PID	6261	0.344	0.333	0.095	0.487	0.525	0.053	0.667
SBS	6261	1.582	1.609	0.470	−0.353	0.471	0.000	2.944
AC	6261	0.017	0.010	0.019	1.667	2.393	0.000	0.097
GDP	6261	0.173	0.182	0.053	−0.455	0.005	0.006	0.323

6.4.2　相关性检验分析

本书进行了Pearson相关性检验，从表6-3中的检验结果可以发现，本书所涉及的变量并不存在多重共线性问题。其中，纸媒监督PMM与网媒监督NMM的相关系数为0.591，但是由于这两个变量并不会在模型回归中同时出现，所以共线性问题对模型估计结果影响较小。为了确保估计结论的稳健性，在下文回归时还进行了方差膨胀因子检验，检验结果支持上述论断。

表6-3　　Pearson相关性检验结果

变量	AEM	REM	PMM	NMM	Size	CF	DV	BS	PID	SBS	AC	GDP
AEM	1.000											
REM	0.486***	1.000										
PMM	-0.117***	-0.085***	1.000									
NMM	-0.093***	-0.075***	0.591***	1.000								
Size	-0.194***	-0.228***	0.017	0.030**	1.000							
CF	-0.026**	0.068***	-0.023*	-0.029**	-0.125***	1.000						
DV	-0.001	0.008	0.071***	0.078***	-0.026**	0.003	1.000					
BS	0.004	-0.023*	0.054***	0.049***	0.002	-0.003	0.066***	1.000				
PID	-0.085***	-0.047***	0.027***	0.026**	0.003	0.010	-0.023*	-0.311***	1.000			
SBS	-0.020	-0.020	0.023*	0.021*	0.004	0.000	0.050***	0.399***	-0.131***	1.000		
AC	0.123***	0.079***	-0.051***	-0.044***	-0.021*	0.010	0.088***	-0.028**	0.022*	-0.024*	1.000	
GDP	0.046***	0.088***	0.029**	-0.050***	-0.057***	-0.084***	0.020	-0.002	-0.017	0.030**	0.019	1.000

注：***、**、*分别表示在1%、5%、10%的水平下显著。

6.4.3　媒体监督对上市公司盈余管理治理效应研究

表6-4为媒体监督对上市公司盈余管理治理效应的实证结果，第一列为纸媒监督PMM_{it}与应计盈余管理AEM的回归结果，第二列为网媒监督NMM_{it}与应计盈余管理AEM的回归结果，第三列为纸媒监督PMM_{it}与真实盈余管理REM的回归结果，第四列为网媒监督NMM_{it}与真实盈余管理REM的回归结果。一方面，从媒体监督对上市公司应计盈余管理的治理效应看。从表6-4中可以发现，纸媒监督PMM_{it}、网媒监督NMM_{it}与应计盈余管理AEM均在1%的水平上显著负相关，回归系数分别为-0.009和-0.005，这表明媒体监督可以有效地约束上市公司的应计盈余管理。另一方面，从媒体监督对上市公司真实盈余管理的治理效应看。从表6-4中可知，纸媒监督PMM_{it}、网媒监督NMM_{it}与真实盈余管理REM均在1%的水平上显著负相关，回归系数分别为-0.019和-0.009，即媒体监督可以有效地降低上市公司真实盈余管理程度。整体而言，媒体监督可以显著地降低上市公司的应计盈余管理和真实盈余管理，媒体在盈余管理治理中发挥着巨大的作用，证实了本章的研究假设6-1。于忠泊等（2011）验证了“媒体有效监督假设”，认为媒体监督可以有效地约束上市公司的应计盈余管理，本研究则对“媒体有效监督假设”作了有益的补充，发现了媒体监督对真实盈余管理的治理功效。

表6-4 **媒体监督对盈余管理治理效应的检验结果**

变量	因变量：AEM		因变量：REM	
	自变量：PMM	自变量：NMM	自变量：PMM	自变量：NMM
截距项	0.455***	0.475***	1.319***	1.357***
	(15.661)	(16.205)	(16.610)	(16.945)
PMM_{it}	-0.009***		-0.019***	
	(-8.050)		(-5.855)	
NMM_{it}		-0.005***		-0.009***
		(-6.315)		(-4.380)
$Size_{it}$	-0.014***	-0.015***	-0.044***	-0.044***
	(-15.422)	(-15.449)	(-17.218)	(-17.241)
CF_{it}	-0.067***	-0.065***	0.165***	0.169***
	(-4.205)	(-4.078)	(3.821)	(3.905)
DV_{it}	-0.007	-0.009	0.003	-0.001
	(-0.932)	(-1.183)	(0.153)	(-0.048)
BS_{it}	-0.001	-0.002	-0.028*	-0.030*
	(-0.187)	(-0.301)	(-1.847)	(-1.940)
PID_{it}	-0.110***	-0.112***	-0.179***	-0.184***
	(-6.379)	(-6.492)	(-3.821)	(-3.916)
SBS_{it}	-0.006	-0.006	-0.010	-0.010
	(-1.619)	(-1.583)	(-1.030)	(-1.005)
AC_{it}	0.811***	0.835***	1.340***	1.388***
	(9.496)	(9.763)	(5.743)	(5.946)
GDP_{it}	0.045	0.043	0.325***	0.323***
	(1.011)	(0.965)	(2.660)	(2.633)
Year/Ind	控制	控制	控制	控制
F值	22.870***	21.750***	22.370***	21.690***
调整的R^2	0.077	0.074	0.076	0.074
样本量	6 261	6 261	6 261	6 261

注：①***、**、*分别表示在1%、5%、10%的水平下显著，括号内的数字为T值；②本章还进行了共线性诊断，所有方差膨胀因子（VIF）均小于10，这表明变量并不存在多重共线性，限于篇幅未能详细汇报。

6.4.4 媒体监督对上市公司盈余管理策略选择的影响研究

表6-5为媒体监督影响上市公司盈余管理策略选择的实证结果，第一列为纸媒监督PMM_{it}与两种盈余管理差额REM-AEM的回归结果，第二列为网媒监督NMM_{it}与两种盈余管理差额REM-AEM的回归结果。从表6-5中可以发现，纸媒监督PMM_{it}与两种盈余管理差额REM-AEM在1%的水平上显著负相关，回归系数为-0.030；网媒监督NMM_{it}与两种盈余管理差额REM-AEM在5%的水平上显著负相关，回归系数为-0.004。由此可见，随着纸媒监督和网媒监督的不断加强，两种盈余管理的差额在不断变大，即迫于媒体监督的压力，上市公司偏向于更多地使用真实盈

余管理，而减少使用应计盈余管理，证实了本章的研究假设6-2。随着媒体监督的不断强化，投资者有更多的机会了解上市公司真实财务信息，由于应计盈余管理更容易被发现，这就迫使上市公司降低应计盈余管理程度。与此同时，作为一种新的盈余管理方式，真实盈余管理具有更强的隐蔽性，难以被投资者和监管部门察觉，上市公司会更多地采用真实盈余管理的手段来达到调节盈余的目的。龚启辉等（2015）发现应计盈余管理和真实盈余管理之间存在部分替代关系，会计准则改革对盈余管理的治理效果会被真实盈余管理部分抵消。本研究从制度外机制出发，发现了媒体监督在上市公司盈余管理策略转变中的重要作用，有利于理论界和实务界理解盈余管理策略转变的动因，具有重要的现实意义和理论价值。

表6-5 **媒体监督影响盈余管理策略选择的检验结果**

变量	因变量：REM-AEM	
	自变量：PMM	自变量：NMM
截距项	0.864***	0.882***
	(12.137)	(12.293)
PMM_{it}	-0.030***	
	(-3.245)	
NMM_{it}		-0.004**
		(-2.308)
$Size_{it}$	-0.030***	-0.030***
	(-12.912)	(-12.932)
CF_{it}	0.232***	0.134***
	(5.979)	(6.027)
DV_{it}	0.011	0.008
	(0.551)	(0.429)
BS_{it}	-0.027**	-0.028**
	(-1.984)	(-2.043)
PID_{it}	-0.070*	-0.072*
	(-1.659)	(-1.718)
SBS_{it}	-0.004	-0.004
	(-0.489)	(-0.474)
AC_{it}	0.529**	0.553***
	(2.530)	(2.647)
GDP_{it}	0.280**	0.279**
	(2.554)	(2.545)
Year/Ind	控制	控制
F值	25.850***	13.330***
调整的R^2	0.093	0.045
样本量	6 261	6 261

注：①***、**、*分别表示在1%、5%、10%的水平下显著，括号内的数字为T值；②本章还进行了共线性诊断，所有方差膨胀因子（VIF）均小于10，这表明变量并不存在多重共线性，限于篇幅未能详细汇报。

6.4.5　考虑样本自选择的再检验

已经有文献指出，在媒体治理相关研究中不可忽视内生性问题的干扰。受到逐利动机的影响，媒体会有选择性地报道新闻，这就使得媒体报道可能会出现偏差。此时，样本并不是随机分布的，而是存在自选择问题。本章拟采用Heckman二阶段模型来弱化研究中可能存在的内生性问题，进一步检验研究结论的稳健性。参考梁红玉等（2012）的类似研究，构建媒体监督决定因素模型，采用Probit回归估算媒体监督的概率，计算逆米尔斯比率IMR。

$$DMM_{it} = \eta_0 + \eta_1 Size_{it} + \eta_2 Value_{it} + \eta_3 CF_{it} + \eta_4 DV_{it} + \eta_5 ROA_{it} + \eta_6 Gro_{it} + \eta_7 BS_{it} + \eta_8 PID_{it} + \eta_9 SBS_{it} + \eta_{10} H_{it} + \eta_{11} Year_{it} + \eta_{12} Ind_{it} + \sigma_{it} \quad (6.3)$$

其中，η_0为常数项；$\eta_1 \sim \eta_{12}$为各变量的系数；σ为残差项；DMM_{it}为i公司在t年媒体监督的二元虚拟变量，当媒体监督MM大于中位数时取值为1.000，否则为0.000；$Value_{it}$为i公司在t年的公司价值，即股票市值和净债务之和；ROA_{it}为i公司在t年的总资产报酬率；Gro_{it}为i公司在t年的企业成长性，即营业收入增长率；H_{it}为i公司在t年的股权集中度，即第一大股东持股比例的平方。其他变量的定义参见表6-1。

将逆米尔斯比率IMR作为控制变量加入到模型（6.1）和模型（6.2）中，重新构建模型（6.4）和模型（6.5）进行回归分析。

$$EM_{it} = \lambda_0 + \lambda_1 MM_{it} + \lambda_2 Size_{it} + \lambda_3 CF_{it} + \lambda_4 DV_{it} + \lambda_5 BS_{it} + \lambda_6 PID_{it} + \lambda_7 SBS_{it} + \lambda_8 AC_{it} + \lambda_9 GDP_{it} + \lambda_{10} IMR_{it} + \lambda_{11} Year_{it} + \lambda_{12} Ind_{it} + \zeta_{it} \quad (6.4)$$

$$REM_{it} - AEM_{it} = \mu_0 + \mu_1 MM_{it} + \mu_2 Size_{it} + \mu_3 CF_{it} + \mu_4 DV_{it} + \mu_5 BS_{it} + \mu_6 PID_{it} + \mu_7 SBS_{it} + \mu_8 AC_{it} + \mu_9 GDP_{it} + \mu_{10} IMR_{it} + \mu_{11} Year_{it} + \mu_{12} Ind_{it} + \omega_{it} \quad (6.5)$$

其中，λ_0、μ_0为常数项；$\lambda_1 \sim \lambda_{12}$、$\mu_1 \sim \mu_{12}$为各变量的系数；$\zeta$、$\omega$为残差项。

表6-6为模型（6.4）和模型（6.5）的Heckman二阶段回归结果。通过对比发现，在控制自选择问题之后本章的研究结论未发生改变，这进一步说明了本章研究结论的稳健性。在纸媒监督的相关回归中，模型中逆米尔斯比率IMR的回归系数均不显著，这表明以报纸为媒介的媒体治理研究中并不存在样本选择性偏差。而在网媒监督的回归中，A栏中第四列和C栏中第四列的逆米尔斯比率IMR的回归系数在5%的置信水平上显著，这表明网络媒体在新闻报道时会存在自选择问题。近年来，网络媒体新闻报道有偏差或失实的事件时有发生，严重影响了网络媒体的公信力，中共中央宣传部、国家广电总局和新闻出版署等部门多次发文明确要求新闻报道的真实、客观和准确。网络媒体应加强行业自律，恪守职业道德，增强自身的独立性和公平性，拒绝进行失实或有偏的报道，切实维护媒体报道的社会公信力。

表6-6　　控制自选择问题的Heckman二阶段回归结果

A栏：模型（6.4）的Heckman二阶段回归结果

变　量	因变量：AEM		因变量：REM	
	自变量：PMM	自变量：NMM	自变量：PMM	自变量：NMM
PMM_{it}	-0.008^{***}		-0.030^{***}	
	(−3.163)		(−4.111)	
NMM_{it}		-0.003^{**}		-0.013^{***}
		(−1.961)		(−3.573)
IMR_{it}	0.0001	0.006	0.030	0.034^{**}
	(0.018)	(0.889)	(1.479)	(2.002)
控制变量	控制	控制	控制	控制
Wald统计量	212.460^{***}	218.290^{***}	241.640^{***}	262.710^{***}

B栏：模型（6.5）的Heckman二阶段回归结果

变　量	自变量：PMM	自变量：NMM
PMM_{it}	-0.022^{***}	
	(−3.251)	
NMM_{it}		-0.010^{***}
		(−3.088)
IMR_{it}	0.030	0.029
	(1.569)	(1.611)
控制变量	控制	控制
Wald统计量	159.470^{***}	173.940^{***}

注：***、**、*分别表示在1%、5%、10%的水平下显著，括号内为T值的数字。

6.4.6　稳健性检验

本研究的敏感性测试主要从以下两个方面展开：一方面，消除样本中存在的截尾问题。由于本章所选取的媒体监督程度数据中可能存在着一定的截尾问题，为了克服由此给研究结论带来的噪音，分别剔除了媒体监督程度为0的样本，仅使用媒体监督程度大于0的样本进行实证检验，经过上述处理后的实证结果与前文无实质性差异。另一方面，替换应计盈余管理的代理变量。为了确保研究结论的稳健性，本章使用Jones模型计量的盈余管理进行了分析，研究发现结论与上文一致。

6.5　进一步检验

企业通过建立政治关联来获取政府掌握的稀缺资源，通常会付出一定的代价或成本，并采用盈余管理来隐藏这些利益输送行为，在这种情况下企业和部分政府官员存在较强的利害关系。当媒体报道企业的盈余管理行为时，相关利益相关者往往会通过非正式的途径来控制媒体报道的影响范围，将企业盈余管理问题

“大事化小，小事化了”。这意味着，政治关联可以弱化媒体监督对上市公司盈余管理的约束力。而对于那些没有政治关联的企业而言，由于缺少隐形的“庇护”，媒体报道企业的盈余管理行为会给其带来较高的诉讼风险和违规成本，所以媒体监督对非政治关联上市公司盈余管理行为约束力更强。

为了探讨媒体监督对不同类型政治关联上市公司盈余管理的影响差异，本章在检验模型（6.1）的基础上引入政治关联变量、媒体监督和政治关联的交叉项，具体检验模型如下：

$$EM_{it} = \varphi_0 + \varphi_1 MM_{it} + \varphi_2 MM_{it} \times PC_{it} + \varphi_3 PC_{it} + \varphi_4 Size_{it} + \varphi_5 CF_{it} + \varphi_6 Lev_{it} + \varphi_7 ROA_{it} + \varphi_8 BS_{it} + \varphi_9 PID_{it} + \varphi_{10} SBS_{it} + \varphi_{11} QIC_{it} + \varphi_{12} Year_{it} + \varphi_{13} Ind_{it} + \zeta \quad (6.6)$$

其中，$MM_{it} \times PC_{it}$为媒体监督和政治关联的交叉项，如果该交叉项的回归系数φ_2显著为负时，则表明媒体监督对具有政治关联上市公司的盈余管理的约束力更强；而当交叉项的回归系数φ_2显著为正时，则表明媒体监督对非政治关联上市公司的盈余管理的约束力更强。本章借鉴现有文献的思路，设计了政治关联哑变量PC。当董事长和总经理曾经或现在担任政府部门职务，曾经或现在担任党代表、人大代表和政协委员时为1，否则为0。

由前文的分析结果可知，本研究中可能会存在样本自选择的问题。所以，在此本章仍采用Heckman二阶段模型的方法。将媒体监督的影响因素模型中计算出的逆米尔斯比率加到检验模型（6.6）中，构建检验模型（6.7），具体如下：

$$EM_{it} = \lambda_0 + \lambda_1 MM_{it} + \lambda_2 MM_{it} \times PC_{it} + \lambda_3 PC_{it} + \lambda_4 Size_{it} + \lambda_5 CF_{it} + \lambda_6 Lev_{it} + \lambda_7 ROA_{it} + \lambda_8 BS_{it} + \lambda_9 PID_{it} + \lambda_{10} SBS_{it} + \lambda_{11} QIC_{it} + \lambda_{12} IMR_{it} + \lambda_{13} Year_{it} + \lambda_{14} Ind_{it} + \tau \quad (6.7)$$

表6-7为媒体监督、政治关联与盈余管理内在关系的Heckman二阶段回归结果。从表中可以发现，政治关联PC_{it}与应计盈余管理分别在1%和5%的水平上显著正相关，这说明具有政治关联上市公司的应计盈余管理程度更高。另外，政治关联与真实盈余管理分别在1%和10%的水平上显著正相关，这表明政治关联上市公司的真实盈余管理程度显著高于非政治关联企业。综合而言，相对于非政治关联上市公司而言，政治关联上市公司的盈余管理程度更高。表6-7还列示了媒体监督和政治关联对盈余管理的交叉影响结果，具体分析如下：一方面，从应计盈余管理的回归结果中可以发现，报纸媒体监督PMM_{it}对非政治关联上市公司应计盈余管理影响系数为-0.008，在1%的水平上显著负相关。报纸媒体监督和政治关联的交叉项$MM_{it} \times PC_{it}$与上市公司应计盈余管理的回归系数为0.003，在1%的水平上显著正相关。这表明报纸媒体监督PMM_{it}对政治关联上市公司应计盈余管理的影响系数为-0.005（-0.008+0.003）。由此可知，相对于政治关联上市公司而言，报纸媒体监督对非政治关联上市公司的应计盈余管理的约束力更强。同样，从表6-7中可知，网络媒体监督NMM_{it}的回归结果也支持上述论断。另一方面，从真实盈余管理的回归结果中可以发现，报纸媒体监督和政治关联的交叉项

$MM_{it}\times PC_{it}$与上市公司真实盈余管理的回归系数为0.010，在1%的水平上显著正相关。这意味着，媒体报道对非政治关联上市公司的真实盈余管理的约束力强于政治关联上市公司。同样，网络媒体监督NMM_{it}回归结果中的媒体监督和政治关联的交叉项也并不显著。整体而言，媒体监督对不同政治关联企业盈余管理的影响存在差异。具体而言，媒体监督对非政治关联上市公司盈余管理的约束力更强。另外，本章还将政治关联按照关联层级分为了中央级政治关联和地方级政治关联，尝试对媒体监督、政治关联层级和盈余管理的内在关系进行了检验，研究结果发现媒体监督对不同政治关联层级上市公司的盈余管理行为的影响差异并不显著，限于篇幅不在此汇报。

表6-7　**媒体监督、政治关联与盈余管理内在关系的Heckman二阶段回归结果**

变　量	报纸媒体监督（PMM）	网络媒体监督（NMM）	报纸媒体监督（PMM）	网络媒体监督（NMM）
Constant	0.459*** (9.413)	0.402*** (7.568)	1.374*** (9.516)	1.568*** (10.871)
MM_{it}	−0.008*** (−4.048)	−0.003** (−2.236)	−0.014*** (−2.897)	−0.006*** (−2.706)
$MM_{it}\times PC_{it}$	0.003*** (2.699)	0.001** (1.982)	0.010*** (2.793)	0.002* (1.850)
PC_{it}	0.044*** (4.279)	0.050** (2.366)	0.088*** (3.085)	0.086* (1.763)
$Size_{it}$	−0.013*** (−8.278)	−0.013*** (−8.138)	−0.041*** (−8.901)	−0.044*** (−10.097)
CF_{it}	−0.143*** (−5.448)	−0.101*** (−3.616)	−0.004 (−0.054)	0.068 (0.895)
Lev_{it}	−0.041** (−2.437)	−0.016 (−0.878)	−0.060 (−1.213)	−0.044 (−0.916)
ROA_{it}	−0.252*** (−6.275)	−0.216*** (−5.171)	−0.689*** (−5.799)	−0.560*** (−4.918)
BS_{it}	−0.004 (−0.440)	0.009 (0.890)	−0.017 (−0.580)	−0.030 (−1.042)
PID_{it}	−0.079*** (−2.408)	−0.051 (−1.585)	−0.109 (−1.249)	−0.070 (−0.793)
SBS_{it}	0.005 (0.857)	−0.005 (−0.684)	−0.005 (−0.259)	−0.007 (−0.368)
IC_{it}	−0.005 (−0.103)	−0.006 (−0.975)	−0.001 (−0.052)	−0.025 (−1.546)
IMR_{it}	−0.028** (−2.420)	−0.002 (0.206)	−0.037 (−1.092)	−0.021 (0.746)
$Year_{it}/Ind_{it}$	控制	控制	控制	控制
Wald chi2	198.43***	154.92***	186.21***	199.30***
N	3179	3179	3179	3179

注：①为节约篇幅，本章未列示第一阶段Probit模型的估计结果，有兴趣的读者可来函索取；②***、**、*分别表示在1%、5%、10%的水平下显著，括号内为T值。

6.6 本章小结

在现代社会中，媒体监督对上市公司行为发挥着重要的监督作用，深受国内外学术界和实务界的关注。本章以上市公司盈余管理治理为切入点，研究了媒体监督对上市公司盈余管理的治理效应。研究发现：第一，媒体监督可以有效地约束上市公司盈余管理行为，即随着媒体监督程度的增加，上市公司的应计盈余管理程度和真实盈余管理程度会降低；第二，媒体监督会对上市公司的盈余管理策略产生重要的影响，即迫于媒体监督的压力，上市公司偏向于更多地使用真实盈余管理，而较少使用应计盈余管理；第三，媒体监督对不同类型政治关联上市公司盈余管理的影响存在差异，即相对于政治关联上市公司而言，媒体监督对非政治关联上市公司的盈余管理的约束力更强。

本研究具有以下三点指导意义：第一，媒体充分发挥在盈余管理治理中的监督作用，以弥补法律机制不健全造成的不足。媒体监督可以有效地缓解信息不对称，通过吸引政府监管部门、上市公司高层、投资者和审计师等利益相关者的关注，迫使上市公司降低盈余管理的程度。同时，媒体也应加强行业自律，恪守职业道德，增强自身的独立性和公平性，拒绝做出失实或有偏的报道，切实维护媒体报道的社会公信力。第二，监管部门应该为媒体发挥治理作用提供更为宽松和广阔的平台，积极调动媒体监督上市公司盈余管理行为的积极性，鼓励媒体揭露上市公司财务造假和财务舞弊行为，维护广大投资者的合法权益和资本市场的正常秩序。第三，上市公司应该勇于接受社会媒体的监督，加强公司治理和信息披露制度建设，增进与媒体的信息沟通与交流，敢于直面媒体曝光的缺陷和不足，并及时加以改正。

第7章 制度环境、媒体监督对盈余管理的交叉治理研究

7.1 研究问题的提出

众多文献已经证实了制度环境在上市公司盈余管理治理中的作用，李延喜等（2011）就指出良好的制度环境可以有效地约束企业的盈余管理行为。但是现阶段我国的制度环境具有一个鲜明特征：在我国经济转轨的过程中，由于国家采用了“先沿海再内地，先东部再中西部”的地域不平衡发展战略，导致我国各地区制度环境存在显著差异。这也就意味着，在部分制度环境较差的地区，制度因素无法承担起盈余管理治理的作用，在此时媒体监督等其他非正式制度就会发挥替代保护作用。同时，媒体的治理作用往往会受到新闻报道自由度、媒体俘获和媒体租金等问题的困扰，这些问题都与制度环境有着紧密的联系。而作为一种外部治理机制，制度环境对上市公司盈余管理也会发挥一定治理作用。在盈余管理治理问题中媒体监督和制度环境之间的交互影响既可能表现为替代效应，也可能表现为互补效应。在中国特殊的制度背景下，两种外部治理机制之间到底存在着怎样的交互效应，有待做进一步检验。

基于此，本章沿袭前文的研究思路，深入探讨了制度环境与媒体监督在盈余管理治理中的交互作用，并基于产权性质进行了细化分析。本章的研究贡献在于：一方面，揭示了媒体监督是约束上市公司盈余管理的有效的法律外替代机制。我国制度环境的地区差异性比较明显，东部地区的制度环境显著好于中西部地区。此时，在制度环境薄弱的中西部地区，制度层面的约束机制可能难以发挥企业盈余管理治理的作用，本章研究发现，在制度环境薄弱的地区媒体监督可以发挥治理企业盈余管理的作用。这一发现有助于解释学术界关于中国经济高速增长的“中国之谜”，即在制度环境薄弱的新兴国家媒体监督发挥着不可忽视的替代作用，媒体监督可以规范企业的违规行为，维护投资者的合法权益，最终推动经济高速增长。另一方面，基于产权性质差异进行了探索性研究，揭示了不同产权性质情况下媒体监督和制度环境对盈余管理的替代效应存在差异，这是本章的

一个创新性的尝试，有助于后续研究从不同产权性质出发寻找约束上市公司盈余管理的方法和途径。

7.2　研究假设

包括中国在内的新兴市场国家在经济转轨的过程中，普遍面临着投资者权益无法得到法律有效保护的困境。计小青和曹啸（2007）考察了中国转轨时期的法律体系与投资者保护现状，结果发现“书面的法律”与“法律的实施”对投资者的保护作用非常有限。由于法律制度的不健全和执法效率的低下，上市公司控股股东通过盈余管理来侵占中小股东利益的事件频繁发生。在某些法治薄弱甚至是法治失灵的地区，法律层面的强制纠偏机制无法抑制上市公司盈余管理行为时，市场会自发地衍生出替代纠偏机制。这主要是由于转轨经济国家的法治基础薄弱，法治建设并不能在短期内一蹴而就，此时市场会寻求一些法律外机制来实现对投资者的替代保护。媒体作为独立于立法权、司法权和行政权的“第四权”，可以有效地约束企业违规行为和解决市场失灵问题（Griffin等，2011），媒体监督是新兴资本市场中有效替代法律保护不足的重要制度安排（Dyck等，2008）。在制度环境较差的地区，媒体的“社会公器”的功能更加凸显。作为一种相对廉价的方式，媒体监督可以约束上市公司的盈余操控行为。媒体通过营造强大的社会舆论来引发公众的广泛关注和行政介入，无形中提高了盈余管理的声誉成本、行政处罚成本和被发现的概率，这给上市公司施加了巨大的压力，迫使上市公司减少盈余管理行为。而在制度环境较好的地区，法律层面的强制纠偏机制可以有效地约束上市公司的盈余管理行为，此时媒体监督的约束力就有所弱化。综上所述，本章提出如下研究假设：

研究假设7-1：媒体监督是约束上市公司盈余管理有效的制度外替代机制。即在制度环境较差地区，较强的媒体监督也可以有效降低由于制度环境薄弱而诱发的盈余管理。

7.3　研究设计

7.3.1　样本选择与数据来源

本章以2009—2013年为时间窗口，选取沪深两市的A股上市公司为研究对象，通过以下程序进行了筛选：首先，剔除被ST和*ST的上市公司；其次，剔除金融类上市公司；最后，剔除财务信息数据不齐全的上市公司。经过上述筛选，本章共获取了6 266个观测样本。上市公司数据主要来自于Wind中国金融数据库和CSMAR数据库，制度环境数据来自樊纲等（2011）编制的《中国市场化指数——各地区市场化相对进程2011年报告》（下文简称为《报告》），媒体监督的数据主要来自于CNKI中国重要报纸全文数据库、百度新闻搜索引擎。

7.3.2 变量定义与计量

（1）被解释变量

本章的被解释变量为应计盈余管理和真实盈余管理，按照第3章的计量模型，本章的应计盈余管理主要通过截面的修正Jones模型、Jones模型、DeAngelo模型、Healy模型进行计量，真实盈余管理主要通过真实盈余管理总量模型进行计量，具体计量模型可见模型（3.1）至模型（3.10）。

（2）解释变量

媒体监督（MM）：现阶段媒体主要有报纸、杂志、广播、电视、互联网等，中国社会科学院主编的《中国舆情指数报告（2013）》显示，在我国媒体影响力排名依次为电视、报纸、网络、广播和杂志。其中，由于电视、广播和杂志的数据收集较为困难，本章主要选取了报纸和互联网作为数据收集对象。由于无法直接衡量媒体监督的强弱，本章借鉴梁红玉等（2012）的做法，以媒体报道次数作为媒体监督的代理变量，媒体报道次数越多说明媒体监督越强。具体变量设计如下：

第一，报纸监督（PMM）。首先，数据来源。数据主要来源于CNKI中国重要报纸全文数据库（China Core Newspapers Full-text Database），该数据库覆盖了自2000年以来我国599种地市级以上报纸，截至2011年7月累计收录新闻报道近879万篇，是现阶段国内最全面和最权威的报纸全文数据库。其次，数据收集。选择具体的会计年度，以上市公司当年的证券名称作为数据库检索的“主题”，采用“精确”匹配的方法人工依次收集上市公司的报纸报道次数。最后，变量计量。为了避免数量级的干扰，本章以报纸报道次数的自然对数作为Media_NP的代理变量。

第二，八大报纸监督（PMM8）。首先，数据来源。本章选取《中国证券报》《证券日报》《证券时报》《上海证券报》等四大证券报和《21世纪经济报道》《中国经营报》《经济观察报》《财经时报》等四大财经报作为数据来源，主要出于以下考虑：由于地缘关系的原因，上市公司更容易与本地的媒体形成较好的社会关系，因为地方媒体对当地上市公司广告收入存在着极大依赖（Gurun和Butler，2012），这就使得地方媒体更容易受到本地上市公司的影响，媒体报道也会失去应有的独立性而出现报道偏差现象。而“八大报纸”均为全国性权威报纸，具有广泛的受众面和较高社会影响力，受到上市公司影响的可能性较小，因此以“八大报纸”为数据来源得到的研究结论更为客观现实。其次，数据收集。在来源报纸中输入“八大报纸”的具体名称，其他筛选程序与报纸监督程度（Media_NP）一致。最后，变量计量。本章以“八大报纸”报道次数的自然对数作为Media_NP8的代理变量。

第三，网络媒体监督（NMM）。首先，数据来源。数据主要取自于“百度新闻”，“百度新闻”是目前世界上最大的中文新闻搜索平台，可以提供海量数据分析服务，备受学者们的青睐（刘锋等，2014）。其次，数据收集。采用中文新闻搜索引擎“百度新闻”的高级搜索，以上市公司当年的股票简称作为关键词，分年度搜索该关键词在新闻标题中出现的频次。最后，变量计量。对统计数据进行对数化处理，以此作为Media_NM的代理变量。

法治水平是制度环境最好的反映，因此本章以法治水平来衡量制度环境的好坏。本章以《报告》中各地区的“律师、会计师等市场中介组织服务条件”指数得分作为法治水平（Law）的代理变量。该指数为正向指标，“律师、会计师等市场中介组织服务条件”指数越大说明法治水平越高。值得说明的是，法治水平数据还可以从以下三个途径获取：第一，世界银行发布的《中国：政府治理、投资环境与和谐社会：120个中国城市竞争力的提升》提供了2005年我国120个城市的产权保护指数，如果采用该报告中的数据将无法考察法治水平对盈余管理影响的纵向变化，也不满足本章2009—2013年时间窗口的要求；第二，世界银行在《2012年营商环境报告：在一个更加透明的世界里经营》中公布了全世界183个经济体的投资者保护力度指数，但该报告提供的国家层面数据仅适用于跨国比较分析，并不适用于我国各地区差异的研究；第三，中国社会科学院编著的《中国城市竞争力报告·城市：让世界倾斜而平坦（2011版）》重点汇报了我国56个重点城市的政府执法能力指数、产权保护制度指数、法制健全程度指数，并未对国内其他城市或省级层面的指数进行披露，无法满足本章数据的需求。

（3）控制变量

为了保证研究结果的可靠性，本章分别对相关公司特征变量和公司治理变量进行了控制。借鉴现有关于盈余管理的研究文献，本章控制了公司规模、自由现金流、偿债能力、董事会规模、独立董事比率、监事会规模、资产周转率、其他应收款比率、会计师事务所类型、年度和行业等因素对盈余管理的影响。具体变量定义见表7-1。

表7-1 **变量定义与计量**

变量类型	变量名称	变量符号	变量计量
被解释变量	盈余管理	DA	截面的修正Jones模型计量盈余管理的绝对值
解释变量	媒体监督	MM	具体包括报纸监督程度、八大报纸监督程度和网络媒体监督程度
	报纸监督	PMM	中国重要报纸全文数据库中公司年度新闻报道条数的自然对数
	八大报纸监督	PMM8	“八大报纸”中公司年度新闻报道条数的自然对数
	网络媒体监督	NMM	“百度新闻”中公司年度新闻报道条数的自然对数
	制度环境	Law	《报告》中“律师、会计师等市场中介组织服务条件”指数
控制变量	企业规模	Size	总资产的自然对数
	自由现金流	CF	自由现金流/总资产
	偿债能力	Lev	资产负债率，总负债/总资产
	董事会规模	BS	董事会总人数的自然对数
	独立董事比率	PID	独立董事占董事会总人数的比率
	监事会规模	SBS	监事会总人数的自然对数
	资产周转率	AT	资产周转率，营业收入/总资产
	其他应收款比率	OR	其他应收款/总资产
	会计师事务所类型	BIG4	哑变量，审计机构为国际四大会计师事务所时为1，否则为0
	年度虚拟变量	Year	控制年度宏观经济影响，设置4个年度哑变量
	行业虚拟变量	Ind	控制行业因素影响，设置11个行业哑变量

7.3.3　检验模型设计

为了考察在盈余管理治理问题中媒体监督和制度环境之间存在着替代效应还是互补效应，建立检验模型如下：

$$DA_{it} = \beta_0 + \beta_1 MM_{it} + \beta_2 Law_{it} + \beta_3 MM_{it} \times Law_{it} + \beta_4 Size_{it} + \beta_5 CF_{it} + \beta_6 Lev_{it} + \beta_7 BS_{it} + \beta_8 PID_{it} + \beta_9 SBS_{it} + \beta_{10} AT_{it} + \beta_{11} OR_{it} + \beta_{12} BIG4_{it} + \beta_{13} Year_{it} + \beta_{14} Ind_{it} + \zeta \quad (7.1)$$

其中，$MM_{it} \times Law_{it}$为媒体监督和制度环境的交叉项，如果该交叉项的回归系数β_3显著为正，则说明媒体监督和法律机制在约束上市公司盈余管理行为时发挥着替代效应。具体而言，相对于制度环境水平较好的地区而言，在制度环境较差的地区媒体监督对上市公司盈余管理的约束力更强，本章的研究假设7-1得以验证。如果交叉项的回归系数β_3显著为负，则表明媒体监督和法律机制在约束上市公司盈余管理行为时发挥着互补效应。具体而言，相对于制度环境较低的地区而言，在制度环境较高的地区媒体监督对上市公司盈余管理的约束力更强。

7.4　实证结果与分析

7.4.1　制度环境、媒体监督与盈余管理

表7-2为模型（7.1）的多元混合回归分析，主要检验了媒体监督、制度环境交叉项对盈余管理的影响。以PMM_{it}作为媒体监督代理变量的回归结果可知，媒体监督和制度环境的交叉项（$MM_{it} \times Law_{it}$）与盈余管理在1%的水平上显著正相关，与媒体监督MM_{it}的回归系数方向相反，即相对于制度环境较好的地区而言，在制度环境较差的地区媒体监督对上市公司盈余管理的约束力更强。这说明在制度环境较差的地区，媒体监督是约束上市公司盈余管理有效的法律外替代机制，此时较强的媒体监督可以有效地降低由于制度环境薄弱而诱发的盈余管理问题，本章的研究假设7-1得以证实。该结论启示我们，在中国特定的制度背景下，薄弱的制度环境并未约束媒体治理作用的发挥，媒体反而在薄弱制度环境中更能凸显其治理上市公司盈余管理的重要性。同时，以$PMM8_{it}$和NMM_{it}作为媒体监督代理变量的回归结果完全支持上述论断，这进一步说明本章的研究结论较为可靠。

表 7-2　**媒体监督、制度环境与盈余管理的检验结果**

变　量	报纸监督（PMM）	八大报纸监督（PMM8）	网络媒体监督（NMM）
Constant	0.565*** （19.771）	0.556*** （19.556）	0.649*** （21.811）
MM_{it}	−0.027*** （−6.270）	−0.029*** （−5.668）	−0.025*** （−10.439）
Law_{it}	−0.014*** （−9.810）	−0.013*** （−9.985）	−0.024*** （−12.547）
$MM_{it}\times Law_{it}$	0.003*** （4.111）	0.003*** （3.934）	0.003*** （8.737）
$Size_{it}$	−0.015*** （−16.309）	−0.015*** （−16.262）	−0.015*** （−16.139）
CF_{it}	−0.065*** （−4.167）	−0.064*** （−4.082）	−0.064*** （−4.104）
Lev_{it}	−0.006 （−0.806）	−0.007 （−0.933）	−0.009 （−1.165）
BS_{it}	−0.002 （−0.275）	−0.001 （−0.245）	−0.002 （−0.288）
PID_{it}	−0.111*** （−6.501）	−0.112*** （−6.572）	−0.113*** （−6.666）
SBS_{it}	−0.006* （−1.666）	−0.006* （−1.694）	−0.006* （−1.793）
AT_{it}	−0.000 （−0.351）	−0.001 （−0.519）	−0.001 （−0.427）
OR_{it}	0.794*** （9.366）	0.805*** （9.480）	0.793*** （9.371）
$BIG4_{it}$	0.004 （0.772）	0.003 （0.526）	0.002 （0.376）
$Year_{it}/Ind_{it}$	控制	控制	控制
F值	25.539***	24.517***	26.943***
Adj-R^2	0.096	0.092	0.101
N	6 266	6 266	6 266

注：①***、**、*分别表示在1%、5%、10%的水平下显著，括号内的数字为T值；②本章还进行了共线性诊断，所有方差膨胀因子（VIF）均小于10，根据经验判断方法表明并不存在多重共线性，限于篇幅未能详细汇报。

7.4.2　考虑样本自选择的Heckman二阶段模型检验

正如前文所述，媒体倾向于关注那些规模较大、成长性较强、业绩和公司治理较差等具有较高新闻价值的公司，这就造成本研究可能存在着自选择问题。此时，媒体监督的公司并不是随机分布的，而是存在一定内生性问题，那么采用OLS回归分析的结果可能会有较大的偏差。为了避免媒体自选择问题导致的内生性，本章采用Heckman二阶段模型来对实证结果进行进一步检验。

第一阶段，构建媒体治理决定因素模型，采用Probit回归估计出媒体监督的概率，计算出逆米尔斯比率IMR（Inverse Mills Ration）。具体模型如下：

$$DUMM_{it} = \chi_0 + \chi_1 Size_{it} + \chi_2 Value_{it} + \chi_3 CF_{it} + \chi_4 Lev_{it} + \chi_5 ROA_{it} + \chi_6 Gro_{it} + \chi_7 BS_{it} + \chi_8 PID_{it} + \chi_9 SBS_{it} + \chi_{10} H_{it} + \chi_{11} Year_{it} + \chi_{12} Ind_{it} + \nu \quad (7.2)$$

其中，被解释变量$DUMM_{it}$为媒体治理的二元虚拟变量，当媒体监督MM_{it}大于中位数时取值为1，否则为0。参考梁红玉等（2012）的做法，第一阶段Probit模型中的控制变量主要有企业规模$Size_{it}$、公司价值$Value_{it}$、自由现金流CF_{it}、资产负债率Lev_{it}、总资产报酬率ROA_{it}、成长性Gro_{it}、董事会规模BS_{it}、独立董事比例PID_{it}、监事会规模SBS_{it}、股权集中度H_{it}、年度虚拟变量$Year_{it}$和行业虚拟变量Ind_{it}。

第二阶段，将逆米尔斯比率IMR作为控制变量加入到模型（7.1）中进行回归分析。如果逆米尔斯比率IMR的回归系数显著，则说明本研究存在样本自选择问题；反之，则说明本研究并不存在样本自选择问题。具体模型如下：

$$DA_{it} = \gamma_0 + \gamma_1 MM_{it} + \gamma_2 Law_{it} + \gamma_3 MM_{it} \times Law_{it} + \gamma_4 Size_{it} + \gamma_5 CF_{it} + \gamma_6 Lev_{it} + \gamma_7 BS_{it} + \gamma_8 PID_{it} + \gamma_9 SBS_{it} + \gamma_{10} AT_{it} + \gamma_{11} OR_{it} + \gamma_{12} BIG4_{it} + \gamma_{13} IMR_{it} + \gamma_{14} Year_{it} + \gamma_{15} Ind_{it} + \eta \quad (7.3)$$

表7-3为Heckman二阶段回归结果。通过回归结果可以发现，媒体监督与制度环境的交叉项$MM_{it} \times Law_{it}$的回归系数均显著为正，这说明在盈余管理治理问题中媒体监督和制度环境之间存在着显著的替代效应，即相对于制度环境较好的地区而言，媒体监督制约制度环境较差地区的上市公司盈余管理作用更大，支持了本章研究假设。

7.4.3　基于产权性质差异的探索性分析

截至2013年年末，国有上市公司的数量占到A股市场的41%，而国有上市公司的市值则占A股市场总市值的61%。不同产权性质的上市公司在资本市场并存是现阶段我国市场经济的重要特征之一，产权性质的差异会对企业的生产经营、治理决策等产生深刻的影响，最终将影响企业的市场表现和行为导向。因此，本章拟基于产权性质差异做一个探索性分析，检验媒体监督和制度环境的交互影响对不同产权性质企业盈余管理的约束作用的差异。为了达到上述研究设想，主要采用以下两种方法进行检验：

表7-3　　控制自选择问题的Heckman二阶段回归结果

变　量	报纸监督（PMM）	八大报纸监督（PMM8）	网络媒体监督（NMM）
Constant	0.472*** (11.260)	0.455*** (10.447)	0.599*** (15.507)
$Media_{it}$	-0.025*** (-2.950)	-0.014** (-2.324)	-0.029*** (-10.331)
Law_{it}	-0.013*** (-3.625)	-0.008** (-2.084)	-0.033*** (-13.495)
$Media \times Law_{it}$	0.003** (2.099)	0.002* (1.877)	0.004*** (10.501)
$Size_{it}$	-0.012*** (-10.414)	-0.013*** (-10.976)	-0.012*** (-10.543)
CF_{it}	-0.105*** (-5.495)	-0.101*** (-5.071)	-0.068*** (-3.449)
Lev_{it}	-0.002 (-0.191)	0.000 (0.018)	-0.001 (-0.126)
BS_{it}	-0.005 (-0.770)	-0.002 (-0.315)	-0.002 (-0.326)
PID_{it}	-0.086*** (-4.162)	-0.098*** (-4.620)	-0.091*** (-4.216)
SBS_{it}	0.002 (0.372)	-0.005 (-1.054)	-0.003 (-0.572)
AT_{it}	0.001 (0.188)	-0.000 (-0.032)	-0.000 (-0.046)
OR_{it}	0.463*** (4.173)	0.598*** (5.190)	0.698*** (6.108)
BIG4	-0.002 (-0.344)	-0.001 (-0.186)	-0.002 (-0.355)
IMR_{it}	-0.000 (-0.007)	0.004 (0.436)	0.007 (1.056)
$Year_{it}/Ind_{it}$	控制	控制	控制
Wald chi2	251.65***	251.31***	433.85***
N	6 266	6 266	6 266

注：①为节约篇幅，本章未列示第一阶段Probit模型的估计结果，有兴趣的读者可来函索取；②***、**、*分别表示在1%、5%、10%的水平下显著，括号内的数字为T值。

方法一，引入产权性质变量，在模型（7.1）中加入媒体监督、制度环境和产权性质的交叉变量。

$$DA_{it} = \lambda_0 + \lambda_1 MM_{it} + \lambda_2 Law_{it} + \lambda_3 NPR_{it} + \lambda_4 MM_{it} \times Law_{it} + \lambda_5 MM_{it} \times NPR_{it} + \lambda_6 Law_{it} \times NPR_{it} + \lambda_7 M_{it} M_{it} \times Law_{it} \times NPR_{it} + \lambda_8 Control_{it} + \sigma \tag{7.4}$$

其中，NPR_{it}为企业产权性质的虚拟变量，当企业产权为国有时NPR_{it}为1，否则NPR_{it}为0；$MM_{it} \times Law_{it} \times NPR_{it}$为媒体监督、制度环境和企业产权性质的交叉变量；Control为控制变量，具体包含企业规模、自由现金流、资产负债率、董事会规模、独立董事比例、监事会规模、资产周转率、其他应收款比率、会计师事务所类型、年度虚拟变量和行业虚拟变量等。

采用交叉变量检验三者之间内在关系的缺陷在于，变量之间容易存在多重共线性问题，这会给研究结论造成较大的噪声。经过实证检验，本章发现回归结果中多个交叉变量的方差膨胀因子均大于10，这表明模型存在较严重的多重共线性问题，所以采用方法一的实证结果并不可靠①。

方法二，按照产权性质将样本分为国有企业样本组和非国有企业样本组，运用前文的模型（7.1）进行回归分析，借鉴Chen等（2010）方法来判别两个样本组的替代效应之间的差异是否具有统计意义，使用如下Z统计量：

$$Z = \frac{(\hat{\beta}_{so} - \hat{\beta}_{nso})}{\sqrt{S^2(\hat{\beta}_{so}) + S^2(\hat{\beta}_{nso})}} \tag{7.5}$$

其中，$\hat{\beta}_{so}$为国有企业样本组$MM_{it} \times Law_{it}$的回归系数；$\hat{\beta}_{nso}$为非国有企业样本组$MM_{it} \times Law_{it}$的回归系数；$S^2(\hat{\beta}_{so})$和$S^2(\hat{\beta}_{nso})$分别为上述回归系数标准误差的平方。

表7-4为基于产权性质差异的探索性分析的结果。以报纸监督MMP_{it}作为媒体监督代理变量的回归结果为例，媒体监督和制度环境的交叉项（$MM_{it} \times Law_{it}$）与国有上市公司的盈余管理在5%的水平上显著正相关，影响系数为0.002；而媒体监督和制度环境的交叉项（$MM_{it} \times Law_{it}$）与非国有上市公司的盈余管理在1%的水平上显著正相关，影响系数高达0.005。两个样本组替代效应系数的差额为-0.003，且在5%的水平上显著，这说明相对于非国有企业而言，媒体监督与制度环境对国有企业盈余管理治理的替代效应更强，即在制度环境较差的地区媒体监督对国有企业盈余管理的约束力大于非国有企业。产权性质对媒体监督发挥的公司治理作用有着重要的影响。国有企业的高管大多具有一定的行政级别，带有浓厚的官员色彩。不同于民营企业，国有企业高管的职务晋升不仅仅取决于企业的经营绩效，还注重管理者的社会声誉和公众形象。在法治薄弱的地区，媒体监督的"社会公器"职能的发挥可以有效地弥补法律的缺失，出于对政治前途和职务

① 本章还进行了其他尝试，在模型（7.4）中仅加入交叉变量$MM_{it} \times Law_{it} \times NPR_{it}$和变量$NPR_{it}$，回归结果仍存在严重的共线性问题。

晋升的考虑，国企高管更加重视媒体监督所造成的社会影响，此时国企高管进行盈余管理的边际成本远高于民企高管。为了避免被媒体曝光，国企高管会降低企业的盈余管理程度。以八大报纸监督 $MMP8_{it}$ 作为媒体监督代理变量的检验结果同样支持上述论断，但是网络媒体监督 NMM_{it} 检验结果并未能通过显著性检验。整体而言，相对于非国有企业而言，媒体监督与制度环境对国有企业盈余管理治理中的替代效应更强。

表 7-4　　**基于产权性质差异的探索性分析结果**

变　量	报纸监督（MMP）		八大报纸监督（MMP8）		网络媒体监督（NMM）	
	国有企业	非国有企业	国有企业	非国有企业	国有企业	非国有企业
Constant	0.503*** (14.741)	0.672*** (12.660)	0.493*** (14.567)	0.666*** (12.609)	0.593*** (16.523)	0.745*** (13.586)
MM_{it}	-0.019*** (-3.744)	-0.041*** (-4.768)	-0.018*** (-2.952)	-0.053*** (-5.032)	-0.022*** (-7.489)	-0.029*** (-6.549)
Law_{it}	-0.011*** (-6.189)	-0.017*** (-7.385)	-0.010*** (-6.296)	-0.017*** (-7.657)	-0.023*** (-9.096)	-0.027*** (-8.071)
$MM_{it}\times Law_{it}$	0.002** (2.011)	0.005*** (3.584)	0.002* (1.715)	0.006*** (3.843)	0.003*** (6.450)	0.004*** (5.345)
$Size_{it}$	-0.014*** (-12.584)	-0.018*** (-10.229)	-0.014*** (-12.529)	-0.018*** (-10.223)	-0.014*** (-12.473)	-0.018*** (-10.154)
CF_{it}	-0.073*** (-4.024)	-0.054* (-1.775)	-0.073*** (-3.995)	-0.053* (-1.720)	-0.073*** (-4.019)	-0.052* (-1.704)
Lev_{it}	0.001 (0.147)	-0.019 (-1.269)	0.000 (0.035)	-0.019 (-1.283)	-0.002 (-0.172)	-0.021 (-1.445)
BS_{it}	-0.000 (-0. 106)	-0.002 (-0.162)	-0.001 (-0.159)	-0.000 (-0.064)	-0.002 (-0.364)	0.000 (0.035)
PID_{it}	-0.090*** (-4.481)	-0.156*** (-4.802)	-0.092*** (-4.556)	-0.155*** (-4.767)	-0.095*** (-4.732)	-0.150*** (-4.645)
SBS_{it}	-0.006 (-1.326)	-0.007 (-0.956)	-0.006 (-1.355)	-0.006 (-0.860)	-0.006 (-1.464)	-0.007 (-0.978)
AT_{it}	-0.004 (-1.168)	0.004 (0.903)	-0.004 (-1.307)	0.004 (0.823)	-0.003 (-1.095)	0.003 (0.618)
OR_{it}	0.980*** (9.099)	0.520*** (3.622)	0.988*** (9.145)	0.525*** (3.667)	0.949*** (8.805)	0.568*** (3.972)
$BIG4_{it}$	0.005 (0.899)	0.003 (0.220)	0.003 (0.567)	0.006 (0.385)	0.003 (0.558)	-0.003 (-0.189)
$Year_{it}/Ind_{it}$	控制	控制	控制	控制	控制	控制
F 值	17.045***	9.137***	16.081***	9.287***	17.490***	9.773***
Adj-R^2	0.092	0.099	0.087	0.101	0.094	0.106
N	4 275	1 991	4 275	1 991	4 275	1 991
替代效应系数差	-0.003		-0.004		-0.001	
Z统计量	-2.121**		-4.000***		-0.447	

注：此处还采用 Heckman 二阶段模型进行了稳健性检验，回归结果未出现实质性差异；***、**、*分别表示在1%、5%、10%的水平下显著；括号内为T值。

7.4.4　基于真实盈余管理的再检验

Schipper（1989）根据是否影响企业现金流，将盈余管理分为利用应计项目进行的盈余管理和通过真实经济活动进行的盈余管理。为了确保本章研究结论的适用性，在此特将被解释变量变更为真实盈余管理，并对应地进行了再检验。Roychowhdury（2006）从销售操控、生产操控和酌量性费用操控出发，构建了真实盈余管理计量模型，开创了计量企业真实盈余管理程度的先河，该模型备受Zhao等（2012）等学者的推崇，是目前最权威的真实盈余管理计量模型。本章参考Roychowdhury（2006）的方法，构建了真实盈余管理总量模型来计量企业的真实盈余管理程度。表7-5为再检验的回归分析结果。从表7-5中A栏中可以发现，媒体监督、制度环境与真实盈余管理均呈显著的负相关关系，这表明媒体监督的加强和制度环境的提升可以有效地约束上市公司的真实盈余管理行为。媒体监督和制度环境的交叉项（$MM_{it}×Law_{it}$）与真实盈余管理均显著正相关，本章的研究假设7-1得以证实。B栏为控制自选择问题的Heckman二阶段检验的结果，经过分析后发现本章并不存在样本选择性偏差，研究结论较为稳健。C栏考察了不同产权性质情况下媒体监督对真实盈余管理的替代保护效应的差异性，Z统计量均显著负相关，因此在制度环境较差的地区媒体监督对国有企业真实盈余管理的约束力大对于非国有企业。整体而言，采用应计盈余管理和真实盈余管理的实证结果一致，这进一步说明了本章研究结论的可靠性和适用性。

表7-5　**以真实盈余管理为被解释变量的再检验**

A栏：媒体监督、制度环境与真实盈余管理的检验结果

变量	报纸监督（PMM）		八大报纸监督（PMM8）		网络媒体监督（NMM）	
MM_{it}	-0.020*** (-6.115)	-0.067*** (-5.554)	-0.017*** (-4.231)	-0.072*** (-5.026)	-0.010*** (-4.687)	-0.031*** (-4.742)
Law_{it}	-0.010*** (-3.344)	-0.011*** (-2.932)	-0.009** (-2.413)	-0.010*** (-2.684)	-0.012* (-1.853)	-0.016*** (-2.908)
$MM_{it}×Law_{it}$		0.007*** (4.017)		0.009*** (4.016)		0.003*** (3.424)

B栏：控制自选择问题的Heckman二阶段回归结果

Variable	报纸监督（PMM）		八大报纸监督（PMM8）		网络媒体监督（NMM）	
MM_{it}	-0.028*** (-3.879)	-0.041*** (-2.624)	-0.029*** (-2.987)	-0.044** (-2.348)	-0.013*** (-3.406)	-0.031*** (-3.943)

续表

Law_{it}	-0.010^{***} (−3.141)	-0.005^{***} (−2.401)	-0.012^{***} (−3.381)	-0.006^{**} (−2.560)	-0.003^{**} (2.057)	-0.014^{**} (−1.986)
$MM_{it}\times Law_{it}$		0.002^{**} (2.516)		0.002^{**} (2.468)		0.003^{**} (2.654)
IMR_{it}	0.031 (1.435)	0.031 (1.425)	0.007 (0.265)	0.006 (0.247)	0.033 (1.071)	0.034 (1.092)

C栏：基于产权性质差异的探索性分析结果

Variable	报纸监督（PMM）		八大报纸监督（PMM8）		网络媒体监督（NMM）	
	国有企业	非国有企业	国有企业	非国有企业	国有企业	非国有企业
MM_{it}	-0.074^{***} (−5.036)	-0.046^{**} (−2.085)	-0.073^{***} (−4.246)	-0.065^{**} (−2.404)	-0.030^{***} (−3.629)	-0.030^{***} (−2.567)
Law_{it}	-0.013^{***} (−2.573)	-0.009^{**} (−2.453)	-0.009^{**} (−2.014)	-0.010^{**} (−2.116)	-0.015^{**} (−2.058)	-0.016^{**} (−1.985)
$MM_{it}\times Law_{it}$	0.004^{***} (3.094)	0.009^{***} (3.880)	0.007^{***} (2.627)	0.009^{***} (3.566)	0.003^{**} (2.124)	0.004^{***} (2.270)
替代效应系数差	−0.005		−0.002		−0.001	
Z统计量	-3.189^{***}		-2.237^{**}		-1.832^{*}	

注：①***、**、*分别表示在1%、5%、10%的水平下显著，括号内的数字为T值；②限于篇幅，其他控制变量的回归结果并未能列示。

7.4.5 稳健性检验

首先，消除样本集聚的影响。考虑到观测样本可能存在的集聚问题，为避免样本分布对研究结论产生影响，采用以下方法进行敏感性测试：在本章所选取的样本中，制度环境较好的北京、上海和广东的观测样本多达1 795个，占总观测样本的28.647%；而制度环境较差的西藏、宁夏、青海的观测样本仅有123个，占总观测样本的1.963%。经过比较可以发现，本章样本存在一定的集聚现象，由此得到的结论可能会有所偏差。为了消除样本集聚的影响，本章删除了北京、上海和广东的观测样本，对剩下的4 471个观测样本进行相对应的实证分析，实证结果并未发生变化。其次，摒除媒体监督数据中存在的截尾问题。由于本章所选取的媒体监督程度数据中可能存在一定的截尾问题，为了克服由此给研究结论带来的噪音，剔除了媒体监督程度为0的样本，仅使用媒体监督程度大于0的样本进行实证检验，经过上述处理后的实证结果与前文无实质性差异。最后，选取其他盈余管理指标。国外学者还采用Healy模型、DeAngelo模型和Jones模型来计量企业的应计盈余管理水平，为了确保研究结论的稳健性，本章还分别使用了Healy模型、DeAngelo模型和Jones模型计量的盈余管理进行了分析，研究发现结论与前文基本一致。

7.5　本章小结

正式制度因素与非正式制度因素在公司治理中的作用，一直是理论界和实务界所关注的热点话题。本章以公司盈余管理治理为切入点，考察了制度环境与媒体监督在盈余管理治理中的交互作用，并结合中国企业实情探讨产权性质视角下的治理效应差异。研究发现：第一，媒体监督是约束上市公司盈余管理有效的制度外替代机制，即相对于制度环境较好的地区而言，在制度环境较差地区媒体监督对上市公司盈余管理的约束力更强；第二，基于产权性质差异的探索性分析结果显示，相对于制度环境较好的地区而言，在制度环境较差的地区媒体监督对国有企业盈余管理的约束力大于非国有企业；第三，考虑到样本可能存在的自选择问题，采用Heckman二阶段模型进行了再检验，研究结论与前文相同；第四，为了保证研究结论的可靠性和适用性，采用真实盈余管理代替应计盈余管理进行了再检验，实证结论与前文完全一致。

第8章 结论与展望

8.1 研究结论

当前我国资本市场正处于新兴加转轨的重要时期，特殊的制度环境给上市公司盈余管理治理工作带来了挑战。我国各地区的制度环境存在显著的差异，不完善的制度环境可能会给盈余管理的滋生提供可乘之机。同时，媒体在揭露企业舞弊的黑幕和维护中小投资者合法利益中发挥着重要的作用。考虑到制度环境和媒体监督在企业盈余管理治理中的重要性，本书试图理清制度环境、媒体监督和盈余管理之间的内在关系。本书的研究结论主要有以下四点：

（1）我国上市公司盈余管理的区域分布特征有规律可循，东中西三大区域之间的盈余管理存在着显著的差异，且具有较强的空间自相关和显著的集聚现象。

本书以我国700家沪深两市上市公司2001—2013年持续13年的样本为研究对象，在合理计量应计盈余管理和真实盈余管理的基础上，探讨了盈余管理的区域分布特征。首先，通过绘制盈余管理区域分布特征图，本书发现我国东部地区的应计盈余管理程度最低，西部地区的应计盈余管理程度最高。而真实盈余管理的分布特征却刚好相反，东部地区的真实盈余管理程度最高，西部地区的真实盈余管理程度最低。其次，本书采用非参数检验进行了组间差异分析，实证结果显示我国东中西三大区域之间的盈余管理差异显著。最后，本书运用空间自相关检验分析了盈余管理的空间特征，结果表明我国在大部分年度中盈余管理存在较强的空间相关性，且具有显著的集聚现象。

（2）良好的制度环境可以有效地降低上市公司应计盈余管理，却会诱发上市公司进行更多的真实盈余管理。随着我国制度环境的不断完善，上市公司进行盈余管理的手段由应计盈余管理逐渐转向真实盈余管理。

本书采用系统广义矩估计，考察制度环境对应计盈余管理和真实盈余管理的影响，分析了我国上市公司盈余管理策略转变的制度根源。研究发现：首先，制度环境与上市公司应计盈余管理显著负相关，即政府干预程度越低、制度环境越高，上市公司的应计盈余管理程度越低；其次，制度环境与上市公司真实盈余管理显著正相关，即政府干预程度越低、制度环境越高，上市公司的真实盈余管理程度越高；最后，制度环境是企业盈余管理策略选择的重要影响因素。针对制度环境的不断完善，上市公司盈余管理策略更加高明，逐渐由易于发现的传统应计盈余管理转向难以察觉的真实盈余管理。

（3）制度环境对上市公司盈余管理的治理效果受到公司终极控制人特征的影响。相对于非国有上市公司，制度环境对国有上市公司应计盈余管理和真实盈余管理约束力更强。相对于地方国企，制度环境对央企应计盈余管理有着更强的约束作用，但对真实盈余管理的影响差异并不显著。

本书通过实证分析检验了制度环境和终极控制人特征对盈余管理的交叉影响机理。研究发现：一方面，终极控制人性质会影响制度环境对盈余管理的治理效果。相对于非国有上市公司，制度环境对国有上市公司的两种盈余管理行为约束力更强，即终极控制人的政府特性强化了制度环境对企业应计盈余管理和真实盈余管理的治理作用。另一方面，相对于地方国企，制度环境对央企应计盈余管理行为发挥着更大的约束作用，但是制度环境对不同终极控制人行政级别上市公司的真实盈余管理的影响差异并不显著。

（4）不同盈余管理方式带来的经济后果存在差异，应计盈余管理的经济后果并不显著，而真实盈余管理会给企业带来显著的负面经济后果，良好的制度环境可以弱化真实盈余管理给企业造成的损害。

本书从公司业绩、公司价值和股票累积报酬率三方面的经济后果出发，采用普通最小二乘法，检验了应计盈余管理和真实盈余管理所带来的经济后果差异，考察了制度环境对盈余管理经济后果的调节效用。研究发现：第一，上市公司应计盈余管理与企业未来的公司业绩、公司价值和股票累积报酬率呈现不显著的正相关关系，即上市公司应计盈余管理不能有效地影响企业经济后果。制度环境也未能对应计盈余管理的经济后果发挥调节作用。第二，上市公司真实盈余管理与企业未来的公司业绩、公司价值和股票累积报酬率呈现显著的负相关关系，即上市公司真实盈余管理会给企业带来显著的负面经济后果；同时，制度环境能对真实盈余管理的经济后果进行有效的调节，良好的制度环境可以缓解真实盈余管理造成的负面经济后果。第三，制度环境与企业未来的公司业绩、公司价值和股票累积报酬率呈现显著的正相关关系，这表明制度环境可以帮助企业获得良好的产品市场、资本市场表现。

（5）媒体监督可以有效地发挥盈余管理治理作用，并对企业的盈余管理策略产生显著的影响。媒体监督的盈余管理治理作用会因为企业的政治关联属性而有所差异。

本书以上市公司盈余管理治理为切入点，研究了媒体监督对上市公司盈余管理的治理效应。研究发现：第一，媒体监督可以有效地约束上市公司盈余管理行为，即随着媒体监督的程度增加，上市公司的应计盈余管理程度和真实盈余管理程度会降低；第二，媒体监督会对上市公司的盈余管理策略产生重要的影响，即迫于媒体监督的压力，上市公司偏向于更多地使用真实盈余管理，而较少使用应计盈余管理；第三，媒体监督对不同类型政治关联上市公司盈余管理的影响存在差异，即相对于政治关联上市公司而言，媒体监督对非政治关联上市公司的盈余管理的约束力更强。

（6）媒体监督是约束上市公司盈余管理有效的制度外替代机制。

正式制度因素与非正式制度因素在公司治理中的作用，一直是理论界和实务界所关注的热点话题。本书以公司盈余管理治理为切入点，考察了制度环境与媒体监督在盈余管理治理中的交互作用，并结合中国企业实情探讨了产权性质视角下的治理效应差异。研究发现：第一，媒体监督是约束上市公司盈余管理有效的法律外替代机制，即相对于制度环境较好的地区而言，在制度环境较差地区媒体监督对上市公司盈余管理的约束力更强；第二，基于产权性质差异的探索性分析结果显示，相对于制度环境较好的地区而言，在制度环境较差的地区媒体监督对国有企业盈余管理的约束力大于非国有企业；第三，考虑到样本可能存在的自选择问题，采用Heckman二阶段模型进行了再检验，研究结论与前文相同；第四，为了保证本书研究结论的可靠性和适用性，采用真实盈余管理代替应计盈余管理进行了再检验，实证结论与前文完全一致。

8.2 研究展望

本书探讨了制度环境对上市公司盈余管理策略的影响，检验了终极控制人对盈余管理的作用机理，分析了不同终极控制人情况下制度环境对盈余管理影响的差异，具有一定的理论价值和现实意义。由于作者的能力和时间有限，书中仍有较多的地方可以进一步深入探讨。经过总结整理后发现，未来研究中可以围绕以下三个方面开展：

第一，构建制度环境多维度综合评价模型。现阶段国内学者们的制度环境数据主要选自于樊纲等（2011）所编著的《中国市场化指数——各地区市场化相对进程2011年报告》，但是该系列书籍仅提供了1997—2009年的市场化数据，这在一定程度上制约了制度环境的相关领域研究的开展。本书尝试着采用行政事业性收费在财政收入中的比重和结案率分别作为政府干预和法治水平的代理变量，但是这两种变量也存在着一定的局限性。如何构建制度环境综合评价模型，科学合理地对我国各地区的制度环境进行计量，将是制度环境领域下一步工作的重点。学者们可以将制度环境划分为地区法治水平、政府干预程度、经济发展水平等维度，通过文献阅读、问卷调查和专家访谈等方法海选制度环境各维度的评价指标，利用主成分分析方法对海选的指标进行处理，筛选出能够反映制度环境各维度的典型指标，删除信息含量低的指标，避免指标间共线性对综合评价的影响。通过Fisher聚类分析对指标进行科学合理的分层，构建评价指标体系，并通过因子分析法构建评价模型，评价制度环境的各个维度，运用层次分析法（AHP）计算不同地区的制度环境综合指数。

第二，将政治联系等非制度环境因素纳入盈余管理治理研究框架中。正如“法与金融”理论所述，完善的法律制度是投资者保护的重要前提，然而在现实经济生活中大部分国家都会面临着法律对投资者保护不足的问题。此时，政府会努力完善制度环境，而市场则积极寻求其他非制度环境的有益补充。特别是像中国这样处于转轨时期的新兴市场国家，法律基础的薄弱造成法制建设任重而道远，短期内并不能一蹴而就，这时法律外的制度安排和市场替代机制就显得尤其重要。在后续的研究中，学者们可以探讨制度环境和非制度环境对企业盈余管理的影响机理，尝试寻找在我国这样一个制度环境不完善的国度中，政治等非制度环境能否发挥替代保护作用的证据。

第三，考虑企业管理者行为特征对盈余管理的影响。行为经济学已经证实，管理者的心理、情绪、信念、认知和偏好会对其决策行为产生重要的影响。不同行为特征的管理者在盈余管理决策中有着不同的表现，以往研究都忽视了管理者的行为特征因素对盈余管理决策的影响，这就导致了部分研究结论可能会出现偏误。后续研究可以围绕管理者的行为特征，分别从过度自信、过度乐观、风险偏好、损失厌恶等角度出发，探讨在不同类型管理者行为特征的情况下企业盈余管理决策的差异，进而寻找约束管理者盈余管理的有效手段，具有较强的现实意义。

参考文献

[1] ABDEL K, AHMED R. An empirical analysis of CEO risk aversion and the propensity to smooth earnings volatility [J]. Journal of Accounting, Auditing and Finance, 2006 (11): 138–160.

[2] AGRAWAL A K. The impact of investor protection law on corporate policy and performance: evidence from the blue sky laws [J]. Journal of Financial Economics, 2013, 107(2): 417–4.

[3] AHN S, CHOI W. The role of bank monitoring in corporate governance: evidence from borrowers' earnings management behavior [J]. Journal of Banking & Finance, 2009, 33(2): 425–434.

[4] ALLEN F, QIAN J, QIAN M. Law, finance, and economic growth in China [J]. Journal of Financial Economics, 2005, 77(1): 57–116.

[5] ANDERSON T W, HSIAO C. Estimation of dynamic models with error components [J]. Journal of the American Statistical Association, 1981, 76(375): 598–606.

[6] ARELLANO M, BOND S. Some tests of specification for panel data: Monte Carol evidence and an application to employment equations [J]. Review of Economic Studies, 1991, 58(2): 277–297.

[7] BABER W R, FAIRFIELD P M, HAGGARD J A. The effect of concern about reported income on discretionary spending decisions: the case of research and development[J]. Accounting Review, 1991, 66(4): 818–829.

[8] BADERTSCHER B A. Overvaluation and the choice of alternative earnings management mechanisms [J]. The Accounting Review, 2011, 86(5): 1491–1518.

[9] BALL R, ROBIN A, SADKA G. Is financial reporting shaped by equity markets or by debt markets? an international study of timeliness and conservation [J]. Review of Accounting Studies, 2008, 13(2–3): 168–205.

[10] BALL R, ROBIN A, WU J S. Incentives versus standards: properties of accounting income in four East Asian countries [J]. Journal of Accounting and Economics, 2003, 36(1): 235–27.

[11] BALL L, SHIVAKUMAR. Earnings quality in UK private firms: comparative loss recognition timeliness [J]. Journal of Accounting and Economics, 2005, 39(1): 83–128.

[12] BALSAM S, KRISHNAN J, YANG J S. Auditor industry specialization and earnings quality[J]. Auditing: A Journal of Practice & Theory, 2003, 22(2): 71–97.

[13] BARTON J, SIMKO P J. The balance sheet as an earnings management constraint [J]. The Accounting Review, 2002, 77(s1): 1-27.

[14] BARTON J. Does the use of financial derivatives affect earnings management decisions? [J]. The Accounting Review, 2001(76): 1-26.

[15] BASU S. The conservatism principle and the asymmetric timeliness of earnings [J]. Journal of Accounting and Economics, 1997, 24(1): 3-37.

[16] BECKER C L, DEFOND M L, JIAMBALVO J, et al. The effect of audit quality on earnings management[J]. Contemporary Accounting Research, 1998, 15(1): 1-24.

[17] BENKEL M, MATHER P, RAMSAY A. The association between corporate governance and earning management: the role of independent directors [J]. Corporate Ownership & Control, 2006, 3(4): 65-75.

[18] BENY L N. Insider trading laws and stock markets around the world: an empirical contribution to the theoretical law and economics debate [J]. Journal of Corporation Law, 2007, 32: 237.

[19] BERGMAN N K, NICOLAIEVSKY D. Investor protection and the Coasian view [J]. Journal of Financial Economics, 2007, 84(3): 738-771.

[20] BERGSTRESSER D, PHILIPPON T. CEO incentives and earnings management[J]. Journal of Financial Economics, 2006, 80(3): 511-529.

[21] BEYER A, COHEN D A, LYS T Z, et al. The financial reporting environment: review of the recent literature[J]. Journal of Accounting and Economics, 2010, 50(2-3): 296-343.

[22] BHATTACHARYA U, DAOUK H, WELKER M. The world pricing of earnings opacity [J]. The Accounting Review, 2003, 78(3): 641-678.

[23] BHOJRAJ S, HRIBAR P, PICCONI M, et al. Marking sense of cents: an examination of firms that marginally miss or beat analyst forecasts [J]. Journal of Finance, 2009, 64(5): 2361-2388.

[24] BIDDLE G C, HILARY G, VERDI R S. How does financial reporting quality relate to investment efficiency? [J]. Journal of Accounting and Economics, 2009, 48(2): 112-131.

[25] BLUNDELL R, BOND S. Initial conditions and moment restrictions in dynamic panel data models [J]. Journal of Econometrics, 1998, 87(1): 115-143.

[26] BOND S R, HOEFFLER A, TEMPLE J. GMM estimation of empirical growth models [R]. Working Paper, 2001.

[27] BOND S R. Dynamic panel data models: a guide to micro data methods and practice [J]. Portuguese Economic Journal, 2002, (1): 141-162.

[28] BOTOSAN. CHRISTINE A, PLUMLEE. et al. A re-examination of disclosure level and the expected cost of equity capital[J]. Journal of Accounting Research, 2002, 40 (1): 21-40.

[29] BOTOSAN. CHRISTINE A. Disclosure level and the cost of equity capital [J]. Accounting Review, 1997, 72(3): 323-349.

[30] BROWN P R. Earnings management: a subtle (and troublesome) twist to earning quality [J]. Journal of Financial Statement Analysis, 1999(4): 61-63.

[31] BROWN T J. Advantageous comparison and rationalization of earnings management [J]. Journal of Accounting Research, 2014, 52(4): 849-976.

[32] BRUNS JR W J, Merchant K A. The dangerous morality of managing earnings[J]. Management Accounting, 1990, 72(2): 22-25.

[33] BUSHEE B J, CORE J E, GUAY W, et al. The Role of the business press as an information intermediary[J]. Journal of Accounting Research, 2010, 48(1): 1-19.

[34] BUSHMAN R M, PIOTROSKI J D, SMITH A J. What determines corporate transparency? [J]. Journal of Accounting Research, 2004, 42(9): 207-252.

[35] BUSHMAN R M, SMITH A J. Financial accounting information and corporate governance[J]. Journal of Accounting and Economics, 2001, 32(1): 237-333.

[36] CALL A C, CHEN S, MIAO B, et al. Short-term earnings guidance and accrual-based earnings management[J]. Review of Accounting Studies, 2014, 19 (2): 955-987.

[37] CANG Y, CHU Y, LIN T W. An exploratory study of earnings management detectability, analyst coverage and the impact of IFRS adoption: evidence from China[J]. Journal of Accounting and Public Policy, 2014, 33(4): 356-371.

[38] CHAN K, FARRELL B, LEE P. Earnings management of firms reporting material internal control weaknesses under section 404 of the Sarbanes-Oxley Act [J]. Auditing: A Journal of Practice and Theory, 2008, 27 (2): 161-179.

[39] CHAN K, MENKVELD A J, YANG Z. Information asymmetry and asset prices: evidence from the China foreign share discount[J]. The Journal of Finance, 2008, 63(1): 159-196.

[40] CHE J, QIAN Y. Insecure property rights and government ownership of firms [J]. Quarterly Journal of Economics, 1998, 113(2): 467-496.

[41] CHEN C W, PANTZALIS C, PARK J C. Press coverage and stock price deviation from fundamental value[J]. Journal of Financial Research, 2013, 36(2): 175-214.

[42] CHEN K C W, UAN H. Earnings management and capital resource allocation: evidence from China's accounting-based regulation of rights issues [J]. The Accounting Review, 2004, 79(3): 645-665.

[43] CHEN P, HE S, MA Z, et al. Media independence and audit quality[C]. 2013 American Accounting Association Annual Meeting,2013.

[44] CHEN Q, HEMMER T, ZHANG Y. On the relation between conservatism in accounting standards and incentives for earnings management[J]. Journal of Accounting Research,2007,45(3): 541-565.

[45] CHEN Q, JIANG W. Analysts′ weighting of private and public information[J]. Review of Financial Studies,2006(19): 319-355.

[46] CHEN S,SUN Y J,WU D. Client importance,institutional improvements,and audit quality in China: an office and individual auditor level analysis[J]. The Accounting Review,2010,85(1):127-158.

[47] CHEN X,LEE C J,LI J. Government assisted earnings management in China [J]. Journal of Accounting and Public Policy,2008,27 (3): 262-274.

[48] CHENG S. R&D expenditures and CEO compensation[J]. Accounting Review, 2004,79(2): 305-328.

[49] CHI W,LISIC L L,PEVZNER M. Is enhanced audit quality associated with greater real earnings management? [J]. Accounting Horizons,2011,25(2):315-335.

[50] CHIN C,CHEN Y,HSIEH T. International diversification,ownership structure,legal origin, and earnings management: evidence from Taiwan [J]. Journal of Accounting Auditing & Finance,2009,24(2): 233-262.

[51] CHUNG R,FIRTH M,KIM J B. Earnings management,surplus free cash flow,and external monitoring[J]. Journal of Business Research,2005,58(6): 766-776.

[52] COASE R H. The nature of the firm[J]. Economica,1937,4(16): 386-405.

[53] COHEN D A,DEY A,LYS T Z. Real and accrual-based earnings management in the pre-and post-Sarbanes-Oxley periods [J]. The Accounting Review,2008,83(3): 757-787.

[54] COHEN D,ZAROWIN P. Accrual-based and real earnings management activities around seasoned equity offerings [J]. Journal of Accounting and Economics,2010, 50(1):2-19.

[55] CORE J E, GUAY W, LARCKER D F. The power of the pen and executive compensation[J]. Journal of Financial Economics,2008,88(2):1-25.

[56] CORNETT M M,MCNUTT J J,TEHRANIAN H. Corporate governance and earnings management at large U.S. bank holding companies [J]. Journal of Corporate Finance,2009,15(4):412-430.

[57] CULLINAN C P, DU H, WRIGHT G B. Is there an association between director option compensation and the likelihood of misstatement? [J]. Advances in Accounting,2008,24(1): 16-23.

[58] CUMMING D, DIXON R, HOU W, et al. Media coverage and foreign share discount puzzle in China[J]. The European Journal of Finance, 2016, 22(4-6): 393-412.
[59] DASH A K. Media impact on corporate governance in India: a research Agenda[J]. Corporate Governance, 2012, 12(1): 89-100.
[60] DEANGELO L E. Accounting numbers as market valuation substitutes: a study of management buyouts of public stock holders [J]. The Accounting Review, 1986, 61(3): 400-420.
[61] DEANGELO L E. Auditor size and audit quality [J]. Journal of accounting and economics, 1981, 3(3): 183-199.
[62] DEBOSKEY D G, JIANG W. Earnings management and auditor specialization in the post-SOX era: an examination of the banking industry[J]. Journal of Banking & Finance, 2012, 36(2): 613-623.
[63] DECHOW P M, SKINNER D J. Earnings management: reconciling the views of accounting academics, practitioners, and regulators[J]. Accounting Horizons, 2000, 14(2): 235-250.
[64] DECHOW P M, SLOAN R G. Executive incentives and the horizon problem: an empirical investigation[J]. Journal of accounting and Economics, 1991, 14(1): 51-89.
[65] DECHOW P M, SLOAN R G, SWEENEY A P. Detecting earnings management[J]. Accounting Review 1995(2): 193-225.
[66] DEGEORGE F, DING Y, JEANJEAN T, et al. Analyst coverage, earnings management and financial development: an international study[J]. Journal of Accounting and Public Policy, 2013, 32(1): 1-25.
[67] DINC I S. Politicians and banks: political influences on government-owned banks in emerging markets [J]. Journal of Financial Economics, 2005, 77(2): 453-479.
[68] DING Y, HOPE O, JEANJEAN T, et al. Differences between domestic accounting standards and IAS: measurement, determinants and implications [J]. Journal of Accounting and Public Policy, 2007, 26(1): 1-38.
[69] DING Y, ZHANG H, ZHANG J. Private vs state ownership and earnings management [J]. Corporate Governance: An International Review, 2007(15): 223-238.
[70] DJANKOV S, LAPORTA R, LOPEZ-DE-SILANES F, et al. Courts [J]. Quarterly Journal of Economics, 2003, 118(2): 453-517.
[71] DJANKOV S, LAPORTA R, LOPEZ-DE-SILANES F, et al. The law and economics of self-dealing [J]. Journal of Financial and Economics, 2008, 88(3): 430-465.
[72] DJANKOV S, MCLIESH C, SHLEIFER A. Private credit in 129 countries [J]. Journal of Financial Economics, 2007, 84(2): 299-329.

[73] DOYLE J, GE W, MCVAY S. Accruals quality and internal control over financial reporting [J]. The Accounting Review,2007,82(5): 1141-1170.

[74] DRAKE M S, GUEST N M, TWEDT B. The media and mispricing: the role of the business press in the pricing of accounting information [J]. The Accounting Review,2014,89(5):1673-1701.

[75] DUCHARME L L, RAJGOPAL S, SEFCIK S E. Why was internet IPO underpricing so severe?[R]. Working paper,2001.

[76] DYCK A, ZINGALES L. Private benefits of control: an international comparison[J]. The Journal of Finance,2004,59(2): 537-600.

[77] DYCK A, MORSE A, ZINGALES L. Who blows the whistle on corporate fraud? [J]. The Journal of Finance,2010,65(6):2213-2253.

[78] DYCK A, VOLCHKOVA N, ZINGALES L. The corporate governance role of the media: evidence from Russia[J]. The Journal of Finance,2008,63(3):1093-1135.

[79] HEALY P M. The effect of bonus schemes on accounting decisions [J]. Journal of Accounting and Economics,1985,7 (1-3):85-107.

[80] EDELSTEIN R H, LIU P, TSANG D. Real earnings management and dividend payout signals: a study for U.S. real estate investment trusts [R]. Working Paper,2008.

[81] ELLMAN M, GERMANO F. What do the papers sell? a model of advertising and media bias[J]. The Economic Journal,2009,119(537):680-704.

[82] ENGELBERG J E, PARSONS C A. The causal impact of media in financial markets [J]. The Journal of Finance,2011,66(1):67-97.

[83] ETTREDGE M L, KWON S Y, SMITH D B, et al. The impact of SFAS No. 131 business segment data on the market's ability to anticipate future earnings[J]. The Accounting Review,2005,80(3): 773-804.

[84] EWERT R, WAGENHOFER A. Economic effects of tightening accounting standards to restrict earnings management [J]. The Accounting Review, 2005, 80 (4): 1101-1124.

[85] FAN J P H, WEI K C, XU X. Corporate finance and governance in emerging markets: a selective review and an agenda for future research [J]. Journal of Corporate Finance,2011,17(2): 207-214.

[86] FAN J P H, WONG T J, ZHANG T. Politically connected CEOs, corporate governance, and post-IPO performance of China's newly partially privatized firms [J]. Journal of Financial Economics,2007,84(2): 330-357.

[87] FAROOQ O. Media independence and firm performance: evidence from emerging stock markets[J]. Journal of Applied Business Research,2013,29(4):1011-1020.

[88] FIRTH M, FUNG P, RUI O M. Ownership, two-tier board structure, and the informativeness

of earnings—evidence from China[J]. Journal of Accounting and Public Policy, 2007,26(4): 463-496.

[89] FRANCIS J R, WANG D. The joint effect of investor protection and big 4 audits on earnings quality around the world [J]. Contemporary Accounting Research, 2008, 25(1):157-191.

[90] FRANZ D R, HASSABELNABY H R, LOBO G J. Impact of proximity to debt covenant violation on earnings management[J]. Review of Accounting Studies, 2014, 19 (1): 473-505.

[91] FUNG S Y, SU L, GUL R J. Investor legal protection and earnings management: a study of Chinese H-shares and Hong Kong shares[J]. Journal of Accounting and Public Policy, 2013, 32(5):392-409.

[92] GAO P. A measurement approach to conservatism and earnings management[J]. Journal of Accounting and Economics, 2013, 55(2): 251-268.

[93] GAREN MARKARIAN, JUAN SANTALO. Product market competition, iInformation and earnings management[J]. Journal of Business Finance and Accounting, 2014 (6): 572-599.

[94] GLAESER E L, LA PORTA R, LOPEZ-DE-SILANES F. et al. Do institutions cause growth? [J]. Journal of Economic Growth, 2004, 9(3):271-303.

[95] GOH B W. Audit committees, boards of directors, and remediation of material weaknesses in internal control [J]. Contemporary Accounting Research, 2009, 26 (2):549-579.

[96] GONG G, KE B, YU Y. Home country investor protection' ownership structure and cross-listed firm' compliance with SOX - mandated internal control deficiency disclosures [J]. Contemporary Accounting Research, 2013, 30(4): 1490-1523.

[97] GONG G, LOUIS H, SUN A X. Earnings management and firm performance following open-market repurchases [J]. Journal of Finance, 2008, 63(2):947-986.

[98] GRAHAM J R, HARVEY C R, RAJGOPAL S. The economic implications of corporate financial reporting [J]. Journal of Accounting and Economics, 2005, 40(1-3): 3-73.

[99] GRIFFIN J M, HIRSCHEY N H, KELLY P J. How important is the financial media in global markets? [J]. Review of Financial Studies, 2011, 24(12):3941-3992.

[100] GUNNY K. The relation between earnings managemnet using real activities manipulation and future performance [J]. Contemporary Accounting Research, 2010, 27(3): 855-888.

[101] GURUN U G, BUTLER A W. Don't believe the hype: local media slant, local advertising, and firm value[J]. The Journal of Finance, 2012, 67(2):561-598.

[102] GUTTMAN I, KADAN O, KANDEL E. A rational expectations theory of kinks in

financial reporting[J]. The Accounting Review,2006,81(4): 811-848.

[103] HAW I, QI D, WU D, et al. Market consequences of earnings management in response to security regulations in China[J]. Contemporary Accounting Research, 2005,22(1): 95-140.

[104] HAZARIKA S, KARPOFF J M, NAHATA R. Internal corporate governance, CEO turnover,and earnings management[J]. Journal of Financial Economics,2012,104 (1): 44-69.

[105] HE X,WONG T J,YOUNG D. Challenges for implementation of fair value accounting in emerging markets: evidence from IFRS adoption in China[J]. Contemporary Accounting Research,2012,29(2): 538-562.

[106] HEALY P,PALEPU K. The effects of firms' financial disclosure strategies on stock prices [J]. Accounting Horizons,1993(1):1-12.

[107] HEALY P,PALEPU K. The challenges of investor communication: the case of CUC international [J]. Journal of Financial Economies,1995(2):111-140.

[108] HOUQE M N,ZIJL T,DUNSTAN K,et al. The effect of IFRS adoption and investor protection on earnings quality around the world[J]. The International Journal of Accounting,2012,47(3):333-355.

[109] HOUSTON J F,LIN C,MA Y. Media ownership,concentration and corruption in bank lending[J]. Journal of Financial Economics,2011,100(2):326-350.

[110] HRIBAR P, JENKINS N T, JOHNSON W B. Stock repurchases as an earnings management device [J]. Journal of Accounting and Economics,2006,41(1-2): 3-27.

[111] HRIBAR P,YANG H. Does CEO overconfidence affect management forecasting and subsequent earnings management[R]. Working Paper,2010.

[112] HUGHES J P. Corporate value,ultimate control and law protection for investors in Western Europe [J]. Management Accounting Research,2009,20(1):41-52.

[113] JANSSON A."Real owners" and "common investors": institutional logics and the media as a governance mechanism[J]. Corporate Governance: An International Review,2013,21(1):7-25.

[114] JEANJEAN T, STOLOWY H. Do accounting standards matter? an exploratory analysis of earnings management before and after IFRS adoption[J]. Journal of Accounting and Public Policy,2008,27(6): 480-494.

[115] JENSEN M,MECKLING W. Theory of the firm: managerial behavior,agency cost, and ownership structure[J]. Journal of Financial and Economics,1976(3): 305-360.

[116] JIRAPORN P,MILLER G A,YOON S S,et al. Is earnings management opportunistic

or beneficial? an agency theory perspective [J]. International Review of Financial Analysis, 2008, 17(3): 622-634.

[117] JOE J R. Why press coverage of a client influences the audit opinion[J]. Journal of Accounting Research, 2003, 41(1): 109-133.

[118] JOE J R, LOUIS H, ROBINSON D. Managers' and investors' responses to media exposure of board ineffectiveness [J]. Journal of Financial and Quantitative Analysis, 2009, 44(3): 579-605.

[119] JOHNSON N. The problem of "earnings management" insights [J]. The Corporate and Securities Law Advisor, 1999(1): 1-10.

[120] JOHNSON S, MCMILLAN J, WOODRUFF C. Property rights and finance [J]. American Economic Review, 2002, 92 (5): 1335-1356.

[121] JONES J. Management during import relief investigations [J]. Journal of Accounting Research, 1991(29): 193-228.

[122] KATO T, LONG C. Executive compensation, firm performs, and corporate governance in China: evidence from firms listed in the shanghai and shenzhen stock exchanges [J]. Economic development and Cultural change, 2006, 54(4): 945-983.

[123] KELLOGG I, KELLOGG L B. Fraud, window dressing, and negligence in financial statements [M]. New York: McGraw-Hill, 1991.

[124] KIM B, PEVZNER M, LEI L. Debt covenant slacks and real earnings management[R]. Working Paper, George Mason University, 2010.

[125] KIM J B, SOHN B C. Real versus accrual-based earnings management and implied cost of equity capital[R]. Working Paper, 2011.

[126] KLEIN A. Audit committee, board of director characteristics, and earnings management[J]. Journal of Accounting and Economics, 2002, 33(3): 375-400.

[127] KRISHNAN G V. Audit quality and the pricing of discretionary accruals[J]. Auditing: A Journal of Practice & Theory, 2003, 22(1): 109-126.

[128] KUO J M, NING L, SONG X. The real and accrual-based earnings management behaviors: evidence from the split share structure reform in China [J]. The International Journal of Accounting, 2014, 49(1): 101-136.

[129] LA PORTA R, LOPEZ-DE-SILANES F, SHLEIFER A, et al. Investor protection and corporate valuation [J]. Journal of Finance, 2002, 57(3): 1147-1170.

[130] LA PORTA R, LOPEZ-DE-SILANES F, SHLEIFER A, et al. The quality of government[J]. Journal of Law, Economics, and Organization, 1999, 15(1): 222-279.

[131] LA PORTA R, LOPEZ-DE-SILANES F, SHLEIFER A. Corporate ownership around

the world [J]. Journal of Finance,1999,54(2):471-517.

[132] LA PORTA R, LOPEZ-DE-SILANE F, SHLEIFER A, et al. Law and finance [R]. National Bureau of Economic Research,1996.

[133] LANG M, SMITH RAEDY J, WILSON W. Earnings management and cross listing: are reconciled earnings comparable to U.S. earnings? [J]. Journal of Accounting and Economics,2006,42(1): 255-283.

[134] LEE K W, LEV B, YEO G. Organizational structure and earnings management[J]. Journal of Accounting,Auditing & Finance,2007,22(2): 293-331.

[135] LEUZ C,NANDS D,WYSOCKJ P. Earnings management and investor protection: an international comparison [J]. Journal of Financial Economics,2003,69(3): 505-527.

[136] LIU B, MCCONNELL J. The Role of the media in corporate governance: do the media influence managers' capital allocation decisions? [J]. Journal of Financial Economics,2013,110(1):1-17.

[137] MAKAR S D, ALAM P. Earnings management and antitrust investigations: political costs over business cycles[J]. Journal of Business Finance & Accounting,1998,25(5-6): 701-702.

[138] MALMENDIER U,TATE G. Superstar CEOs[R]. Working Paper,2007.

[139] MARCIUKAITYTE D, PARK J C. Market competition and earnings management[R]. Working Paper,2009.

[140] MATSUURA S. On the relation between real earnings management and accounting earnings management: income smoothing perspective [J]. Journal of International Business Research,2008,7: 63.

[141] MCLEAN R D, ZHANG T, ZHAO M.Why does the law matter? investor protection and its effects on investment,finance,and growth [J]. Journal of Finance,2012,67(1):313-350.

[142] MCNICHOLS M F. Research design issues in earnings management studies [J]. Journal of Accounting and Public Policy,2000,19(4-5): 313-345.

[143] MILLER G S. The press as a watchdog for accounting fraud [J]. Journal of Accounting Research,2006,44(5): 1001-1033.

[144] MIZIK N, JACOBSON R. Myopic marketing management: evidence of the phenomenon and its long-term performance consequences in the SEO context[J]. Marketing Science,2007,26(3):361-379.

[145] MORAN P A P. Notes on contionuous stochastic phenomena [J]. Biometrika,1950(37): 17-33.

[146] MURPHY K J. Executive compensation[J]. Handbook of Labor Economics, 1999

(3): 2485-2563.

[147] NELSON M W, ELLIOTT J A, TARPLEY R L. Evidence from auditors about manager' and auditors' earnings management decisions[J]. The Accounting Review, 2002, 77(s-1): 175-202.

[148] NENOVA T. The value of corporate voting rights and control: a cross-country analysis [J]. Journal of Financial Economics, 2003, 68(3): 325-351.

[149] NORTH D C. Institutions, institutional change and economic performance [M]. Cambridge: Cambridge University Press, 1990.

[150] PAANANEN M, LIN H. The development of accounting quality of IAS and IFRS over time: the case of Germany [J]. Journal of International Accounting Research, 2009, 8(1): 31-55.

[151] PERRY S, GRINAKER R. Earnings expectations and discretionary research and development spending[J]. Accounting Horizons, 1994(8): 43-51.

[152] PETRA S. The effects of corporate governance on the informativeness of earnings [J]. Economics of Governance, 2007, 8(2): 129-152.

[153] REUTER J, ZITZEWITZ E. Do ads influence editors? advertising and bias in the financial media[J]. Quarterly Journal of Economics, 2006, 121(1): 197-227.

[154] RONEN J, TZUR J, YAARI V L. The effect of directors' equity incentives on earnings management[J]. Journal of Accounting and Public Policy, 2006, 25(4): 359-389.

[155] ROODMAN D. How to do Xtabond2: an introduction to difference and system GMM in stata[J]. Stata Journal, 2005, 9(1): 86-136.

[156] ROYCHOWDHURY S. Earnings management through real activities manipulation [J]. Journal of Accounting and Economics, 2006, 42(3): 355-370.

[157] SANKAR M R, SUBRAMANYAM K R. Reporting discretion and private information communication through earnings [J]. Journal of Accounting Research, 2001, 39 (2): 365-386.

[158] SAPIENZA P. The Effect of governance ownership on bank lending [J]. Journal of Financial Economics, 2004, 72(2): 357-384.

[159] SCHIPPER K. Commentary on earnings management [J]. Accounting horizons, 1989, 3(4): 91-102.

[160] SCHIPPER K. Principles-based accounting standards [J]. Accounting Horizons, 2003, 17(1): 61-72.

[161] SCOTT W R. Financial accounting theory[M]. New Jersey: Prentice- hall, 1997.

[162] SHLEIFER A, VISHNY R W. A survey of corporate governance [J]. Journal of Finance, 1997, 52(2): 737-783.

[163] STEVENK, SUSANR. The reputation effects of earnings management in the internal

labor market[J]. Business Ethies Quarterly,2004,14(3):453-478.

[164] STUBBEN S. Discretionary revenues as a measure of earnings management [J]. The Accounting Review,2010,85(2),695-717.

[165] SUBRAMANYAM K R. The pricing of discretionary accruals [J]. Journal of Accounting and Economics,1996,22(1): 249-281.

[166] SUN L, RATH S. Fundamental determinants, opportunistic behavior and signaling mechanism: an integration of earnings management perspectives[J]. International Review of Business Research Papers,2008,4(4): 406-420.

[167] TAYLOR G K, RANDALL Z X. Consequences of real earnings management on subsequent operating performance [J]. Research in Accounting Regulation,2010, 22(2): 128-132.

[168] TEOH S H, WONG T J, RAO G R. Are accruals during initial public offerings opportunistic?[J]. Review of Accounting Studies,1998,3(1-2): 175-208.

[169] TIAN L, ESTRIN S. Debt financing, soft budget constraints, and government ownership: evidence from China[J]. Economics of Transition, 2007, 15(3): 461-481.

[170] TIROLE J. Incomplete contracts: where do we stand?[J]. Econometrica,1999,67 (4): 741-781.

[171] TUCKER J W, ZAROWIN P A. Does income smoothing improve earnings informativeness?[J]. The Accounting Review,2006,81(1): 251-270.

[172] VAN TENDELOO B,VANSTRAELEN A. Earnings management under German GAAP versus IFRS[J]. European Accounting Review,2005,14(1): 155-180.

[173] WANG X. Stock return dynamics under earnings management [R]. Working Paper, 2006.

[174] WATTS R L,ZIMMERMAN J L. Positive accounting theory: a ten year perspective [J]. Accounting Review,1990(1):131-158.

[175] WATTS R L,ZIMMERMAN J L. Towards a positive theory of the determination of accounting standards[J]. Accounting Review,1978(53): 112-134.

[176] WATTS R,ZIMMERMAN J. Positive accounting theory[M]. Englewood Cliffs,NJ: Prentice-Hall,1986.

[177] WINDMEIJER F. A finite sample correction for the variance of linear efficient two-step GMM estimators [J]. Journal of Econometrics,2005,126(1):25-51.

[178] XU Z,TAYLOR G,DUGAN M. Review of real earnings management literature[J]. Journal of Accounting Literature,2007,26: 195-228.

[179] YE K. Independent director cash compensation and earnings management [J]. Journal of Accounting and Public Policy,2014,33(4): 391-400.

[180] YU F. Analyst coverage and earnings management [J]. Journal of Financial Economics,2008,88(2): 245-271.

[181] ZANG A Y. Evidence on the trade-off between real activities manipulation and accrual-based earnings management [J]. The Accounting Review,2012,87(2):675-703.

[182] ZHANG X,KATHRYN M B,KEN G S,et al. CEOs on the edge: earnings manipulation and stock-based incentive misalignment[J]. Academy of Management Journal, 2008(2): 241-258.

[183] ZHAO Y,CHEN K H,ZHANG Y,et al. Takeover protection and managerial myopia: evidence form real earnings management[J]. Journal of Accounting and Public Policy,2012,31(1):109-135.

[184] ZHONG K, GRIBBIN D W, ZHENG X. The effect of monitoring by outside blockholders on earnings management [J]. Quarterly Journal of Business and Economics,2007,46(1): 37-60.

[185] ZINGALES L. In search of new foundations [J]. The Journal of Finance,2000,55(4):1623-1653.

[186] 步丹璐,叶建明.《资产减值》的经济后果——基于新旧会计准则比较的视角[J]. 中国会计评论,2009(3):315-328.

[187] 蔡春,朱荧,谢柳芳. 真实盈余管理研究评述[J]. 经济学动态,2011(12):125-130.

[188] 陈德球,陈运森. 政府治理、终极产权与公司投资同步性[J]. 管理评论,2013(1): 139-148.

[189] 陈德球,李思飞,王丛. 政府质量、终极产权与公司现金持有[J]. 管理世界,2011(11): 127-141.

[190] 陈德球,李思飞. 政府治理、产权偏好与资本投资[J]. 南开管理评论,2012(1):43-53.

[191] 陈国进,林辉,王磊. 公司治理、声誉机制和上市公司违法违规行为分析[J]. 南开管理评论,2005,8(6):35-40.

[192] 陈宏亚. 新旧准则下资产减值盈余管理及其经济后果的对比分析[J]. 中国科学技术大学学报,2012(12):966-976.

[193] 陈胜蓝,卢锐. 股权分置改革、盈余管理与高管薪酬业绩敏感性[J]. 金融研究,2012(10):180-192.

[194] 陈宋生,赖娇. ERP系统、股权结构与盈余质量关系[J]. 会计研究,2013(5):59-66.

[195] 陈武朝. 经济周期、行业周期性与盈余管理程度——来自中国上市公司的经验证据[J]. 南开管理评论,2013,16(3):26-35.

[196] 陈小林,林昕. 盈余管理、盈余管理属性与审计意见——基于中国证券市场的经营证据[J]. 会计研究,2011(6): 77-85.

[197] 陈晓,李静. 地方政府财政行为在提升上市公司业绩中的作用探析[J]. 会计研究,2001(12): 20-28.

[198] 陈信元,夏立军. 审计任期与审计质量:来自中国证券市场的经验证据[J]. 会计研究,2006(1):44-56.

[199] 程小可,郑立东,姚立杰. 内部控制能否抑制真实活动盈余管理?——兼与应计盈余管理之比较[J]. 中国软科学,2013(3):120-131.

[200] 醋卫华,李培功. 媒体监督公司治理的实证研究[J]. 南开管理评论,2012,15(1):33-42.

[201] 樊纲,王小鲁,朱恒鹏. 中国市场化指数——各地区市场化相对进程2011年报告[M]. 北京:经济科学出版社,2011.

[202] 范经华,张雅曼,刘启亮. 内部控制、审计师行业专长、应计与真实盈余管理[J]. 会计研究,2013(4):81-88.

[203] 方红星,金玉娜. 高质量内部控制能抑制盈余管理吗?——基于自愿性内部控制鉴证报告的经验研究[J]. 会计研究,2011(8):53-60.

[204] 冯霞,胡海鸥,张祥建. 上市公司实施盈余管理的途径透视[J]. 软科学,2008(2):134-137.

[205] 高大为,魏巍. 盈余管理对资本结构的影响——中国上市公司的实证分析[J]. 南开管理评论,2004,7(6):67-72.

[206] 高雷,张杰. 公司治理、机构投资者与盈余管理[J]. 会计研究,2008(9):64-96.

[207] 高燕. 所有权结构、终极控制人与盈余管理[J]. 审计研究,2008(6):59-70.

[208] 顾鸣润,杨继伟,余怒涛. 产权性质、公司治理与真实盈余管理[J]. 中国会计评论,2012(3):255-274.

[209] 郝颖,刘星. 市场化进程与上市公司R&D投资:基于产权特征视角[J]. 科研管理,2010,31(4):81-90.

[210] 何威风,熊回,玄文琪. 晋升激励与盈余管理行为研究[J]. 中国软科学,2013(10):111-123.

[211] 贺建刚,魏明海,刘峰. 利益输送、媒体监督与公司治理:五粮液案例研究[J]. 管理世界,2008,(10):141-150.

[212] 贺建刚,魏明海. 控制权、媒介功用与市场治理效应:基于财务报告重述的实证研究[J]. 会计研究,2012,(4):36-43.

[213] 贺小刚,张远飞,连燕玲. 高管离任前的盈余管理:公司治理机制能起到作用吗?[J]. 经济管理,2012(11):113-124.

[214] 胡奕明,唐松莲. 独立董事与上市公司盈余信息质量[J]. 管理世界,2008(9):149-160.

[215] 黄梅,夏新平. 操纵性应计利润模型检测盈余管理能力的实证分析[J]. 南开管理评论,2009,12(5):136-143.

[216] 黄晓薇,郭敏. 股权再融资门槛变迁与政策诱导型盈余管理——基于双重倍差法的经验研究[J]. 中国软科学,2014(8):162-172.

[217] 计小青,曹啸. 中国转轨时期的法律体系与投资者保护:一个比较的视角[J]. 科研管理,2007,28(3):114-122.
[218] 姜付秀,朱冰,唐凝. CEO和CFO任期交错是否可以降低盈余管理?[J]. 管理世界,2013(1):158-167.
[219] 李彬,张俊瑞,曹振. 实际活动操控、应计项目操控与会计弹性[J]. 管理评论,2011,23(11):160-168.
[220] 李彬,张俊瑞. 实际活动盈余管理的经济后果研究:来自销售操控的证据[J]. 管理评论,2010,22(9):84-92.
[221] 李彬,张俊瑞. 过度投资、盈余管理方式"合谋"与公司价值[J]. 经济科学,2013(1):112-125.
[222] 李彬,张俊瑞. 销售操控与未来经营业绩关系研究:来自中国证券市场的证据[J]. 经济问题探索,2009(3):157-162.
[223] 李东平,黄德华,王振林."不清洁"审计意见、盈余管理与会计师事务所变更[J]. 会计研究,2001(6):51-57.
[224] 李培功,沈艺峰. 媒体的公司治理作用:中国的经验证据[J]. 经济研究,2010(4):14-27.
[225] 李琦,罗炜,谷仕平. 企业信用评级与盈余管理[J]. 经济研究,2011(2):88-99.
[226] 李爽,吴溪. 盈余管理、审计意见与监事会态度——评监事会在我国公司治理中的作用[J]. 审计研究,2003(1):8-13.
[227] 李延喜,包世泽,高锐,等. 薪酬激励、董事会监管与上市公司盈余管理[J]. 南开管理评论,2007,10(6):55-61.
[228] 李延喜,陈克兢,姚宏,等. 基于地区差异视角的外部治理环境与盈余管理关系研究——兼论公司治理的替代保护作用[J]. 南开管理评论,2012,15(4):89-100.
[229] 李延喜,陈克兢. 终极控制人、外部治理环境与盈余管理——基于系统广义矩估计的动态面板数据分析[J]. 管理科学学报,2014(9):56-71.
[230] 李增福,周婷. 规模、控制人性质与盈余管理[J]. 南开管理评论,2013,16(6):81-94.
[231] 李增福,林盛天,连玉君. 国有控股、机构投资者与真实活动的盈余管理[J]. 管理工程学报,2013(3):35-44.
[232] 连玉君,彭方平,苏治. 融资约束与流动性管理行为[J]. 金融研究,2010(10):158-171.
[233] 梁红玉,姚益龙,宁吉安. 媒体监督、公司治理与代理成本[J]. 财经研究,2012,38(7):99-100.
[234] 廖冠民,张广婷. 盈余管理与国有公司高管晋升效率[J]. 中国工业经济,2012(4):115-127.
[235] 廖理,许艳. 盈余管理理论研究综述[J]. 经济学动态,2004(8):87-90.
[236] 林永坚,王志强,李茂良. 高管变更与盈余管理——基于应计项目操控与真实活动操控

的实证研究[J]. 南开管理评论,2013,16(1):4-14.
[237] 林永坚,王志强. 国际"四大"的审计质量更高吗?——来自中国上市公司的经验证据[J]. 财经研究,2013(6):73-83.
[238] 刘锋,叶强,李一军. 媒体关注与投资者关注对股票收益的交互作用:基于中国金融股的实证研究[J]. 管理科学学报,2014,17(1):72-85.
[239] 刘凤委,汪辉,孙铮. 股权性质与公司业绩——基于盈余管理基础上的经验分析[J]. 财经研究,2005(6): 96-106.
[240] 刘桂良,牟谦. 审计市场结构与审计质量:来自中国证券市场的经验证据[J]. 会计研究,2008(6):85-92.
[241] 刘行健,王开田. 会计师事务所转制对审计质量有影响吗?[J]. 会计研究,2014(4):88-94.
[242] 刘衡,苏坤,李彬. 现金分红、盈余管理方式选择与企业价值[J]. 中国会计评论,2013(3):277-300.
[243] 刘继红. 国有股权、盈余管理与审计意见[J]. 审计研究,2009(2):32-39.
[244] 刘启亮,罗乐,张雅曼,等. 高管集权、内部控制与会计信息质量[J]. 南开管理评论,2013,16(1): 15-23.
[245] 刘芍佳,孙霈,刘乃全. 终极产权论、股权结构及公司绩效[J]. 经济研究,2003(4):51-62.
[246] 刘志远,花贵如. 政府控制、机构投资者持股与投资者权益保护[J]. 财经研究,2009,35(4): 119-130.
[247] 柳木华. 大众传媒对会计舞弊的监督:一项经验研究[J]. 证券市场导报,2010(8):43-50.
[248] 卢太平,张东旭. 融资需求、融资约束与盈余管理[J]. 会计研究,2014(1):35-41.
[249] 陆建桥. 中国亏损上市公司盈余管理实证研究[J]. 会计研究,1999(9):25-35.
[250] 陆正飞,魏涛. 配股后业绩下降:盈余管理后果与真实业绩滑坡[J]. 会计研究,2006(8): 52-59.
[251] 陆正飞,王鹏. 同业竞争、盈余管理与控股股东利益输送[J]. 金融研究,2013(6):179-192.
[252] 罗党论,刘晓龙. 政治关联、进入壁垒与企业绩效——来自中国民营上市公司的经验证据[J]. 管理世界,2009(5): 97-106.
[253] 罗进辉. 独立董事的明星效应:基于高管薪酬-业绩敏感性的考察[J]. 南开管理评论,2014,17(3):62-73.
[254] 罗爽,陈柞. 基于盈余管理的公司业绩研究[J]. 会计之友,2010(7): 72-73.
[255] 罗炜,王永,吴联生. 债务重组会计准则变更的经济后果[J]. 中国会计评论,2008(2):193-206.
[256] 彭韶兵,黄益建,赵根. 信息可靠性、企业成长性与会计盈余持续性[J]. 会计研究,

2008(3): 43-50.

[257] 皮天雷. 经济转型中的法治水平、政府行为与地区金融发展——来自中国的新证据[J]. 经济评论,2010(1):36-49.

[258] 钱爱琳,王超. 股权性质、高管团队薪酬差距与盈余管理行为研究[J]. 中南财经政法大学研究生学报,2012(4):94-100.

[259] 任春艳. 从企业投资效率看盈余管理的经济后果——来自中国上市公司的经验证据[J]. 财经研究,2012(2):61-70.

[260] 任春艳. 上市公司盈余管理与会计准则制定[M]. 北京:中国财政经济出版社,2004.

[261] 沈艺峰,许年行,杨熠. 我国中小投资者法律保护历史实践的实证检验[J]. 经济研究,2004(9): 90-100.

[262] 沈艺峰,醋卫华,李培功. 增持股份:财务动机还是政治动机[J]. 会计研究,2011(1):52-59.

[263] 苏冬蔚,林大庞. 股权激励、盈余管理与公司治理[J]. 经济研究,2010(11): 88-100.

[264] 苏启林,申明浩. 不完全契约理论与应用研究最新进展[J]. 外国经济与管理. 2005,27(9):16-23.

[265] 孙亮,刘春. 公司治理对盈余管理程度的制约作用——以所有权性质为背景的经验分析[J]. 金融评论,2010(3):65-72.

[266] 孙铮,刘凤委,李增泉. 市场化程度、政府干预与企业负债期限结构——来自我国上市公司的经验证据[J]. 经济研究,2005(5): 52-63.

[267] 孙铮,王跃堂. 资源配置与盈余操纵之实证研究[J]. 财经研究,1999(4):3-9.

[268] 田野,陈全. 审计师变更的经济后果研究——来自中国证券市场的经验证据[J]. 中国会计评论,2011(3):317-336.

[269] 王福胜,吉姗姗,程富. 盈余管理对上市公司未来经营业绩的影响研究——基于应计盈余管理与真实盈余管理比较视角[J]. 南开管理评论,2014,17(2):95-106.

[270] 王福胜,宋海旭. 终极控制人、多元化战略与现金持有水平[J]. 管理世界,2012(7):124-136.

[271] 王立彦,刘军霞. 上市公司境内外会计信息披露规则的执行偏差[J]. 经济研究,2003(11): 71-93.

[272] 王亮亮. 真实活动盈余管理与权益资本成本[J]. 管理科学,2013,26(5):87-99.

[273] 王年生. 盈余管理影响因素研究[M]. 北京:经济管理出版社,2009.

[274] 王霞,徐怡,陈露. 企业社会责任信息披露有助于甄别财务报告质量吗?[J]. 财经研究,2014(5):133-144.

[275] 王彦超,林斌,辛清泉. 市场环境、民事诉讼与盈余管理[J]. 中国会计评论,2008,6(1): 21-40.

[276] 王咏梅,任飞. 谁更愿意设立审计委员会?——基于终极控制人类型的审计委员会设立

动机研究[J]. 会计研究,2011(6):86-91.

[277] 王跃堂,王亮亮,贡彩萍. 所得税改革、盈余管理及其经济后果[J]. 经济研究,2009(3):86-98.

[278] 王跃堂. 会计政策选择的经济动机——基于沪深股市的实证研究[J]. 会计研究,2000(12): 31-40.

[279] 魏明海,柳建华. 国企分红、治理因素与过度投资[J]. 管理世界,2007(4):88-95.

[280] 吴清华,田高良. 终极产权、控制方式与审计委员会治理需求——一项基于中国上市公司的实证研究[J]. 管理世界,2008(9):124-138.

[281] 夏兰,谢志英. 新会计准则对盈余管理影响的实证研究[J]. 会计之友,2012(15):96-99.

[282] 夏立军,方轶强. 政府控制、治理环境与公司价值——来自中国证券市场的经验证据[J]. 经济研究,2005(5): 40-51.

[283] 夏立军. 盈余管理计量模型在中国股票市场中的应用研究[J]. 中国会计与财务研究,2003(2):11-19.

[284] 肖华,张国清. 内部控制质量、盈余持续性与公司价值[J]. 会计研究,2013(5):73-80.

[285] 肖淑芳,刘颖,刘洋. 股票期权实施中经理人盈余管理行为研究——行权业绩考核指标设置角度[J]. 会计研究,2013(12):40-46.

[286] 徐光伟,刘星. 制度环境对国有企业资本结构影响的实证研究[J]. 软科学,2010,24(5): 90-94.

[287] 徐玉德. 外部治理机制与上市公司盈余管理行为——基于产品市场竞争视角的实证分析[J]. 会计之友,2011(17): 4-9.

[288] 严冀,陆铭,陈钊. 改革、政策的相互作用和经济增长——来自中国省级面板数据的证据[J]. 世界经济文汇,2005(1):27-46.

[289] 杨继伟,汪戎,陈红. 债权治理与盈余质量:来自中国证券市场的经验证据[J]. 管理评论,2012(9):75-82.

[290] 杨清香,张翼,张亮. 董事会特征与盈余管理的实证研究——来自中国上市公司的经验证据[J]. 中国软科学,2008 (11): 133-140.

[291] 杨兴全,张照南,吴昊旻. 治理环境、超额持有现金与过度投资[J]. 南开管理评论,2010,13(5):61-69.

[292] 杨志强,王华. 公司内部薪酬差距、股权集中度与盈余管理行为——基于高管团队内和高管与员工之间薪酬的比较分析[J]. 会计研究,2014(6):57-65.

[293] 姚宏,李延喜,高锐,等. 信息结构、风险偏好与盈余操纵行为[J]. 会计研究,2006(5):58-65.

[294] 姚宏,李延喜,薛光,等. 市场监管、信息成本与声誉机制——对市场舞弊行为约束效应的实验研究[J]. 中国金融评论,2007(3): 21-38.

[295] 于忠泊,田高良,齐保垒,等. 媒体关注的公司治理机制——基于盈余管理视角的考察[J]. 管理世界,2011,(9):127-140.

[296] 余明桂,潘红波. 政府干预、法治、金融发展与国有企业银行贷款[J]. 金融研究,2008(9): 1-22.

[297] 俞红海,徐龙炳,陈百助. 终极控股股东控制权与自由现金流过度投资[J]. 经济研究,2010(8):103-114.

[298] 袁知柱,郝文瀚,王泽燊. 管理层激励对企业应计与真实盈余管理行为影响的实证研究[J]. 管理评论,2014,26(10):181-196.

[299] 张金若,高洁,刘溢. 环境不确定性、产权性质与真实盈余管理[J]. .当代会计评论,2013,6(1):40-62.

[300] 张璟,沈坤荣. 地方政府干预、区域金融发展与中国经济增长方式转型——基于财政分权背景的实证研究[J]. 南开经济研究,2008(6):122-141.

[301] 张娟,黄志忠. 高管报酬、机会主义盈余管理和审计费用——基于盈余管理异质性的视角[J]. 南开管理评论,2014,17(3):74-83.

[302] 张玲,刘启亮. 治理环境、控制人性质与债务契约假说[J]. 金融研究,2009(2):102-115.

[303] 张维迎. 企业的企业家——契约理论[M]. 上海:上海三联书店,上海人民出版社,1995.

[304] 张祥建,徐晋. 投资者是否被上市公司的盈余管理行为所误导?——来自配股融资的证据[J]. 南方经济,2006(8):17-31.

[305] 张兆国,刘晓霞,邢道勇. 公司治理结构与盈余管理——来自中国上市公司的经验证据[J]. 中国软科学,2009(1): 122-133.

[306] 张子余,张天西."真实销售行为"的动态选择与经济后果[J]. 南开管理评论,2011,14(6):128-136.

[307] 章卫东. 定向增发新股与盈余管理——来自中国证券市场的经验证据[J]. 管理世界,2010(1):54-63.

[308] 章永奎,刘峰. 盈余管理与审计意见的相关性研究[J]. 中国会计与财务研究,2002(1):1-13.

[309] 郑国坚,林东杰,林斌. 大股东股权质押、占款与企业价值[J]. 管理科学学报,2014(9):72-87.

[310] 支晓强,童盼. 盈余管理、控制权转移与独立董事变更——兼论独立董事作用的发挥[J]. 管理世界,2005(12): 137-144.

[311] 中国社科院. 中国城市竞争力报告(2014)[M]. 北京:社会科学文献出版社,2014.

[312] 周建,方刚,刘小元. 制度环境、公司治理对企业竞争优势的影响研究——基于中国上市公司的经验证据[J]. 南开管理评论,2009,12(5): 18-27.

[313] 朱红军,汪辉. 公平信息披露的经济后果——基于收益波动性、信息泄露及寒风效应的

实证研究[J]. 管理世界,2009(2):23-35.

[314] 朱星文,廖义刚,谢盛纹. 高级管理人员变更、股权特征与盈余管理——来自中国上市公司的经验证据[J]. 南开管理评论,2010,13(2):23-29.

索引

后 记

本书是在我的博士论文《外部治理环境、终极控制人特征对上市公司盈余管理的影响研究》基础上历时两年半修改而成的。回首这段岁月，心中倍感充实，感慨良多。遥想当年刚接到大连理工大学的录取通知书时，那种兴奋之情难以言表。坎坷的保研历程，使得我更加珍惜这来之不易的学习机会。在之后硕博连读的学习生活中，我怀着一颗感恩的心，用实际行动来表达我对良师益友的感激之情。

感谢老师。由衷感谢导师李延喜教授，感谢老师给予了我改变命运的机会。当年在申请大连理工大学推荐免试研究生的时候，幸得李老师赏识才有机会继续完成学业。李老师常以“博学、审问、慎思、明辨、笃行”来教导我做学问，让我受益匪浅。李老师治学严谨、为人谦逊、知识渊博，是我学习的楷模。在我撰写博士论文的过程中，老师倾注了大量的心血，大到研究思路的设计，小到代理变量的选择，都经过老师的反复斟酌和仔细修改。由衷感谢老师多年来的关心和照顾，我将在日后的工作中继续努力，不辜负老师的期望。

感谢家人。感谢我的父母，你们在田间辛苦劳作供我和弟弟上大学，在贫困中你们任劳任怨，在艰难中你们无怨无悔，在你们身上我学到了勤劳智慧、淳朴善良的传统美德，学到了任劳任怨、不屈不挠的优良品质。感谢我的爱人，不远千里从江苏跟随我来到辽宁，在一个陌生的城市工作和生活。当我遇到挫折和困难时，你总是给予我鼓励，是你的关爱和包容支撑着我完成了学业。感谢我尚在襁褓中的儿子，你是上天给我的最好礼物。

感谢同事。感谢东北财经大学会计学院的同事们对我的关心和照顾，承蒙各位同事在教学和科研工作中对我的帮助和指导，我才能站稳讲台和专心科研。

感谢同门。感谢同门师兄师姐对我学习上的帮助和生活中的关心，感谢大连理工大学创新园大厦1501教研室的各位师兄师姐对我的关照，感谢师弟师妹在科研工作中的支持和帮助。在与大家的交流和讨论中，我学到了很多有用的知识，我会永远怀念这段美好的时光。

感谢同窗。感谢博士期间的同窗好友，艰辛的博士生活正是因为有你们陪伴而轻松快乐。

感谢东北财经大学出版社的各位编辑在本书出版过程中给予的热心帮助。

陈克兢

2019年3月